地方高校
地理学的学科专业思政建设
探索与实践

主 编 杜姗姗 周爱华

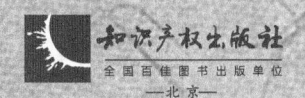

知识产权出版社
全国百佳图书出版单位
—北京—

图书在版编目（CIP）数据

地方高校地理学的学科专业思政建设探索与实践 / 杜姗姗，周爱华主编 . —北京：知识产权出版社，2021.5

ISBN 978-7-5130-7514-5

Ⅰ . ①地… Ⅱ . ①杜… ②周… Ⅲ . ①地方高校—地理学—学科建设—研究—中国 ②地方高校—思想政治教育—研究—中国 Ⅳ . ① K90 ② G641

中国版本图书馆 CIP 数据核字（2021）第 079766 号

内容提要

北京联合大学自 2017 年 8 月提出"课程思政"建设的倡议后各教学单位在教学中积极探索与实践，从而形成"学校有氛围，学院有特色，专业有特点，讲授有风格，成果可固化，课程有品牌，教师有榜样"的"课程思政"建设新局面。城市科学系在"课程思政"建设中也形成了一套自己的工作方法，并将这些典型做法与收获体会进行总结与分享，形成了论文集。

本书共分为四大部分，收录了人文地理与城乡规划、地理信息科学两个专业的教师近年来在专业思政建设、课程思政建设、实践育人、"三全育人"方面的教育教学改革探索成果。

责任编辑：张水华　栾晓航	责任校对：谷　洋
封面设计：臧　磊	责任印制：孙婷婷

地方高校地理学的学科专业思政建设探索与实践

主　编：杜姗姗　周爱华

出版发行：知识产权出版社有限责任公司	网　　址：http://www.ipph.cn
社　　址：北京市海淀区气象路 50 号院	邮　　编：100081
责编电话：010-82000860 转 8389	责编邮箱：miss.shuihua99@163.com
发行电话：010-82000860 转 8101/8102	发行传真：010-82000893/82005070/82000270
印　　刷：北京建宏印刷有限公司	经　　销：各大网上书店、新华书店及相关专业书店
开　　本：720mm×1000mm　1/16	印　　张：15.75
版　　次：2021 年 5 月第 1 版	印　　次：2021 年 5 月第 1 次印刷
字　　数：280 千字	定　　价：79.00 元
ISBN 978-7-5130-7514-5	

出版权专有　侵权必究

如有印装质量问题，本社负责调换。

前　言

在2016年的全国高校思想政治工作会议上，习近平总书记发表重要讲话，强调"高校思想政治工作关系高校培养什么样的人、如何培养人以及为谁培养人这个根本问题。要坚持把立德树人作为中心环节，把思想政治工作贯穿教育教学全过程，实现全程育人、全方位育人，努力开创我国高等教育事业发展新局面"。同时，指出"要用好课堂教学这个主渠道，思想政治理论课要坚持在改进中加强，提升思想政治教育亲和力和针对性，满足学生成长发展需求和期待，其他各门课都要守好一段渠、种好责任田，使各类课程与思想政治理论课同向同行，形成协同效应"。这次讲话被认为是"课程思政"的缘起。

北京联合大学自2017年8月提出"课程思政"建设的倡议，并陆续发布各类"课程思政"建设相关文件，要求各教学单位认真学习文件，思考"课程思政"的内涵，并在教学中积极探索与实践，从而形成"学校有氛围，学院有特色，专业有特点，讲授有风格，成果可固化，课程有品牌，教师有榜样"的"课程思政"建设新局面。城市科学系深入学习贯彻全国高校思想政治工作会议、全国教育大会和北京教育大会精神，认真执行校、院"课程思政"建设实施意见，自觉坚持立德树人，自觉坚持以学生为中心，紧紧围绕"培养什么样的人、如何培养人以及为谁培养人"这个根本问题，着力探索推进"课程思政"建设。经过三年多的建设，提升了广大教职工的立德树人意识，强化了师德师风建设，促进了教师党支部与学科专业一体化建设，立德树人成效获得进一步提升。同时，城市科学系在"课程思政"建设中也形成了一套自己的工作方法，本书就将城市科学系在"课程思政"建设中的一些典型做法与心得体会进行总结与分享。

本书共分为四大部分，收录了人文地理与城乡规划、地理信息科学两个专业的教师近年来在专业思政建设、课程思政建设、实践育人、"三全育人"

方面的教育教学改革探索成果，希望与广大教师、教育工作者交流学习。文中可能存在一些不足，也望广大读者批评指正。

杜姗姗　周爱华
2020年11月6日

目 录

第一部分 专业思政篇

- 追求卓越——用科研之光照亮地理学科专业建设之路 / 003
  张景秋　周爱华　逯燕玲
- 推动人文地理与城乡规划专业思政建设的几点思考 / 011
  张远索
- 地理信息科学专业思政建设思考 / 018
  孟　斌
- 地理信息科学专业思政模式的探索与践行 / 025
  逯燕玲　周爱华　孟　斌　付　晓　李艳涛
- 抓学习，搭平台，促落实，看成效 / 032
  ——城市科学系课程思政建设探索与实践
  周爱华　逯燕玲　孟　斌

第二部分 课程思政篇

- 传承城市文脉，涵养家国情怀 / 041
  ——"城市设计"课程思政探索
  刘剑刚
- 领略中国智慧，激发民族自豪感 / 049
  ——"地图学"课程思政教学设计
  黄建毅

— I —

- 牢固树立生态环境可持续发展观／055
  ——"自然地理学"课程思政教学设计
  刘小茜　安　帅
- "中国地理"课程思政的互动教学模式探索／062
  董恒年
- "遥感数字图像处理"课程思政的教学改革探索／069
  邹柏贤
- "GIS专业英语"课程思政建设思考／078
  陈　静
- "建筑学基础"课程思政设计／083
  刘剑刚
- "城市规划原理"课程思政教学设计／088
  杜姗姗
- "房地产法规"课程思政教学设计／093
  孙　颖
- "住区规划与设计"课程思政教学设计／099
  叶盛东
- "空间数据库"课程思政教学设计／105
  朱海勇
- "三维GIS"课程思政教学设计／109
  何　丹
- "经济学入门"课程思政教学设计／114
  李雪妍
- "遥感概论"课程思政教学设计／119
  王　娟
- "城市要素调研方法与实务"课程思政教学设计／124
  张　艳
- "人文地理学"课程思政教学设计／132
  李　琛

第三部分　实践育人篇

- "空间数据采集实习"与"城乡要素调研与分析"
  联合实习探索与实践／139
  　　周爱华　付　晓　李雪妍　郑　岩
- 大数据时代社会热点问题驱动式项目实践教学研究／146
  　　逯燕玲　高彩郁　王泽卉　扬广林
- "城乡要素调研与分析"综合实践课程思政设计／156
  　　——南新仓古建筑测绘实践育人模式
  　　刘剑刚　李　琛　李雪妍
- "城市与区域综合实习"课程实践育人模式探索／165
  　　董恒年　安　帅　刘小茜
- "地理信息系统技术与应用"课程思政教学设计／171
  　　陈　静
- 应用型本科院校增强"区域+"理念下课程建设改革的
  必要性及对策研究／175
  　　刘小茜　闫晓霞　黄晓东
- 基于OBE理念的实践课程"计量地理学"的改革探索／183
  　　李艳涛　付　晓　黄建毅　陈　静

第四部分　"三全育人"篇

- 在地理信息科学专业野外实践教学中强化"三全育人"／191
  　　付　晓　周爱华　逯燕玲　孟　斌
- 基于"三全育人"理念的大学生专业实践课程教学改革探索／197
  　　李雪妍　张景秋　李　琛　刘剑刚
- "以学为中心"理念下"城市规划原理"课程的教学改革／205
  　　杜姗姗　余　煌
- 在班主任工作中落实"三全育人"理念的几点体会／212
  　　孙　颖
- 基于"三全育人"理念的大学班主任工作思考／219
  　　李　琛　刘剑刚　李雪妍　陈　靓　李浩楠

- ● "三全育人"背景下本科生导师制建设研究进展／224
  　向小倩　邓思宇　张远索
- ● 城市科学系本科生导师制实施情况调查分析／231
  　邓思宇　向小倩　张远索

第一部分　专业思政篇

追求卓越*

——用科研之光照亮地理学科专业建设之路

张景秋　周爱华　逯燕玲

摘　要：从我国高等教育的教学与科研基本功能，到新时代新阶段贯彻新发展理念，学科建设发展对应用理论研究的要求到应用型科研的双重责任，阐述科研反哺教学实现以育人为中心的教学与科研的有机统一，以及地理学科科研反哺教学方面的做法与成效。

关键词：学科建设发展；立德树人；科研反哺教学

教学与科研作为我国高等教育的两大基本功能，教学是科研的基础，科研能促进教学质量的提升。大学教学不仅传授知识，而且更重要的在于对学生进行从探索知识发展到知识创新的创造能力和创新精神的培养，是一种研究性教学，这是高等学校与其他各类教育的重要差别；而大学科研与科研院所的科研最主要的区别在于大学科研具有教育性，要把科研作为培训人才的途径与手段，把是否有利于人才培养作为重要依据，培养人是大学教学与科研的共同目标和价值追求。因此，要教学促进科研，科研反哺教学，实现以育人为中心的教学与科研的有机统一。

一、科研是建设高水平城市型、应用型大学的必然选择

教学与科研是现代大学的两项最主要的职能，是人才培养的两个重要抓

---

* 项目来源：北京联合大学2020年度校级科研项目立项"地理学课程思政、专业思政、学科思政体系研究"课程思政专项（SK20202001）。

第一作者简介：张景秋（1967—），女，博士，北京联合大学应用文理学院教授，研究方向：城市地理学、城市与区域规划等。

手。曾经应用型大学存在"重教学而轻科研"的情况，但在新时代国家发展的需要及新的教育理念的指导下，我们不难发现科研同样是建设高水平城市型、应用型大学的必然选择。

（一）贯彻高等教育新发展理念

《中共中央关于制定国民经济和社会发展第十四个五年规划和二〇三五年远景目标的建议》（以下简称《建议》）提出，"十四五"时期经济社会发展要以推动高质量发展为主题，强调新时代新阶段的发展必须贯彻新发展理念，必须是高质量发展。在"坚持创新驱动发展，全面塑造发展新优势"的论述中，指出"坚持创新在我国现代化建设全局中的核心地位，把科技自立自强作为国家发展的战略支撑，面向世界科技前沿、面向经济主战场、面向国家重大需求、面向人民生命健康，深入实施科教兴国战略、人才强国战略、创新驱动发展战略，完善国家创新体系，加快建设科技强国"。在"改善人民生活品质，提高社会建设水平"的论述中，指出"建设高质量教育体系。提高高等教育质量，分类建设一流大学和一流学科，加快培养理工农医类专业紧缺人才"。《建议》提出了高等教学新发展理念，为高等教育发展指明了目标与方向。

（二）"四新"建设的启迪

时代环境是学科生长的土壤，服务时代是学科发展的目标。2018年10月，教育部印发《关于加快建设高水平本科教育全面提高人才培养能力的意见》等文件，决定实施"六卓越一拔尖"计划2.0。该计划的总体部署，便是全面推进"四新"建设，即"新工科、新医科、新农科、新文科"建设，提高高校服务经济社会的发展能力。"四新"建设交织融合，是加快推进教育现代化、实现高等教育内涵式发展的重要举措，引领本科教育全面振兴。"四新"专业的特点是交叉融合、创新发展，与大数据、人工智能等为代表的新技术有密切关系。新形势下，建设"四新"专业不仅是为了契合社会发展需求，为未来培养创新型人才，也是为了优化高校学科结构，提升高校整体竞争力。因此，创新发展是高校发展的必由之路。科学的本质是创新，创新是科学研究的主题，是科技发展的力量之源、发展之基。北京联合大学作为一所典型的城市型、应用型大学，要获得高水平、高质量的发展，科研将是必然选择。

二、应用型科研的双重责任

（一）学科责任：学科建设发展对应用理论研究的要求

1.应用理论与基础理论是学科发展的两个锚点，缺一不可。学科建设需要基础理论研究的支撑，不仅人才培养需要具备基本知识、基本理论，加强研究和拓展基础领域，也有利于夯实整个学科的知识基础，为应用研究的开展提供更为丰厚的知识储备和知识基础；应用理论研究是为了解决现实社会问题，而去查明社会现象、寻求社会现象的内在联系和发展规律，并提出建议和对策。应用理论研究是基础理论研究的基础，为基础理论研究不断提出亟待解决的新问题，不断推翻过时的理论观点并推出新观点，从而提升基础理论研究的水平和高度。

2.应用理论来自实践、指导实践，是应用型大学的创新主体。应用型大学承载着人才供给、科技创新、社会服务的主要任务，要坚持以服务社会需求为导向，以"接地气"的应用型科研作为突破口和主攻方向，实践创新基础之上的应用理论创新是应用型大学的创新主体。应用理论来源于实践，又对实践有巨大的指导作用，能指引实践的方向，推动实践进程，并提高人们在实践中的创新能力。

3.应用理论是培养应用型人才的重要基石。应用型大学肩负着培养具有创新精神和实践创新能力的高素质人才的重任，需要加大实践创新型人才培养力度，树立实践创新育人理念，与新时代发展同频共振。应用理论研究是提升教师实践创新能力的有效途径，以便发挥教师主导作用，引领实践创新育人融入教学全过程，从内容上实施实践创新育人，进一步加强学生实践与创新能力的培养。

（二）服务社会责任：咨询服务是应用型科研的重要组成部分

人才培养、科学研究、社会服务、文化传承创新是现代大学的重要职能，国家对高校社会服务的要求也在不断提升。习近平总书记在全国高校思想政治工作会议上明确提出了高等教育"四个服务"的发展方向和时代使命，高校社会服务不仅被写入党的十九大报告中，还上升到服务国家发展战略的认知高度。国务院印发的《统筹推进世界一流大学和一流学科建设总体方案》

明确提出坚持以一流为目标、以学科为基础、以绩效为杠杆、以改革为动力，以支撑创新驱动发展战略、服务经济社会发展为导向，加快建成一批世界一流大学和一流学科，特别强调了要以学科为基础，服务于国家创新战略和区域经济社会发展。地方应用型高校要自觉践行新发展理念，主动融入国家战略、融入区域经济、融入产业进步，开展面向特定区域经济社会发展需求为主要特征的社会服务，彰显地方高校服务区域经济社会发展的责任担当。应用型大学以应用型人才培养为主，要以"接地气"的应用型科研作为突破口和主攻方向，为区域经济社会发展提供强有力的技术支持和高质量服务，咨询服务是应用型科研的重要组成部分。

三、立德树人是高校科研的目标

立德树人是中国特色社会主义教育事业的根本任务，教学、科研、社会服务共同服务于立德树人这个根本任务。下面就科研反哺教学方面地理学科的一些做法与成效在此呈现。

（一）科研反哺教学，促进教师全面成长

高校科研活动的开展有利于教师的全面成长。教学是一个知识传授的过程，而科研则是知识创新的过程。在科学研究的过程中，教师会将不同的已知知识加以综合利用，从而探索未知，创造新知。这个过程有助于教师对已知知识的学习、掌握、巩固与运用，甚至创造新的知识，提升教师专业水平，同时能够有效锻炼教师的学习能力、思维能力、创新素质与责任担当。科研的历练使教师在教学过程中能够更加自信、更加游刃有余，能够将最新的、前沿的知识传授给学生，而且因为有科研过程的亲身经历，知识的传授过程也将会更具探索性与启发性，更加深入浅出、娓娓道来，有效避免传统的填鸭式、灌输式的教学方式。以笔者所在的系张远索老师为例，张远索老师积极进行科研探索，先后完成多项国家级、市级以及校级科研项目，在开展项目研究的过程中，注重成果的固化与产出，积极发表论文，共发表研究论文一百余篇，同时基于北京市委组织部优秀人才资助项目"北京市房价、人口与建设用地规模协调管理研究"、北京市属高等院校青年拔尖人才项目"北京郊区城镇化进程中集体土地增值收益分配：理论建模与实证检验"、北京联合大学校级项目"完善北京市土地储备制度研究"等项目研究成果编著《土地

管理理论与实践》，并以此作为"土地资源管理学"课程的教材，该著作理论先进、案例丰富、贴近实际生产生活，因此课堂授课生动有趣，教师学术修养及人格魅力在课堂得以彰显，课程与授课教师都深受学生们的欢迎。由于科研能力突出、教学效果良好，张远索老师先后获得"北京市优秀教师""长城学者"等荣誉称号，在此基础上继续申报科研课题、教研课题，固化成果，反哺于教学，形成良性的循环，获得个人的全面成长与提升，也极大促进立德树人的成效。

（二）科研反哺教学，促进学生课内外践行"学以致用"

科研反哺教学，体现在人才培养的全过程中，包括课堂授课、实践教学、学科专业竞赛、学生科研立项、学生活动、毕业论文环节等，几乎囊括了人才培养的各个阶段与各个方面，促进学生在课内外践行"学以致用"，培养全面发展的城市型、应用型人才。

1.科研反哺教学，体现在课堂教学的案例中。许多教师的教学案例都来自于个人的科研课题，以实际科研案例辅助知识的讲解，拉进学生与知识的距离，教师更得心应手，学生更易产生兴趣，更能深刻理解专业知识的实用性，增强专业的认知度与自豪感，增强专业服务社会的意识以及社会责任感。如张艳老师的"城市要素调研方法与实务"课程中就引用她一直从事的"回天地区社区生活圈规划"为教学案例，并使用最新的"移动定位技术结合活动日志调查法"组织学生开展现场调研与数据采集。引导学生关注社会热点问题，且应用最先进的仪器设备与方法开展调研与分析，有助于学生学习、实践、研究等活动的开展，为后续的学习、考研、就业等打下良好基础。

2.科研反哺教学，体现在实践教学中。对于集中实践教学环节，我们的实践任务通常也基于教师科研项目。基于实际项目开展实践教学，学生对专业实用性的认知更加深刻，而且因为是实际项目，成果要应用于将来实际的生产生活或规划建设当中，学生的实习态度更加认真、端正，实习流程更加严格、有序，有助于学生基本职业操守的培养。以"空间数据采集实习"与"城市要素调研与分析"两个集中实践教学环节为例，基于"南新仓仓廒建筑测绘""北京传统村落调研"等课题的开展，学生们测绘区域的平面图、古建的平立剖面图，既锻炼了专业技能，又为北京的文化遗产保护与传承做出了贡献。

3.科研反哺教学，体现在学生申报课题、研究课题的过程中。随着课堂教学、实践教学的开展，理论知识不断夯实，科研认知与训练不断加强，同学们也有了自己做科研的愿望。近年来，城市系学生的科研热情空前高涨，积极申报"启明星"课题、文科中心创新实验教学项目，获批课题数逐年增长，尤其是启明星课题，2018—2020年分别获批课题10项、15项与25项。在课题研究的过程中，同学们深入调研，发现问题，解决问题，撰写论文固化成果，对社会中实际存在的问题进行了深入思考并提出专业的解决方案，同时发表科研论文，提升自己并服务社会，完美诠释了"学以致用"的校训。

4.科研反哺教学，体现在学科竞赛中。学科竞赛对于人才培养也起了积极作用。地理学的学科竞赛多是侧重于对地理学理论与方法的应用，用地理学相关理论与方法解决生产生活中的实际问题，实际上也是对学生专业素养及创新能力的一个检测。学生在多层面学习与科研实践的基础上，提升了参加学科竞赛的信心与完成竞赛的能力，积极参与包括中国高校地理科学展示大赛、全国青年地理工作者学术研讨会大学生辩论赛、全国大学生GIS应用技能大赛、全国高校GIS大赛、"挑战杯"首都大学生课外学术科技作品大赛等国家级、省部级竞赛，并获得全国一等奖、二等奖的佳绩，增强了学生的专业归属感与自信心，宣传了学校，为后辈学生树立了榜样。

5.科研反哺教学，体现在学生活动中。大学的学生活动更多的是与学科专业实践相结合，如我们开展的学生党支部的红色"1+1"活动，2016年的项目名称是"溯古道文化根源，展村落建设新风"，基于门头沟区沿河城村进行调研并测绘村内古建筑、制作村庄专题地图，宣传北京传统村落；2017年的项目名称是"探寻大西山自然美景，宣传瓜草地生态旅游"，对门头沟区瓜草地景区进行调研与制作旅游宣传手册，宣传瓜草地的生态旅游；2018年的项目名称"调研古代官仓，传承运河文化"，基于南新仓古建测绘宣传大运河文化；2019年的项目名称是"梦想奋斗七十载，古道老村换新颜"，宣传京西古道、传统村落，为新中国成立七十周年献礼。选题多来自专业教师的项目，指导教师为支部书记与专业教师，指导学生基于实际问题，开展实地调研，进行数据采集与分析，获得合宜方案建议，服务基层建设与文化传承，利用专业知识回馈社会。在这个过程中，增强了学生的集体荣誉感与凝聚力，培养了服务社会的意识，磨炼了吃苦耐劳的品质，同时也提升了专业技能。

6.科研反哺教学，体现在毕业论文选题当中。地理学科毕业论文的选题，历年来都是真题率100%，这些题目都来自于指导教师的科研项目或指导教师参与的科研项目。如毕业生论文"植物春季开花日期的遥感识别研究——以元土城公园为例""京津冀典型植物开花日期对气候变化的响应""基于多源卫星影像的城市绿地健康诊断研究——以北京市主城区为例""北京市杨柳飞絮发生日期的时空动态特征分析"皆来自国家自然科学基金青年项目"青藏高原草本植物秋季物候的气候驱动与过程模拟"和北京市教育委员会科技计划一般项目"京津冀植物花期的气候变化响应及对花粉过敏人群影响研究";毕业论文"山西省永济市伍姓湖湿地地区文旅产业规划研究""山西省永济市伍姓湖湿地公园水景观规划与设计研究""山西省永济市伍姓湖湿地公园景观设计的文化表达""山西省永济市伍姓湖湿地公园植物景观规划研究""山西省永济市伍姓湖湿地公园科普教育功能研究"皆来自教师参与的"伍姓湖湿地地区空间开发和保护"项目。基于实际的科研项目进行毕业论文的研究与撰写,让学生沿着文献综述—数据采集—课题研究—论文撰写的路径开展课题研究,培养学生发现问题、用专业知识解决实际问题的能力,以及科技论文撰写的能力,全面提升学生的专业素养。

（三）科研反哺教学，促进学科专业一体化，教研与科研相互成就

地理学科自建立以来,为北京城市发展与建设培养了大批的人才,他们于北京城乡规划建设与管理、国土、房管、规划咨询、房地产评估、房地产金融、智慧城市相关部门、学校及培训机构、IT行业、现代服务业等领域从事规划设计、不动产评估、营销策划、应用研究、技术开发、教育教学、生产管理和行政管理等相关工作,是北京最朴实的建设者。地理学科的研究一直立足于北京、研究北京、服务北京,承担了大量的北京城市规划、城市发展研究、房地产开发策划咨询、文化遗产传承保护、三大文化带规划建设等方面的科研项目,为北京发展及全国文化中心建设贡献了自己的力量。教学与科研是学科专业一体化建设的两翼,相互促进,相互成就。在四十多年教学、科研的基础上,人文地理与城乡规划专业于2019年获批国家级一流专业建设点,人文地理与城乡规划专业育人团队获批北京高校本科优秀育人团队,是社会对北京联合大学地理学科的认可,也是新时代地理学科发展进步的新起点。

地理学科坚持教学、科研两手抓,两手都要硬,在科研项目积极申报的同时,也加强教学研究的开展,教师们既有国自科、国社科等高级别科研课题,也有市教委的教研课题、校级教改课题。教师们在人才培养模式、教学模式、导师制、课程思政、课程建设等方面进行了深入的探索与实践总结,尤其是课程思政建设以来，教研产出显著增多，近四年发表教研论文三十余篇。两位老师分别获得2019年、2020年校级课程思政教学设计大赛二等奖；人文地理与城乡规划教学团队获得2020年校级课程思政优秀教学团队二等奖；人文地理与城乡规划专业、地理信息科学专业分别于2018年、2020年获得校级教学成果一等奖；2020年，地理学科负责人获批校级课程思政专项课题，6位老师获批校级教研项目、研究生教育类项目、在线开发课程建设、创新课程建设项目，一批教研项目与课程建设的开展，一定能够更加有效地促进教学与科研的融合，提升立德树人的成效。

四、总结与展望

新时代对教育提出了新的要求，但是高校教学、科研及社会服务的职能不会改变，教学是具有研究性的教学，科研是有教育性的科研，都是围绕着立德树人这个根本目标开展，教学促进科研，科研反哺教学。地理学科将在前期成绩的基础上，再接再厉，教学与科研齐头并进，进一步促进学科专业的一体化建设与高质量发展，进一步提升人才培养质量，为北京的发展与建设培养更多的人才，再创属于自己的辉煌。

参考文献

[1] 李昌祖，冯雯. 大学"科研反哺教学"及其实施[J]. 教育发展研究，2009（19）：71-74.

[2] 刘咸卫. 回归大学育人本真——教学的研究性与科研的教育性[J]. 中国高等教育，2008（21）：29-31.

[3] 史秋衡，季玟希. 中华人民共和国成立70年来大学职能的演变与使命的升华[J]. 江苏高教，2019（6）.

推动人文地理与城乡规划专业思政建设的几点思考*

张远索

摘　要：作为学校首批专业思政试点专业，人文地理与城乡规划专业担负着在专业层面探索思政建设的使命。借鉴相关研究和观点，笔者分析了专业思政与课程思政的联系与区别。结合专业发展现状，提出以作为试点专业和新版培养方案修订为契机，在加强课程思政建设的基础上，进一步明确培养目标和毕业要求，加强思政元素在培养方案和课程大纲中的有机融入，进一步优化课程体系建设，推动教材建设，提高师生主动性与积极性，保障专业思政建设成效。

关键词：专业思政；课程思政；人文地理与城乡规划；北京联合大学

一、引言

习近平总书记在全国高校思想政治工作会议上强调，高校思想政治工作关系高校培养什么样的人、如何培养人以及为谁培养人这个根本问题。要坚持把立德树人作为中心环节，把思想政治工作贯穿教育教学全过程，实现全程育人、全方位育人。思想政治理论课要坚持在改进中加强，其他各门课和各类课程要与思想政治理论课同向同行，形成协同效应。与思想政治理论课共同构成思想政治教育的课程共同体。这正是在思政课程基础上提出"课程

---

* 项目来源：北京联合大学2020年度校级科研项目立项课程思政专项"地理学课程思政、专业思政、学科思政体系研究"（SK20202001）；北京市属高校高水平教师队伍建设支持计划高水平创新团队建设计划项目（IDHT20180515）。

作者简介：张远索（1977—），男，山东济南人，博士，北京联合大学应用文理学院城市科学系教授，研究方向：土地管理、住房市场分析等。

思政"的意义所在。2017年11月，北京联合大学推出《关于推进"课程思政"建设的实施意见》，确定了"学校有氛围，学院有特色，专业有特点，讲授有风格，成果有固化，课程有品牌，教师有榜样"的"七有目标"和"七要工作法"，把"课程思政"建设作为学校立德树人的根本性举措，全方位推进，按步骤实施。要求全校专业教师挖掘各门专业课程所蕴含的思想政治教育元素，把做人做事的基本道理、社会主义核心价值观的要求、实现民族复兴的理想和责任融入专业课程教学中，让"课程思政"建设与思政课改革同向同行。2018年12月，北京联合大学召开了"课程思政"深化推进会，在总结经验做法的同时明确将坚持把"课程思政""专业思政""三全育人"作为学校建设和发展的长期性、基础性工作。积极鼓励专业负责人开展"专业思政"实践探索，在"专业思政"的平台上更好地营造"课程思政"的氛围。作为首批专业思政试点之一，应用文理学院城市科学系人文地理与城乡规划专业担负着在专业层面探索思政建设的使命。

二、相关研究借鉴

有学者认为专业课程在课堂教学中占比很大，在培养学生价值观、世界观、职业观方面具有不可替代的地位。应该通过营造专业课程思政育人的氛围、打造专业课教师"为人师表"的良师形象、根据学生的成长过程探索教书育人规律、打造集教书育人于一体的专业课程体系、召开专业课程思政育人经验交流会等途径，发挥专业课程思政的作用。有研究认为，为了在专业课程教育中更好地融入思政教育，专业教师在专业课程教育中可以采取将思政教育课程贯穿于整个专业课程体系、提高自身政治理论水平、引导学生培养正确的意识形态、利用科学家及同行名家的爱国行为激励学生的爱国精神、利用网络的优势培养学生的政治思想素质等措施。有学者认为，可以通过采取以"立德树人"为根本系统构建"大思政"工作格局、进行高等院校"课程思政"教学标准制定和教学资源建设、促进"课程思政"教师队伍建设和成果评价、建立"课程思政"教学效果的评价体系等措施来提高课程思政效果。还有观点认为，实施课程思政，需要从以下几个方面做起：学校重视，统筹谋划；教师提高自身的政治理论水平；合理安排，逐步推进；形式多样，注重习惯养成；通过实践活动，加强思政课程教育；发挥学生主体作用，加强自我学习。学者毕玉江认为，各学科专业的核心知识千差万别，但是其最终目的都是培养学生认识世界、改造世界的能力。实行课程思政需要关注的问题包括：要始终把学生作为教育过程中的主体对待；教师要发挥课程思政教育的核心作用；要注重将育德育人功能有机融入专业知识的教育过程。他认为推动课程思政的措施应该包括：合理挖掘专业课程教学中的课程思政元素；从育德育人高度审视专业课程内容；以多样化实践教学安排提升课程思政教学效果。从现有研究看，多数学者对于课程思政研究较多，也较为深入，但是如何推动专业思政研究的成果则略显单薄。

三、专业思政与课程思政的关系

北京联合大学李彦冰老师认为，专业思政是课程思政的拓展和深化，是育人主体性更高程度的回归和实现。在专业思政实施中，专业负责人角色问题、党支部的作用与功能问题、与大学目标定位的关系问题是三个待讨论的基本问题。在推动专业思政中，专业负责人发挥着"业务核心作用"；基层党支部发挥着"政治核心作用"；专业思政有效支撑着大学的目标定位。北京联合大学李春旺老师认为，"专业思政"是"三全育人"的基本单元之一，具有专业教育与思政教育融合的独特性和体系性。"课程思政"是"专业思政"的重要载体之一，每个教师都要承担"守好一段渠、种好责任田"的责任。在以往的专业学科建设过程中，较多强调该专业领域的科学前沿、知识传授，而较少涉及"德育为先"如何在专业教育中落细、落小、落实。"专业思政"是以专业为载体，发掘专业特点和优势，通过核心价值体系引领同教育教学全过程、全要素的融合设计，实现专业教育与思想政治教育一体化建设与发展，形成特色鲜明的专业人才培养模式。"专业思政"体系设计的关键在于核心价值体系引领。在"专业思政"的载体、路径、方法和呈现方式上，具有鲜明的专业学科特征。"专业思政"实施的关键主体是高素质的专业教师。"专业思政"的教育成果应是让学生在专业学习中潜移默化地感悟、内化核心价值体系的真谛。北京联合大学孔军老师认为，课程思政、专业思政是"高水平人才培养体系"的组成部分，也是"三全育人"体制机制的具体体现，课程思政是微观，是基础，是发动、推动工作的切入点；专业思政是中观，是背景、氛围。

2018年11月，北京联合大学印发《北京联合大学关于开展学院"三全育人"建设试点工作的通知》（京联党〔2018〕152号），以附件的形式明确了专业思政的建设内容：一是专业培养方案中有反映本专业核心素养要求的思政目标设计、表述；二是专业负责人履行专业思政直接组织者的责任；三是教师党支部积极推动专业思政建设，育人要求在党支部活动中有所体现；四是专业的思政目标在本专业所有课程及本专业教学方法、教学手段中有所体现，有校外固定的实践教学（育人）基地，有不少于三门核心课程是课程思政示范课；五是有体现专业思政、课程思政目标的教材、教学资料；六是课程思政水平在所有教师、课程中逐年提高，有课程思政示范课堂、课程思政优秀教师。

四、人文地理与城乡规划专业思政建设的推动措施

总体上按照习近平总书记于2018年9月10日在全国教育大会上的讲话，对全面贯彻党的教育方针提出"四个新观点"，即提出了走中国特色社会主义教育发展道路的总要求，明确了中国特色社会主义教育工作的根本任务，阐述了中国特色社会主义建设者和接班人的素质规格，指出了构建德智体美劳全面培养的教育体系的具体路径，以及坚持"立德树人，必须把培养社会主义建设者和接班人作为根本任务，培养一代又一代拥护中国共产党领导和我国社会主义制度、立志为中国特色社会主义奋斗终身的有用人才。要把立德树人融入思想道德教育、文化知识教育、社会实践教育各环节；学科体系、教学体系、教材体系、管理体系要围绕这个目标来设计，教师要围绕这个目标来教，学生要围绕这个目标来学"。

（一）持续加强课程思政建设

按照上级要求，牢固树立教育是国之大计、党之大计的意识，把立德树人融入思想道德教育、文化知识教育、社会实践教育各环节，本专业教师要围绕这个目标来教，学生要围绕这个目标来学。教师要用好课堂教学这个主渠道，使专业课程与思想政治理论课同向同行，形成协同效应。也就是说，作为专业教师，首先要做好课程思政。所谓课程思政是指以构建全员、全程、全课程育人格局的形式使各类课程与思想政治理论课同向同行，把"立德树人"作为教育根本任务的一种综合教育理念。它强调的是挖掘各类专业课程中的思政元素，把做人做事的基本道理、社会主义核心价值观的要求、实现民族复兴的理想和责任融入专业课程教学中，以润物细无声的方式实现育人

目标。各专业教师做好所教授课程的课程思政，是实现专业思政建设目标的最重要支撑。

（二）明确培养目标，突出专业特色

人文地理与城乡规划专业的定位为：培养掌握人文地理与城乡规划基本理论、基本方法，具有良好职业素养，厚载家国情怀，践行社会主义核心价值观，具有城市与区域调研、空间分析、规划设计和综合应用四个专业核心应用能力，具有勇于奋斗的精神状态、乐观向上的人生态度，能胜任城乡规划建设与管理的德智体美劳全面发展的社会主义建设者和接班人。为落实以上定位，本专业在新版培养方案中将培养目标确定为：培养面向国土空间规划和建设国际一流和谐宜居之都需要，德智体美劳全面发展，基础扎实、实践能力强，具有创新创业精神和社会责任感、较强的适应能力和可持续发展能力，具有扎实的地理学和城乡规划基础理论与专门知识，具有城市与区域要素调研、空间分析、规划设计、综合应用等核心能力，能在国土空间规划、城乡规划、房地产等领域从事调研分析、规划设计、评估咨询等技术和管理工作的高素质复合型应用地理学人才。本专业毕业生毕业五年后，具有如下目标预期：具有社会主义核心价值观，深厚的文化素养和人文情怀，较强的创新意识和创新能力，正确的人地协调价值观，与时俱进，准确把握行业发展趋势，具有综合应用本专业所学知识，使用现代工具和技术，解决行业复杂问题的主动性；理解本专业相关工作职责，能够自觉有效地将城市与区域要素调研、空间分析、规划设计、综合应用等核心能力应用到实际工作中，并能以此解决行业问题；具备有效沟通、与他人合作以及在多领域团队中行使职责的能力，具备团队领导力；明确工作科学道德与伦理责任，具有大局观念，为行业进步与发展做出贡献，具备终身学习和自我提升能力。

（三）优化课程体系，重视教材建设

加强"理论课程体系+实践课程体系+素养课程体系"三位一体的课程体系建设。在理论课程体系建设过程中，通过开设自然地理学、经济地理学、人文地理学、城市地理学等课程，让学生学会通过中国范式求真理；通过开设地图学、地理信息系统等课程培养严谨作风，让学生悟道理；通过开设城乡规划原理以及规划设计类、土地与房地产类课程，让学生通过解决问题明事理。在实践课程体系方面，深化建设北京市精品课程《城乡规划管理

实践》，在认知实习阶段，厚植爱国主义情怀，让学生树立理想信念；在生产实习阶段，让学生深刻体会实践是检验真理的唯一标准；在毕业实习阶段，帮助学生强化社会主义事业建设者和接班人的主人翁意识。在素养课程系列，加强北京实践类课程设计，在新版培养方案中，单独设置了北京学特色课程模块，包括走读北京（城市专题）、北京地域文化、人文北京、北京地理、北京历史地理信息系统专题、文化制图与文化规划专题等，作为高精尖学科北京学的重要支撑专业，本专业将进一步加强与北京学的互动融合，强化北京学实践类课程的设计与优化，提升学生综合素养。同时，在此基础上，组织本专业教师编写既能体现专业知识又具备思政功能的教材。

五、结语

青年学生在本科教育阶段的成长，需要全体教师持续的思想引领、专业教导与人生指引。人文地理与城乡规划专业将进一步重视人才培养的中心地位和本科教学的基础地位，把社会主义核心价值观教育融入教育教学全过程各环节，落实到课堂教学、实习实践和文化育人等活动中去，不断改进和完善思政教育方式方法。重视课堂、实验室、创新实践基地等专业教师开展思政教育的主阵地。专业教师从一年级导论课入手，在每一门专业课程中有机融入思政教育元素，帮助学生树立正确的三观，激发学生的爱国热情。在实践环节，专业教师以身作则，带领学生积极试验、敢于试错、积极创新，开展各项学科竞赛训练、暑期项目制专业实践、本科生进科研团队等活动，提高学生表达沟通、团队合作、组织协调、研究实践等能力。以学校专业思政试点和新版培养方案修订为契机，本专业在加强课程思政的基础上，将进一步明确培养目标和毕业要求，加强思政元素在培养方案和课程大纲中的有机融入，进一步优化课程体系建设，推动教材建设，调动专业教师积极性和学生学习的主动性，保障专业思政的建设具有实际成效。

参考文献

[1] 石书臣. 正确把握"课程思政"与思政课程的关系[J]. 思想理论教育，2018（11）：57-61.

[2] 路以兴，高萍. 基于"三全育人"理念的专业课程思政育人工作的思

考——以高职农业经济管理专业为例[J].黑龙江生态工程职业学院学报，2019，32（4）：133-135，160.

[3] 卢小波.教师在专业课程教育中融入思政教育的可行性探讨[J].轻工科技，2019，35（9）：179-180.

[4] 张飞.新疆大学地理信息科学专业"课程思政"教学对策思考[J].教育现代化，2019（57）：228-230.

[5] 庄金坛，王子傲.结合汽车电气谈如何开展专业课程思政[J].科技风，2019（24）：53.

[6] 毕玉江.财经类高校专业课程推行课程思政的对策建议[J].大学教育，2019（9）：131-133.

[7] 李彦冰.论专业思政建设中的基本问题[J].北京教育，2019（5）：61-64.

[8] 徐吉锋.信工学院：做实专业思政 推进全员育人[EB/OL].(2018-09-28). https://info.zufe.edu.cn/info/1074/8826.htm.

地理信息科学专业思政建设思考*

孟 斌

摘 要：从地理信息科学专业人才培养目标出发，思考专业思政建设目标和实现路径，制定了持续深化课程思政建设、落实"课程门门有思政，教师人人讲育人"的具体举措，进一步明确专业思政教育与专业能力培养有机融合的专业建设预期成果。

关键词：专业思政；课程思政；地理信息科学

一、专业思政建设与人才培养目标的关系

教育部2018年发布《关于加快建设高水平本科教育全面提高人才培养能力的意见》，强调高等学校要"培养大批有理想、有本领、有担当的高素质专门人才"，为全面建成小康社会、基本实现社会主义现代化、建成社会主义现代化强国提供强大的人才支撑和智力支持。其中的人才培养目标，凸显了"立德树人，德育为先"的重要性。文件明确要求把立德树人渗透到大学建设和管理各领域、各方面、各环节，坚持以文化人、以德育人，不断提高学生思想水平、政治觉悟、道德品质、文化素养，教育学生要明大德、守公德、严私德。

2020年，教育部又发布了《高等学校课程思政建设指导纲要》，明确要求按照不同课程类型，设定每类课程的课程思政建设的重点。在理工类专业课程教学中，要把马克思主义立场、观点、方法的教育与科学精神的培养结

---

* 项目来源：北京联合大学2020年度校级科研项目立项课程思政专项"地理学课程思政、专业思政、学科思政体系研究"（SK20202001）；北京市属高校高水平教师队伍建设支持计划高水平创新团队建设计划项目（IDHT20180515）。

作者简介：孟斌（1971—），男，博士，北京联合大学应用文理学院城市科学系教授，研究方向：地理信息科学、空间数据分析等。

合起来，提高学生正确认识问题、分析问题和解决问题的能力；对于理学类专业课程，要注重科学思维方法的训练和科学伦理的教育，培养学生探索未知、追求真理、勇攀科学高峰的责任感和使命感。

专业作为人才培养的最基本单位，必须充分落实教育部相关文件要求，把立德树人的成效作为检验专业人才培养工作的根本标准，在培养方案的各个环节，加强理想信念教育，厚植爱国主义情怀，把社会主义核心价值观教育融入专业教育教学全过程各环节，全面落实到质量标准、课堂教学、实践活动和文化育人中，帮助学生正确认识历史规律，准确把握基本国情，掌握科学的世界观、方法论。因此，专业思政成为新时期人才培养目标的必然要求，也成为专业人才培养目标的有机组成部分。

二、地理信息科学专业思政建设目标与要求

在专业思政目标设定时，市属院校需要考虑区域特点、学校的办学定位和学院特色，同时，也应对区域内兄弟院校的相近专业的特色和优势进行分析，确定我校地理信息科学专业的专业思政建设目标：以习近平新时代中国特色社会主义思想为指导，贯彻习近平总书记关于教育和立德树人的重要论述精神，根据国家和首都经济社会发展需要，全面落实培养具备人文关怀精神和社会责任感、德智体美劳全面发展的社会主义建设者和接班人的专业人才培养目标，构建高水平有特色的地理信息科学专业人才培养体系，在办学理念、专业特色、教学改革、人才培养模式、人才培养质量等方面具有显著特色和较高社会声誉，做到"育人有氛围、培养有体系、教师有水平、课程有特色、树人有成效"，向国家和北京市一流专业目标迈进。

进一步将建设目标进行分解，具体如下：

（一）搭建专业思政教育平台，营造良好的专业育人氛围

专业思政是把思想政治工作贯穿教育教学全过程，达到高水平人才培养体系的内在要求。搭建具有地理信息科学专业特色的思政教育平台，围绕立德树人根本目标，强化落实"三全育人"制度，营造良好的专业育人氛围。

（二）拓展专业建设内涵，形成完善的专业人才培养体系

通过将专业思政与地理信息科学专业人才培养目标有机融合，明确思想

意志品质对专业能力培养的基础作用，进一步拓展专业建设内涵，完善地理信息科学专业人才培养体系，提升地理信息科学专业建设能力和水平。

（三）加强专业教师执教能力建设，大幅提升师资队伍整体水平

教师是立教之本、兴教之源，通过外引内联，改善师资队伍结构，建设一支思想觉悟高、教学效果好、科研能力突出、专业实践能力强的应用型教师队伍。

（四）建设一批适应"城市型、应用型"办学定位的地理信息科学专业一流本科课程

在课程体系构建过程中，深入挖掘各类课程和教学方式中蕴含的思政教育元素，按照教育部建设一流本科课程思想，高标准、严要求，增强专业基础课和专业课的高阶性、创新性和挑战度。

（五）坚持"以生为本"，育人成效进一步彰显

坚持以学生为中心，有效激发学生的学习兴趣和潜能，提高创新意识、实践能力和社会责任感，促进学生德智体美劳全面发展，提升毕业生行业认可度和社会整体评价。

三、专业思政实现路径

（一）专业建设总体思路

落实北京联合大学"城市型、应用型"办学定位，结合地理信息科学专业特点，以立德树人为根本，以专业思政为根基，以教学质量为核心，以师资队伍为关键，推进教学内容和教学方法改革，凸显专业办学特色；加强管理，强化教风、学风建设，提升人才培养质量，不断提升地理信息科学专业综合办学实力和竞争力。

（二）专业建设具体举措

1.加强基层党支部对专业建设的领导和保障能力建设，为提升专业育人能力和水平提供有效的制度支撑和条件保障。

充分认识加强高校教师党支部建设的重要性、紧迫性，充分认识加强新形势下高校教师党支部建设，对于全面贯彻党的教育方针，坚持社会主义办学方向，落实立德树人根本任务，培养中国特色社会主义合格建设者和可靠接班人的重大而迫切的战略意义；坚持把思想政治工作与党的建设相结合，把立德树人、规范管理的严格要求和春风化雨、润物无声的灵活方式相结合，把解决师生的思想问题和解决教学科研、学习、就业等实际问题相结合，构建一体化育人体制机制和提供条件保障，形成全员、全过程、全方位育人格局。

2.以OBE理念为基础，持续优化人才培养方案，落实立德树人根本目标。

基于OBE理念，结合专业特点，每年定期进行社会调研和毕业生跟踪调查访谈，从北京社会经济建设需要和地理信息产业发展需求出发，持续追踪和调整专业的职业面向，优化专业人才培养目标和规格，细化毕业要求，落实立德树人根本目标。

3.以课程思政建设为载体，以课堂教学改革为抓手，推动专业思政整体建设水平提升。

以学校的办学定位和学院的特色为指引，深入挖掘各类课程和教学方式中蕴含的思政教育元素，落实"课程门门有思政"的要求，将课程思政和专业能力培养有机结合。参照教育部建设一流本科课程标准要求，对专业基础课和专业课课程教学大纲进行内部审核，增强课程内容高阶性、创新性和挑战度。加大教学方法改革力度，提升课程教学效果，推动专业思政建设。

4.加强应用型师资队伍建设，打造教学团队，提升教师教学水平。

"教育者先受教育"，持续加强教育培训，提升专业教师对专业思政和课程思政的理解和认同，形成团队在专业思政和专业建设方面的合力；争取校院支持，引进新鲜血液，改善师资队伍年龄结构和知识结构，围绕一流专业目标打造教学团队；结合地理信息科学专业特点，进一步加强应用型师资队伍建设，提升教师执教能力和教学水平。

5.发挥北京学高精尖学科、院士工作站等高水平科研平台优势，推进学科专业一体化建设。

充分发挥高水平科研平台作用，发挥科研优势，鼓励教师将科研成果有机融入课堂教学，增强专业教学内容的高阶性、创新性和挑战度；结合专业特色，开发有思政内涵的专业课程教材；借助地理学一级硕士点建设的带动作用，营造敢为人先的学习氛围，提升专业学生考研率，推进学科专业一体化建设水平提升。

6. 加强实验室条件建设和校外实习基地建设，彰显专业特色，推动实践育人。

进一步争取企业和业界的支持，及时引进地理信息技术领域最新成果，优化实验室软硬件配置，进一步改善专业实践教学条件；巩固已有校外实习基地建设成果，在校企合作中加强培养学生爱岗敬业的专业精神，发挥校外基地的育人功能。

7. 鼓励和引导学生广泛参与学科竞赛，促进学生自主学习能力和综合素质的提升。

以学科竞赛为依托，不断深化实践教学改革与创新，坚持以赛促建、以赛促改、以赛促教、以赛促学、以赛促创，将学科竞赛纳入人才培养方案，与专业教育相融合；完善相关制度，探索学分替代路径，鼓励和引导学生广泛参与学科竞赛，大力表彰竞赛获奖学生，树立先进典型，营造以赛促学的良好氛围；将本科导师指导学科竞赛情况纳入导师工作考核，鼓励开设教师工作坊，吸引学生尽早参与科研实践，促进学生自主学习能力和综合素质的提升。

8. 加大对学生创新创业能力培养的支持力度。

加强大学生创新创业训练计划工作的统筹规划，成立大学生创新创业训练计划工作指导小组，对负责项目及实施方案提出论证意见，参与项目的中期检查与结题验收；鼓励学生参与学院组织的科研训练、实验室开放项目、学生科技创新等各级各类创新创业活动，营造学生积极参与、团队协作的创新氛围；进一步收集政府、企业组织的各类创新创业活动信息，拓展渠道，扩大学生参与创新创业范围；鼓励专业教师参与学校开设的与创新训练有关的创新思维、创新方法、创业训练、项目管理和企业管理类课程，适时推出有地理信息科学专业特色的创新创业课程。

四、持续深化课程思政建设

（一）持续深化课程思政建设，落实"课程门门有思政，教师人人讲育人"的具体举措

总结学校课程思政设计大赛经验，建立长效机制，持续加强课程内容建设，将思政元素挖掘和深化作为长期任务，通过教研室集体备课等活动，落

实"课程门门有思政，教师人人讲育人"的具体举措。

（二）突出专业特色，建设专业思政示范课程

以学科大类必修课和专业必修课为主体，结合北京学特色课程建设，建成专业思政示范课程，首批三门课程建设以已经获得学校和学院各类课程建设计划支持的课程为主，预期在2021年7月前完成。全部六门示范课建设在2022年7月底完成。同时，积极探索在已开设的校内通识选修课中进行示范课程建设，力争完成两门有地理信息科学专业特色的通识选修课示范课程。

（三）强化实践育人，建设校外实践教学（育人）基地

梳理已有校外实习基地建设情况，加强对实习和实践内容的管理和引导，凸显基地的育人作用，在2021年7月前，建立校外实践教学（育人）基地，并力争建成校级校外实习基地。

五、专业思政建设预期成果

1.制定一套符合"城市型、应用型"办学定位，专业思政教育与专业能力培养有机融合的地理信息科学专业建设方案。

2.建成一支科研水平高、专业实践能力强、教学效果好，能教书育人的专兼结合的应用型教师队伍，师资队伍中博士比例应达到70%，力争达到80%以上。

3.建设一批特色鲜明的课程思政示范课，其中包括3门专业核心课、3门选修课。

4.形成专业"课程分散实训与集中实践相结合、专业见习与顶岗毕业实习相结合、学科竞赛与毕业论文相结合"的地理信息科学专业特色实践教学模式。

5.构建一系列功能完善、内容丰富、交互性强、紧跟时代前沿的课程资源网站和专业教学资源系统平台。

6.巩固专业建设成果，在教学基本功比赛、各级各类教学成果奖评选中获奖；发表专业思政系列研究论文1~2篇，课程思政系列研究论文2~3篇，出版专业思政与课程思政典型案例集1本。

7.专业发展特色与优势进一步彰显，学生全面发展，专业素质好、能力

强，考研率达到20%以上，就业对口率90%以上，社会满意度进一步提高。

六、专业思政建设的职责分工

（一）加强组织领导，创新工作机制

加强组织领导和统筹规划，系领导班子和专业负责人同心协力、分工合作，为专业建设保驾护航；落实课程群集体备课，建立教授（教师）工作坊等，创新专业建设工作机制。

（二）明确工作分工，落实专业负责人主体责任

明确专业负责人、系（部）主任和教师党支部书记的工作分工，充分落实专业负责人的主体责任。专业负责人作为专业建设的直接组织者和实施者，要积极完成专业调研、思路策划、方案设计等工作；专业负责人要定期组织召开专业建设研讨会，调动和组织专业教师全员参与专业建设；负责组织专业教师加强相关学习和培训，推动一体化实施专业思政和课程思政；负责组织专业教师加强课程建设、教材建设等，巩固相关建设成果；负责组织专业教师及时总结经验，发现问题，并制定相应的改进措施。

（三）发挥教师党支部思想引领和战斗堡垒作用

教师党支部切实发挥思想引领、组织协调、服务保障的作用，积极搭建平台，把育人要求有机融入党支部建设和相关活动，充分发挥党员在专业思政和课程思政建设中的先锋模范作用。着力发挥团结师生方面的主体作用，把立德树人、规范管理的严格要求和春风化雨、润物无声的灵活方式相结合，把解决师生的思想问题和解决教学科研、学习就业等实际问题相结合，统一思想、凝聚人心、化解矛盾、增进感情，使党支部真正成为团结师生的坚强阵地和政治核心。

地理信息科学专业思政模式的探索与践行*

逯燕玲　周爱华　孟　斌　付　晓　李艳涛

摘　要：地理信息科学专业面向国家和首都经济社会发展需要，按照"课程思政"—"课程群思政链"—"专业思政"三个层级进行专业思政模式探索，不断凝练"社会主义核心价值观引领、'一城三带'历史文化熏陶、教学科研实践活动历练、研学竞赛项目自我塑造"四位一体的专业思政人才培养模式。将生态文明建设、城乡一体化、脱贫攻坚等国家战略和北京全国文化中心建设、老城保护、西山永定河文化带保护发展规划等科研项目成果有机融入教学过程，构建具有空间信息分析与GIS技术应用专业特色的课程思政和专业思政模式，落实立德树人根本任务，培养既有家国情怀与文化自信，又有责任担当与学识品格的社会主义事业建设者和接班人。

关键词：课程思政；专业思政；立德树人；科研反哺教学；地理信息科学

一、引言

教育目的是一个国家教育精神的集中体现，当代高等教育教学改革需要紧紧围绕"高校培养什么样的人、如何培养人以及为谁培养人"这个教育根本问题。社会主义核心价值观是当代中国精神的集中体现，高等教育教学改革要以社会主义核心价值观为价值引领，以新时代人民对美好生活的向往、

---

* 项目来源：北京联合大学2020年度校级科研项目立项课程思政专项"地理学课程思政、专业思政、学科思政体系研究"（SK20202001）；北京市属高校高水平教师队伍建设支持计划高水平创新团队建设计划项目（IDHT20180515）。

第一作者简介：逯燕玲（1963—），女，硕士，北京联合大学应用文理学院城市科学系教授。研究方向：数据分析、软件工程、教育教学研究等。

实现中华民族伟大复兴中国梦为基本落脚点，以培养担当民族复兴大任的时代新人为根本着眼点，切实把握新时代中国教育立德树人的根本任务。习近平总书记在北京大学师生座谈会上指出："要把立德树人的成效作为检验学校一切工作的根本标准，真正做到以文化人、以德育人，不断提高学生思想水平、政治觉悟、道德品质、文化素养，做到明大德、守公德、严私德。要把立德树人内化到大学建设和管理各领域、各方面、各环节，做到以树人为核心，以立德为根本。"

习近平总书记在全国教育工作大会上强调："要把立德树人融入思想道德教育、文化知识教育、社会实践教育各环节。"2017—2020年，北京联合大学先后印发《关于推进"课程思政"建设的实施意见（2017—2018）》（〔2017〕199号）、《关于深化课程思政建设，落实立德树人根本任务的实施意见（2019—2020）》（京联党〔2018〕158号）、《关于推进专业思政建设的实施意见（2020年）》（京联党〔2020〕13号）等一系列文件，把"课程思政"建设作为学校立德树人的根本举措，全校专业教师不断挖掘课程所蕴含的思想政治教育元素，把做人做事的基本道理、社会主义核心价值观的要求、实现民族复兴的理想和责任融入专业课程教学中，践行"各门课都要守好一段渠、种好责任田，使各类课程与思想政治理论课同向同行，形成协同效应"。应用文理学院城市科学系地理信息科学专业积极探索"专业思政"模式，坚持以习近平新时代中国特色社会主义思想为指导，坚持以构建更高水平的人才培养体系为着力点，坚持以完善全员、全过程、全方位育人格局为重要保障，将立德树人的内容融入教育教学的全过程。应用文理学院城市科学系党支部以党建带团建，将系党支部日常工作重点放在师生的思想政治教育上，坚持把专业思政目标要求传达给教师，从专业思政角度出发将师德师风建设和课程思政紧密结合，促进教师建立价值塑造、能力培养、知识传授三位一体的教育教学理念，形成专业思政的"大思政"工作格局。

二、四位一体的专业思政人才培养模式

地理信息科学专业着力促进专业思政和课程思政一体化实施，将思想政治工作融入基础课、专业课的教学全过程，结合2019年版地理信息科学专业人才培养的特点和定位，在人才培养的核心素养要求中对毕业生在思想政治素质方面的要求和目标进行精准设计，制定专业思政建设方案，有效地开展

专业思政建设。

（一）三个层级的专业思政模式探索

地理信息科学专业面向国家和首都经济社会发展需要，应培养具有强烈家国情怀和实现民族复兴的理想，能够将社会主义核心价值观转化为情感认同和行为习惯，具有较好文化素养和良好职业素养，能够担当民族大任的时代新人；培养具有扎实的地理信息科学专业知识，掌握空间信息服务、数据分析、遥感和卫星定位等现代高新技术的应用型人才。毕业生具备良好的自主学习能力，能主动跟踪技术前沿，具备团队合作、沟通交流和管理能力，具备根据国家重大发展战略、城市建设与发展需求提出GIS应用或工程解决方案的能力。根据培养方案整体设计，地理信息科学专业的知识体系划分为地理学类、GIS类、遥感与测绘类、数据分析与可视化、开发类五大课程群。在基础课、专业课教学中，将学生价值观塑造放在首位，以思想政治教育有机融入课程教学和改革的各环节、各方面的"课程思政"，实现立德树人、润物无声的教育目标。同时，按照"课程思政"—"课程群思政链"—"专业思政"三个层级进行专业思政模式探索。

（二）专业思政特色

在门门课程有思政、全面落实思想政治教育进专业课课堂的基础上，地理信息科学专业不断凝练"社会主义核心价值观引领、'一城三带'历史文化熏陶、教学科研实践活动历练、研学竞赛项目自我塑造"四位一体的专业思政人才培养模式。以北京历史文化名城保护、三个文化带规划和北京全国文化中心建设等科研项目，提升教师"+文化"和"三全育人"综合改革能力，以文化人，增强学生文化自信。在实践教学活动中，用密切联系"乡村振兴""生态文明"等国家战略和北京全国文化中心建设的真实课题历练学生，并坚持与红色"1+1"活动结合，弘扬爱国主义精神，激发师生的爱国热情，增强服务北京的意识和社会责任感。教师在课外指导学生积极申报本科生科研素质项目，鼓励其积极参加学科竞赛等学术活动，让学生在科研项目和学科竞赛中进行自我塑造与提升。

三、专业思政建设的推动措施

（一）以党建项目为载体，打造优秀育人团队

党支部积极申报"教师党支部保障专业思政建设路径探索与实践"的党建课题和"地理学课程思政、专业思政、学科思政体系研究"课程思政专项研究课题，引领全体教师练好课程思政三项基本功，推进深化课程思政。重视师资队伍建设在推进专业思政和学科思政中的作用，开展专业与团队建设SWOT分析，推动科研反哺教学，努力打造优秀育人团队。

（二）科研反哺教学，推进实践创新人才培养

发挥北京学高精尖学科的研究优势，大力推进学科专业一体化建设，建设开放共享的教育教学要素集成路径，将科研内容和科研成果转化为教学内容，拓展创新实验，打破当前课堂教学中重灌输轻启发的模式，从问题出发，进行任务驱动式设计，实现"学思结合，知行合一"。

（三）以产学研一体化模式，组建开放式科研平台

建设"地理信息采集""数字图像处理""空间数据分析""可视化技术"四大类型的实践课程群，优化实践教学体系；积极加强校外实践教学基地建设，创造多渠道实践机会，以实践激发兴趣、以兴趣驱动学习。进而提升学生学习专业课程的兴趣，提升教学效果和整体教学质量。依托国家文科中心、院士工作站及北京学基地等平台，构建开放式科研平台，积极开展"第二课堂"建设，推进学生参与多元化的科研课题。

（四）积极组织学生参加各类实践活动，强化技术应用能力

以本科生导师制为抓手，成立学生学术活动工作小组，积极指导学生参加各类教学实践、科研项目申报、专业学科竞赛、学术交流、社会实践等活动，加强培养学生实践能力、学术素养，以及潜在的创新意识与创造精神，并鼓励学生交流技巧和大赛经验，为学生将来走上社会打下坚实基础。

（五）开设"北京学特色"系列课程，浸润文化素养

以素养促发展，深化教学内涵，促进地理信息科学与人文地理、历史地理的融合，凝练专业课程自身的文化特色与人文精神，以北京"一城三带"保护建设规划项目为载体，打造"走读北京"等具有文化特色、素质培养功能的"北京学特色"系列课程，提升学生文化认同感、自豪感与文化素养。

四、专业思政建设成效

（一）学生创新能力及学术素养不断提高

学生参加了各类学科竞赛，如全国大学生GIS技能大赛、全国高校地理科学展示大赛、全国青年地理工作者学术辩论赛等，荣获了各类奖项。学生申报了各类科研项目，2017—2020年，启明星立项呈逐年递增趋势，四年共获批启明星项目20余项，文科中心项目近10项。不仅如此，学生还注重科研成果的产出，发表学术论文近10篇，北京市优秀本科论文一篇，营造出积极向上的学术氛围。国内考研升学率从2018年的6.9%提高到2020年的28.6%，先后有多人被南京师范大学、中国地质大学、北京林业大学等著名高校录取。

（二）教学相长，教师教育教研成果丰富

教师教育教研积极性显著提升，在教研项目申报、论文发表、教学比赛以及专业服务社会方面的成果大幅度增加。主持或作为骨干参与各级教育教研课题近10项，公开发表教育科研论文20余篇，参与各级教学比赛10余人次。其中，周爱华老师的微课作品获2015年全国高校微课教学比赛北京市二等奖，并获北京联合大学2019年"课程思政"教学设计大赛二等奖，王娟老师2017年获得全国高校GIS青年教师讲课竞赛三等奖。专业技术服务社会也获得佳绩，其中，孟斌老师作为骨干参与的项目获得2019年度中国测绘科技进步奖一等奖，周爱华老师获得2017年度北京高校青年教师社会调研优秀项目一等奖，何丹老师获得2016年度北京高校青年教师社会调研优秀项目二等奖。

（三）合纵连横，校企合作日益密切

多家企业来校寻求合作机会，专业教师也进一步加强与行业内公司、院所的联系，与北京市测绘设计研究院、北京超图软件股份有限公司、北京锐宇博图科技有限公司等单位建立了校外实习基地，陆续输送几十位学生到上述单位实习，近十名学生成功签约，形成先实习（兼职）再就业的合作模式与长期稳定的合作关系。2020届毕业生就业率达到了100%！

（四）服务地方、服务社会，社会效益显著

运用专业所长、立足京华大地开展生动实践活动，地理信息科学专业师生长期根植于基础地理信息采集与城乡规划，测绘门头沟区沿河城村平面图、瓜草地景区图，参与西山永定河文化带保护规划、延庆区长城文化带保护规划、房山区旅游资源普查与历史文化梳理等项目，参与南新仓等古代官仓的基础测绘与文化规划，所取得的成果获得社会广泛好评。

五、特色和创新点

（一）创建以实践激发兴趣、以兴趣驱动学习的实践能力培养机制

围绕专业核心应用能力提供丰富的实践任务，激发学生学习热情，培养全体学生的实践应用能力和创新意识；同时，"实践激发兴趣"，越来越多的学生积极参加各类科研项目和学科竞赛，有效提高了学生的实践创新能力。

（二）探索以科研项目和学科竞赛为抓手，提升实践创新能力的有效路径

鼓励并积极组织学生参加科研项目与学科竞赛，培养学生的钻研精神与科研意识，提升学生的专业认同感、专业技能与实践创新能力，突破了创新型人才培养以研究型大学为主的局限。

（三）构建以素养促发展，提升理工类人才培养质量的专业思政育人体系

地理信息科学专业是近20年新兴的一门集地理学、计算机、遥感技术和

地图学于一体的边缘学科，其跨学科知识体系使学生很难整合各门课程知识进行实践应用。文化引领、科研反哺可以帮助学生在科研项目和学科竞赛中对专业核心课程进行整合运用，有利于学生对跨学科知识融会贯通。

参考文献

[1] 刘铁芳. 培养担当民族复兴大任的时代新人——论新时代我国教育目的的蕴含[J]. 教育学报, 2018, 14（05）：3-12.

[2] 李力, 金昕. 新时代高校立德树人的内涵、难点及实现路径[J]. 东北师大学报（哲学社会科学版）, 2019（02）：149-154.

[3] 罗银胜. "三位一体"推进高校课程思政改革[N]. 社会科学报, 2019-04-04（003）.

[4] 张飞. 新疆大学地理信息科学专业"课程思政"教学对策思考[J]. 教育现代化, 2019（57）：228-230.

抓学习，搭平台，促落实，看成效*

——城市科学系课程思政建设探索与实践

周爱华　逯燕玲　孟　斌

摘　要：本文从抓学习、搭平台、促落实三个方面介绍了城市科学系在课程思政建设方面的工作方法，同时介绍了课程思政建设以来城市科学系在教学研究与育人方面取得的成效，并总结了课程思政建设的工作思路及进行课程思政建设的心得体会。

关键词：课程思政；平台；落实；成效

自2017年8月北京联合大学开展课程思政建设以来，城市科学系一直认真学习课程思政的各类相关文件，深入思考课程思政内涵，严格贯彻执行校、院两级课程思政举措与实施意见。目前，课程思政建设已经开展了将近四年，城市科学系形成了一套自己的工作方法，并取得了一定的成绩，立德树人成效获得进一步提升。下面就城市科学系的典型做法与成效进行分享。

一、抓学习：组织多样化、多形式、多渠道学习活动

课程思政是一个新的名词、一种新的理念，一经问世，就引发了广泛关注，得到了积极反响，同时也给教师带来了诸多的困惑与苦恼："什么是课程

---

* 项目来源：北京联合大学2020年度校级科研项目立项课程思政专项"地理学课程思政，专业思政、学科思政体系研究"（SK20202001）；北京联合大学2020年教学创新课程建设项目"测绘学基础"；北京联合大学2017年校级教育科学研究课题（SK30201707）；北京市属高校高水平教师队伍建设支持计划高水平创新团队建设计划项目（IDHT20180515）。

第一作者简介：周爱华（1978—），女，山东东营人，硕士，北京联合大学应用文理学院城市科学系副教授。主要研究方向：测绘与地理信息、计算机辅助制图。

思政""我们该怎么做""思政元素该如何挖掘，怎么融入教学"……针对这种情况，城市科学系组织教师开展了广泛而深入的学习与研讨，学习并领悟中央文件精神，学习北京联合大学文件，思考课程思政内涵。学习的形式与内容多种多样、丰富多彩。

（1）在系会、支部大会、系务会、支委会、教研室会议等多种场合组织教师学习校、院发布的文件，包括《关于推进课程思政建设的实施意见（2017—2018）》（〔2017〕199号）、《关于开展学院"三全育人"建设试点工作的通知》（京联党〔2018〕152号）、《关于深化课程思政建设，落实立德树人根本任务的实施意见（2019—2020）》（京联党〔2018〕158号）、《关于推进专业思政建设的实施意见（2020年）》（京联党〔2020〕13号）、《北京联合大学"三全育人""大学习、大讨论、大落实"活动方案》（京联党〔2020〕14号）等；并要求教师通过新闻节目、报刊、学习强国平台等，学习中央精神，加深对课程思政内涵的理解与认知。

（2）组织教师观摩中青年教师执教能力比赛、教学优秀奖评选决赛、课程思政教学设计大赛等教学比赛，研学网络精品课程，并开展集体备课与互相听课等活动，提升教师的执教能力。

（3）鼓励并组织教师外出参加地理学相关的学术会议、专业培训，同时筹办学术研讨会，邀请业内著名学者、专家来校举办讲座，促进教师知识更新，拓宽专业视野，提升专业素养。

（4）依托党支部的"两学一做""五牵手"活动、"不忘初心、牢记使命"主题教育以及"三全育人""大学习、大讨论、大落实"活动等年度重点工作，开展观看爱国电影、重走五四运动之路、参观"伟大的变革"展览、参观宋庆龄故居、走读北京等多样化学习活动，提升教师综合素养，深刻体会"爱国"是做人基底，"责任"是教师担当。

（5）根据地理学学科特色，组织专业实践，如考察西山永定河文化带、"国歌中的长城"——金山岭长城、塞罕坝国家级森林公园等，让教师走出去，看大好山河，看历史文化传承，看生态文明建设，让教师"长知识、加文化、增情怀"。

二、搭平台：依托院校资源，结合自身特点，搭建多元化平台

（1）发挥支部的战斗堡垒作用，利用支委会、支部大会、主题活动、共

建活动等,搭建理论学习平台,提升教师理论水平。

(2)依托学科专业,走出去、请进来,搭建学术交流平台,提升教师专业素养。

(3)利用院校与学科专业资源,创造机会搭建多样化实践学习平台,为开展特色实践教学打下坚实基础。

(4)组织系内课程思政教学设计大赛,全员参赛,畅通教师成长渠道。2020年上半年,城市科学系组织了课程思政教学设计大赛培训、说课比赛、教学展示比赛、重点课程的课程思政深入打磨会等八场课程思政主题交流活动,全面深入推进课程思政建设。

三、促落实:明确工作机制,狠抓落实

(一)细化分工,层层落实,责任到人

党支部发挥引领、组织与保障作用;系主任负责总体工作;专业负责人制定专业的课程思政建设方案;教研室主任组织集体备课、教学文件检查,安排相互听课,分析反馈意见;课程组长统筹群内课程的教学内容、思政案例建设;教师个人挖掘所教授课程的思政元素,并有机融入课堂教学,落实"课程门门有思政,教师人人讲育人"。城市科学系在系党支部的引领下,明确任务,细化责任,将课程思政建设工作依次落实到教研室、课程群和具体课程中,使整个工作上层组织与基层都落到实处,有序开展。整个组织模式如图1所示,此处以地理信息科学专业的遥感测绘课程群为例。

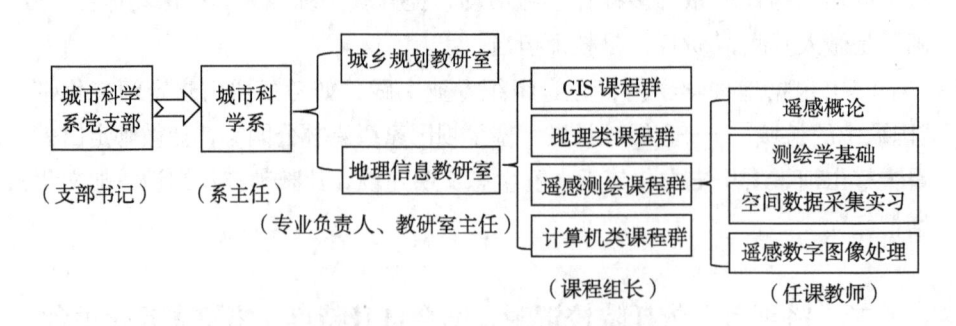

图1 城市科学系课程思政建设组织模式

（二）树立榜样，先行先试，逐步推进

开展课程思政建设工作，领导干部、优秀党员、骨干教师要走在前面，学科大类平台课、专业核心课、专业必修课要走在前面，从中培养示范教师，打造示范课程，先行先试，示范引领，以点带面，逐步推进课程思政建设工作的开展。

（三）以赛促教，全员参与，全面推进

组织课程思政教学设计大赛，鼓励全体教师参与，并邀请相关领导、教学督导点评指导，提高教师课程思政教学设计水平与执教能力，促进课程思政建设工作的全面开展。

（四）先进典型，奖励督促，考核倾斜

建立明确的奖励机制，对在课程思政建设中表现优异的教师在考核、评优、职称评定时要予以倾斜。

四、见成效：师生共同进步，获得感持续提升

（1）自课程思政建设以来，教学内容更加丰富，与时事热点、国家重大战略、重大工程、传统文化等的联系更加密切，教学方法、模式也不断创新，教师的知识更新也更加频繁，学生对专业的认同感与满意度提升，同时文化视野得以开阔，人文情怀、家国情怀、责任意识等也得以进一步增强。

（2）教师对教学的投入显著增多，课堂氛围更加融洽，形成良性互动与循环，教师的职业自觉、成就感得到了提升。

（3）城市科学系探索了科研反哺教学的专业思政建设模式，学生申请课题、发表文章、参加竞赛并取得了优秀成绩。以启明星项目为例，2018年立项10项，2019年立项15项，2020年立项25项；考研升学率持续升高，2020年地理信息科学专业考研升学率达到30%，以"学生为中心"的教育理念进一步落实。

（4）随着课程思政、专业思政建设的开展，城市科学系老师的教研积极性提高了，教研项目、教研论文、比赛获奖等成果的数量与质量都获得了显著提升，如2017年至2019年年底发表教研论文30余篇，各级教育教研课题近20项，补齐了过去教育教学研究方面薄弱的短板。

五、收获与体会：课程思政建设思路明晰、认识深刻，教育教学达到新境界

（一）明确课程思政建设思路

课程思政是一个新的教育理念，因此课程思政建设实际上是不断探索与实践的过程。在课程思政建设初期，所有教师都处于茫然与疑惑的状态，这个时期，我们的建设思路就是反复"学习—讨论—实践—反馈"，在不断"学习—讨论—实践—反馈"的过程中，逐渐弄懂了什么是课程思政，如何挖掘思政元素并有机融入教学，课程思政建设得以有序推进并显现初步成效。但是，也暴露了一些问题：第一，教师对课程思政的认同度有明显差异；第二，个别教师课程思政建设流于形式；第三，个别课程的课程思政建设情况不佳，没有完全达到"课程门门有思政"的要求。对于这些问题，2020年上半年的系内课程思政教学设计大赛提供了一个有效的解决方案，本次大赛要求"教师全员参加，一个都不能少"，采用"比赛+研讨"的形式开展活动，针对每一位教师，讲完直接点评、研讨，给予修正建议，所有教师都行动起来，逐渐达到课程思政建设齐头并进，实现"课程门门有思政，教师人人讲育人"。在这个过程中，城市科学系逐渐调整了课程思政建设思路，由建设初期的"学习—讨论—实践—反馈"转变为"以赛促建"阶段的"实践—反馈—讨论—学习"，由之前的泛泛学转变为现在的有针对性地学，带着问题学，由被动学

"课程思政"建设初期　　　　　　"以赛促建"阶段

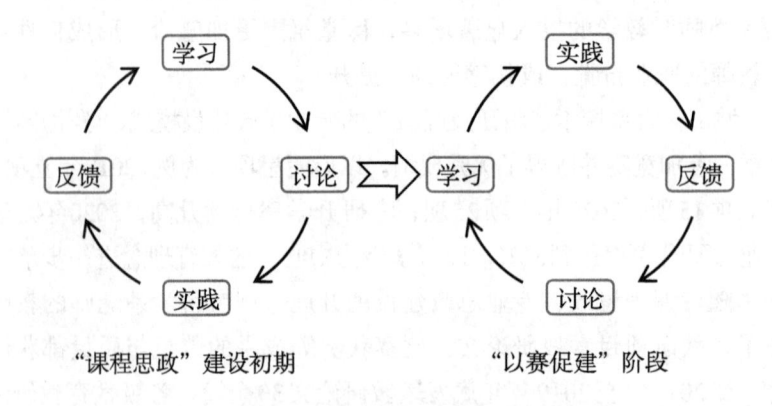

图2　城市科学系课程思政建设思路调整

变为主动学，认真学习最新的学校文件与思政文章，听人民网的"课程思政实践探索"系列讲座，坚持认真观看学校历年教学比赛视频，观摩网上特色精品课等。讨论也由之前的以内部讨论和"引进来"讨论为主，逐渐转变为"走出去"交流，去别的专业或别的院校交流我们的课程思政建设经验，对外宣讲联大课程思政建设的故事。

（二）课程思政建设认识深刻

1. 加强学习很必要

课程思政、专业思政建设要求教师必须不断学习，不仅要学理论、学文件，看新闻、晓时政，读历史、通文化，还要及时学习新的专业知识与技能。当前社会，知识与技术的更新速度极快，例如，今年刚刚全面布网完毕的北斗导航卫星系统是我国的GNSS系统，目前的教材上关于GNSS系统的讲授都是以美国的GPS为例，那么任课教师就要学习北斗相关知识，把我国的卫星导航系统介绍给学生，这既是知识的传授，又是爱国主义、创新精神、艰苦创业等价值范式的传播。

2. 交流研讨不能少

与他人或团体的交流，一方面可以直接接收他人的意见与建议，另一方面有助于打破固定思维模式的限制，拓展我们的思维。例如自然地理学中的垂直地带性知识点，通过交流获得了"大林寺桃花"这个传统文化的思政案例，"人间四月芳菲尽，山寺桃花始盛开"揭示的就是垂直地带性；洋流知识则可以与郑和下西洋、海上丝绸之路等历史事件或国家重大战略等相联系。生活中熟悉的事情与专业知识产生关联，既新颖，又有趣，还有教育意义，正是课程思政建设的目的。

3. 教学比赛很有效

课程思政教学设计大赛的形式非常好，全体教师经历了这样一个比赛过程：拿出一个完整的课程设计方案，并由督导专家给予点评与建议。这一过程中，教师对课程思政的认识、设计能力以及个人执教能力都有了明显的提升。

4. 自发思政培养好

一定要培养自发思政的意识，在头脑中装上一根思政的弦，让课程思政成为教师的自发行为，这样课程思政的效果才得以最大化发挥。例如，观看新闻节目时，看到北斗全球组网、珠峰高程测量就能立刻想到这些内容可以融入测绘学基础这门课程；在新冠肺炎疫情防控期间，面对每天各地疫情数据的变化，能够想到地理信息系统、SPSS应用、计量地理学、空间数据分析等课程都可以利用这些数据绘制疫情专题图、制作疫情统计表等，应用专业知识来服务社会重大公共卫生事件。社会热点事件与专业知识传授相关联，让学生深刻认识到专业的实用性，并培养学生服务社会的意识。

（三）教育教学达到新境界

（1）通过教师的交流反馈以及课程思政教学设计大赛的表现，可以看出专业教师已基本理解了课程思政的内涵，能够独立完成具体课程中的思政元素挖掘与自然而然地课堂融入，潜移默化地对学生进行价值引领，在实践中逐渐认同课程思政在人才培养方面的积极作用。

（2）突破了理工技术类课程思政融入的壁垒。城市科学系两个专业有许多计算机类、技术类的课程，而且实践学时多，一直是课程思政建设的难点所在。经过将近四年的课程思政建设，我们认识到专业知识在国家重大战略、重大工程、社会重大事件、热点问题中的应用，既是课程教学中的优秀案例，又是很好的思政素材；实践教学中的团结协作、意志磨炼、工匠精神等是专业人才培养的目标，也是重要的思政元素，因此课程思政建设与课程的知识传授是一致的，是相辅相成、相互促进的。

（3）教师能够自觉开展课程思政，自发进行再教育与知识更新。目前，课程思政已经成为教师授课过程中的自觉行为，在备课甚至生活当中，教师会自觉捕捉与课程有关的正能量元素，对于自己不熟悉、不擅长的知识或领域会自发地开展学习、研究，不断充实、提升、完善自我，让自己以最佳的状态投入课程教学当中，同时积极育人，不断提升立德树人成效。

六、总结：乘风破浪，砥砺前行

经过全系教师四年的不懈努力，城市科学系的课程思政建设已初见成效，获得了学生和学校的认可，也有了一部分固化的成果，但教育是一项长期的事业，新时代给我们提出了更高的要求，课程思政需要进一步深化，专业思政也在逐步推进，因此我们将进一步总结过去工作中的亮点与不足，发扬优势，改正缺点，乘风破浪，砥砺前行，为首都建设培养更多的优秀人才，为祖国发展与社会进步贡献我们的力量。

第二部分　课程思政篇

传承城市文脉，涵养家国情怀

——"城市设计"课程思政探索*

刘剑刚

摘 要：人文地理与城乡规划专业城市设计课程聚焦城市形体环境建设，讲述城市空间发展史，引导学生运用城市设计的基本理论和方法进行城市空间分析与设计，通过深入挖掘城市设计课程的思政元素，并进行基因式融入、立体化渗透、浸润式演绎，力求做到润物无声、如盐入味，传承城市文脉，涵养家国情怀。

关键词：课程思政；城市设计；文化自信；中国智慧；课程目标

一、引言

习近平总书记在全国高校思想政治工作会议上指出，做好高校思想政治工作，要因事而化、因时而进、因势而新。要遵循思想政治工作规律，遵循教书育人规律，遵循学生成长规律，不断提高工作能力和水平。要用好课堂教学这个主渠道，思想政治理论课要坚持在改进中加强，提升思想政治教育亲和力和针对性，满足学生成长发展需求和期待，其他各门课都要守好一段渠、种好责任田，使各类课程与思想政治理论课同向同行，形成协同效应。

---

* 项目来源：北京联合大学2020年度校级科研项目立项课程思政专项"地理学课程思政、专业思政、学科思政体系研究"（SK20202001）；北京市属高校高水平教师队伍建设支持计划高水平创新团队建设计划项目（IDHT20180515）；北京联合大学应用文理学院2020年教学研究与改革项目"文化涵养，特色实践：人文地理与城乡规划专业规划设计能力培养体系构建"的研究成果。

作者简介：刘剑刚（1972—），男，河北昌黎人，硕士，北京联合大学应用文理学院城市科学系副教授，主要讲授建筑学基础、城市设计、中国古代建筑等课程。主要研究方向：城市设计与历史城市保护、建筑历史与理论。

全国高校思想政治工作会议召开以来，各高校紧紧围绕"培养什么样的人、如何培养人以及为谁培养人"这个根本问题，坚守"为党育人、为国育才"的初心使命，把立德树人作为对党的初心使命的最高践行，把课程思政作为落实立德树人的根本举措，持续深入并取得了切实有效的成果，在此基础上，各高校开始探索从课程思政和人才培养体系构建层面进一步提升对立德树人根本任务的认识和实践的路径。

目前，课程思政建设在教学实践与改革中主要有如下几个研究与探索的方向：其一，将思政元素融入专业知识传授。西南财经大学利用课堂教学主渠道，致力于推动"思政育人"与专业教育的有机融合，将思政教学元素融入专业课程中，寓价值观引导于知识传授之中，确保各门课都守好一段渠、种好责任田，形成协同效应。其二，开设具有显著思政特色的专业课程。在这方面，上海高校处于领先地位，复旦大学的"治国理政"、华东理工大学的"绿色中国"、上海师范大学的"闻道中国"、上海城建职业学院的"中国城事"等均为具有显著思政特色的专业课程。这些课程在组织保障、教学方法、课程选题、教师队伍等多方面进行了创新。其三，专业课程群思政育人的探索。沈阳工业大学通过抓好专业课程教学主渠道推进大学生思想政治教育工作，以培养高素质人才。例如，建筑与土木工程学院以规划设计类课程为研究对象，通过对不同板块的改革实施，探讨课程思政的开展与优化，健全课程思政的育人体系，可为新时代高校思想政治工作提供有益的借鉴。其四，构建思政育人的专业人才培养体系。根据专业特点，构建起全员、全程、全方位育人的专业思政建设格局，形成专业思政与人才培养的协同效应，让学生在专业学习的全过程中获得受益终身的思想和观念，从而提高学生的综合素养。

二、"城市设计"课程思政教学设计思路

"城市设计"课程为人文地理与城乡规划专业的选修课程，修读对象为人文地理与城乡规划专业本科三年级学生，先修课程为建筑学基础、城市规划原理、景观设计。课程聚焦城市形体环境建设，讲述了城市空间发展史，关注人、社会文化与空间环境的互动关系。

（一）课程目标

通过课程整体教学设计，将课程思政理念贯穿于课程的知识、应用、整

合、情感、价值、学习六维目标，如图1所示。课程思政的融入提升了课程价值。通过本课程的学习，学生能够实现以下目标：

1. 知识层面

正确认识城市设计的概念与地位、城市设计的性质与任务，掌握城市设计的发展历史、基础理论、空间要素和景观构成，了解城市设计与城市规划、建筑设计的关系，熟悉城市设计的发展趋势，坚定中国城市文化自信。

2. 应用层面

能够运用城市设计的基本理论和方法进行城市空间分析，具备完成不同规模层次、典型类型的城市空间设计的基本技能。通过设计实践与应用，学生对城市设计工作的现状、目标、难点等内容产生了更加直观、深刻的了解，在实践过程中意识到城市设计工作对促进国家发展的重要意义，增强职业荣誉感，传承城市文脉，涵养家国情怀。

3. 整合层面

运用城市设计的基本方法整合城市功能、空间场所、景观环境、历史文脉以及人的活动之间的相互关系，强化人、城市、环境和谐的城市发展理念。

4. 情感层面

认识到在城市设计过程中相互交流和合作的重要性，能够相互配合且专业地描述设计过程、表达设计观念、展示设计成果，培养合作意识和团队精神，形成积极向上的人生观，明白做人做事的道理。

5. 价值层面

正确处理人、城市、社会、环境之间的关系，认识城市生活交往的属性、

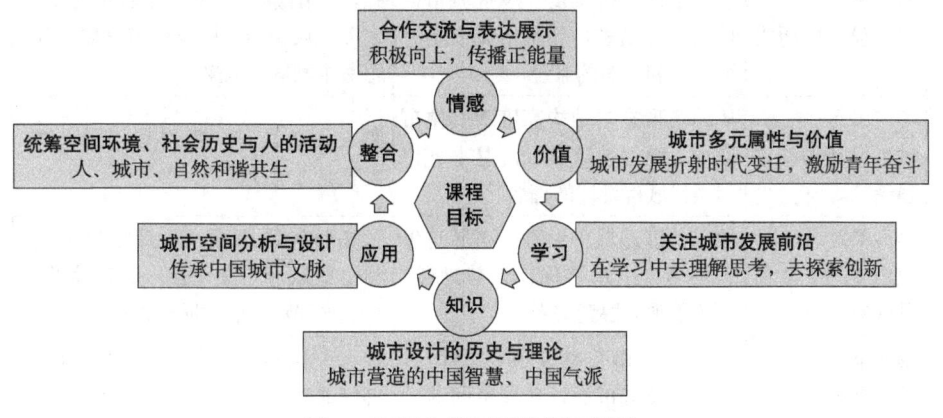

图1 课程六维目标的循环递进

空间环境的属性、技术经济性的属性和社会文化的属性，了解城市的多元价值体系，感悟我国城市发展的历史、现实和未来，践行社会主义核心价值观，增强"四个自信"，立志成为能够担当民族复兴大任的时代新人。

6.学习层面

引导学生既学习城市设计的经典理论，也关注城市设计发展的当代前沿，激发创新精神，培养学生具有批判性和发散性思维以及提出各种问题的能力，在学习中去理解、去探索。

（二）教学内容的思政融入设计

"城市设计"课程主要涉及中观和微观层面上的城镇形体环境建设，其主要目标是改进人们生存空间的环境质量和生活质量。相对于城市规划而言，城市设计比较偏重城市的物质空间、形体艺术和人的知觉心理，在城市规划的各个层级中都包含城市设计的内容。该课程主要涉及以下内容：城市设计概论、城市设计的历史发展、城市设计的基础理论、城市空间要素和景观构成、城市典型空间类型的设计、城市设计的空间分析方法、城市设计方案的编制等。教学内容与思政元素融入关系如表1所示。

表1 教学内容与思政元素融入关系表

章节	主要教学内容	思政元素
第一单元 城市设计概论	阐述城市设计基本概念的演化过程，掌握城市设计在城市规划体系中的地位和特点	认识城市设计在国家发展和城市建设中的重要意义，强化职业荣誉感和责任担当
第二单元 城市设计的历史发展	基于空间形态维度，掌握城市设计的历史演进，展示出城市是一个复杂和动态的系统	感悟中国城市历史，体验中国城市之美，认识当代中国城市发展成就，思考中国城市未来
第三单元 城市设计的基本理论	从城市形态与结构高度理解城市设计，学习城市设计的基本理论和当代城市设计的理念	激发创新精神，树理想、厚人文、爱专业、精技能
第四单元 城市空间要素和景观构成	学习处理好城市形态、布局与生态环境、山水格局、地势地貌、风貌景观的协调关系	弘扬整体城市观、可持续发展观，领悟地域性、文化性、时代性的统一，加强对生态文明建设的理解
第五单元 城市典型空间类型的设计	通过对城市公共空间的类型分析，掌握城市设计典型空间的设计方法	融入中国传统文化空间营造智慧，讲好北京城市故事，坚定城市文化自信

续表

章节	主要教学内容	思政元素
第六单元 城市设计的空间分析方法	将城市设计作为一种研究的工作方法,理解"空间、社会、人一体化"的辩证关系	坚持以人民为中心的城市发展理念,关心人民群众对美好城市生活的追求
第七单元 城市设计方案的编制	掌握制定城市空间形态和景观风貌及其公共价值领域的控制规则,初步学习城市设计实施	阐释中国城市发展进程的体制机制,提高对中国的道路、理论、制度、文化的自信

(三)教学方法

1. 模块化情景化教学

基于课程思政、专业思政一体化建设的教学要求,将思政元素与专业教育有机自然交融,聚焦课程体系建设,探索课程思政元素融入的模块化和情景化教学模式,加强教学互动,提升学生自主探索和研究的能力。

2. 理论讲授+案例评析+参观探访

将理论知识讲授与案例评析教学讨论相结合,理论知识教学坚持问题导向,教师以深挖城市与建筑文化为抓手,强化课程教学的思想性、专业性和文化性,充分体现授课教师的教育理念和学识境界。利用线上、线下资源,使课堂从校内延伸到城市、乡村、社会,让学生走进城市空间、街道社区、历史场所,感受城市脉动,品读城市文化,达到体验、情感和领悟的统一。

3. 任务驱动式教学

进行设计实践是提高学生规划设计能力的有效途径,围绕北京城市发展、历史文化名城保护、全国文化中心建设、乡村振兴等首都发展的实际问题,结合主讲教师的科研项目,坚持科研反哺教学,开展富有特色的设计实践选题,设置完整的真实情境问题背景,使思政教育与专业能力培养融合发展,力争获得更好的教学成果。

(四)考核评价

考核方式分为过程性考核和终结性考核,其中过程性考核形成平时成绩,占总评成绩的50%;终结性考核形成期末成绩,占总评成绩的50%。过程性考核包括考勤成绩、平时作业(空间的故事——北京典型城市空间的调查与分析)、课堂汇报,在平时成绩中的占比分别为10%、60%、30%。终结性考核为课程设计大作业，注重调研分析与资料收集、设计构思与方案优选、调整发展和深入细化、城市设计过程的表达。

过程性考核在检验学生专业知识的同时，要让学生了解中国城市、中国社会，提高学生的民族自豪感、文化自信、探索创新等素质，增强学生的家国意识、历史担当，让学生具备正确的世界观、人生观、价值观，良好的职业素养以及对自身未来的展望。

终结性考核发挥学生学习的主体作用，调动学生学习的主动性，提升学生学习的兴趣，从而在培养学生专业能力与加深对知识理解的同时，使其掌握职业道德规范和责任等要求，提高其日后走上工作岗位的适应能力。

三、"传承城市文脉，涵养家国情怀"润物无声、如盐入味

以"城市设计"课程第五章第二节的"城市广场的空间设计"教学设计为例，在讲授"城市广场空间的设计原则与要求"的知识点时，课程思政主旨为"城市空间营造的中国智慧、中国气派"。

（一）教学目的和要求

"城市广场的空间设计"一节的教学目的和要求是使学生理解城市广场的基本概念和空间组织原则，通过对天安门广场进行空间分析，培养学生从空间分析的视角解读城市广场；使学生对城市广场的空间特征和文化内涵有更深刻的理解，启发学生探究历史文化与城市空间的关系，传承城市文脉，创新城市设计。教学重点为理解城市广场的空间本质，城市广场空间围合、空间尺度、空间场所、空间界面、空间中心的设计原则。教学难点是掌握影响城市广场空间布局特征的历史文脉和时代要求，感悟空间营造的中国智慧。

（二）思政元素切入点

通过讲述城市广场的空间设计原则，分析天安门广场空间营造的中国智慧和中国气派的城市设计，有机融入天安门广场的历史价值、时代精神，激发文化自信、民族自豪感、国家荣誉感。讲授时以天安门为例，围绕城市广场空间设计的五项原则——围合、尺度、场所、界面、中心，挖掘思政元素，并将广场的空间设计原则有机融入，深化课程的文化内涵与核心价值，带给学生更多的思考和启示。

教学过程如图2所示。"围合"是形成广场空间的手段，体现了实体与空间"有无相生"的中国传统思想，具有辩证统一的哲学观；"尺度"体现了中国古代的形与势的关系——百尺为形，千尺为势，积形成势，形以势得，反映了"因势而上，顺势而为"的人生道理；"场所"是广场空间的城市集体记忆，表现了城市广场"空间+时间"的特征，空间在时间中形成，时间在空间中显现，彰显了天安门广场"传承文脉，开拓创新"的时代精神；"界面"是围合组成广场空间的建筑群，天安门广场建筑群体现了"和而不同"的设计理念，"和而不同，各美其美，美美与共"也是中国优秀传统文化的价值追求；

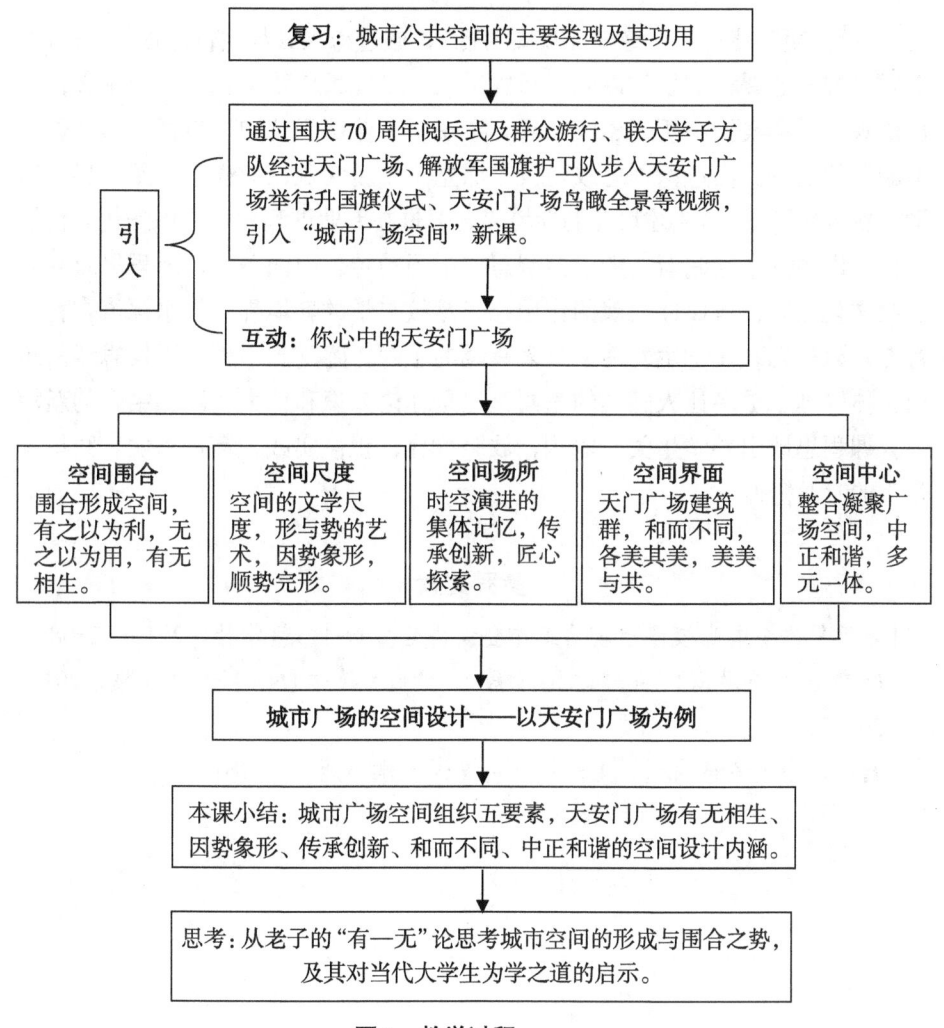

```
复习：城市公共空间的主要类型及其功用
              ↓
引入 ⎰ 通过国庆70周年阅兵式及群众游行、联大学子方
      ⎱ 队经过天门广场、解放军国旗护卫队步入天安门广
        场举行升国旗仪式、天安门广场鸟瞰全景等视频，
        引入"城市广场空间"新课。
              ↓
      互动：你心中的天安门广场
              ↓
┌─────────┬─────────┬─────────┬─────────┬─────────┐
│ 空间围合 │ 空间尺度 │ 空间场所 │ 空间界面 │ 空间中心 │
│ 围合形成 │ 空间的文 │ 时空演进 │ 天门广场 │ 整合凝聚 │
│ 空间，有 │ 学尺度， │ 的集体记 │ 建筑群， │ 广场空间，│
│ 之以为利，│ 形与势的 │ 忆，传承 │ 和而不同，│ 中正和谐，│
│ 无之以为 │ 艺术，因 │ 创新，匠 │ 各美其美，│ 多元一体。│
│ 用，有无 │ 势象形， │ 心探索。 │ 美美与共。│         │
│ 相生。   │ 顺势完形。│         │         │         │
└─────────┴─────────┴─────────┴─────────┴─────────┘
              ↓
    城市广场的空间设计——以天安门广场为例
              ↓
本课小结：城市广场空间组织五要素，天安门广场有无相生、
因势象形、传承创新、和而不同、中正和谐的空间设计内涵。
              ↓
思考：从老子的"有—无"论思考城市空间的形成与围合之势，
     及其对当代大学生为学之道的启示。
```

图2 教学过程

"中心"整合了城市广场的空间，使多个独立的个体成为统一的整体。天安门广场以天安门和人民英雄纪念碑为中心进行布局，反映了"中正和谐"的文化内涵，体现了中华民族"多元一体"的统一国家观。将"有无相生、因势象形、传承创新、和而不同、中正和谐"的思政元素与城市广场空间组织进行基因式融合、立体化渗透、浸润式演绎，达到了润物无声、如盐入味的课程思政教学目的。

四、结束语

"纸上得来终觉浅，绝知此事要躬行"，通过深入参与践行课程思政建设，探索挖掘专业课程的思政内涵，巧妙融入中华优秀传统文化、社会主义核心价值观、经典案例剖析等思政元素，实现了专业课程"知识传授"与"价值引领"的统一。经过课程思政建设，课堂出现新气象，教学走向新境界。所谓"新境界"，一是人才培养的新境界，通过在专业课程中融入中华优秀传统文化，讲述城市空间营造的中国智慧、中国精神、中国美学，课程思政起到了固文化之本、筑民族之魂的作用；二是教与学的新境界，静水深流，育人育心，课程思政让学生发现了更多有趣的东西，感受到了更多引发思考的东西，体验到了更多让人感动的东西；三是理论知识和伟大实践相结合的新境界，课程思政引导学生关心家国，放眼世界，积极实践，笃行求实，磨炼了学生的专业精神。

参考文献

[1] 习近平. 全国高校思想政治工作会议讲话稿[N]. 新华社，2016-12-08.
[2] 李晓东，周洪双. 将思政元素融入专业课教学[N]. 光明日报，2019-09-18.
[3] 褚敏. 中国城事[M]. 上海：上海交通大学出版社，2019.

领略中国智慧，激发民族自豪感
——"地图学"课程思政教学设计*

黄建毅

摘 要：地图学蕴含着丰富的"历史、政治、军事、经济和文化等"内涵，按照"知识传授与价值引领合二为一"的课程目标，强化地图政治，提升国家主权意识，在知识讲授过程中融入思政元素，带着学生从地图学中领略中国智慧，激发其民族自豪感。

关键词：课程思政；地图学；中国智慧；价值引领；课程目标

地图学是研究地图的理论、编制技术与应用方法的科学，是一门研究以地图图形反映与揭示各种自然和社会现象的空间分布、相互联系及动态变化的科学、技术与艺术相结合的科学。自古以来，地图就蕴含着丰富的"历史、政治、军事、经济和文化等"内涵，多元的社会文化价值为地图学开展课程思政教育，提供了丰富的素材，成为地理学相关专业开展课程思政教学改革的前沿阵地。

一、课程目标

"地图学"课程为人文地理与城乡规划、地理信息科学两个专业必修的学科大类课程，共3学分、48学时。通过本课程的学习，学生能够实现以下

---

* 项目来源：北京市教育科学规划青年项目（CDCA19127）基于OBE理念的本科专业课堂教学评价改革与实践研究——以学生评教为切入点；北京联合大学2020年度校级科研项目立项"地理学课程思政、专业思政、学科思政体系研究"课程思政专项（SK20202001）。

作者简介：黄建毅（1984—），男，博士，北京联合大学应用文理学院城市科学系副教授。主要研究方向：城市灾害脆弱性研究等。

目标：

1. 知识层面

学生能够了解地图学的发展历史，掌握基本制图要素的构成，能够进行空间信息的采集、地图投影的设置、科学的地图概括、地图符号的设计、地图识图及专题地图的编制。

2. 应用层面

学生能够综合运用地图学基础知识，将地图作为地理学第二语言与专业工具，"书写"与整合地理信息的时空变化，分析其发展规律。

3. 整合层面

学生能够明确地图学在地理学学科体系中的地位，梳理地图学前沿发展现状和趋势。

4. 情感层面

认识到地图具有"主观性"描述地球客观实体的性质，加强地图的主权意识，注意地图制图的科学性与规范性。

5. 价值层面

学生能够运用地图制图技能，绘制规范、正确的专题地图，满足行业部门及公众需求。

6. 学习层面

通过了解地图制图学科学和技术的进步，学生能够认识到不断探索和学习的必要性，形成自主学习和终身学习的意识；掌握自主学习的方法，了解拓展知识和能力的途径，为学好其他课程打下良好的理论基础和提供技能支持。

二、课程思政融入设计

（一）思想政治教育的融入点

1. 情感培养

领略中国智慧，激发民族自豪感。地图学作为一门古老的科学，是一门与科学技术紧密融合的科学，是人类文明史上的伟大创举。随着科学技术的发展，地图学不断发展。回顾漫长的地图学发展史，每一步的发展都闪耀着人类智慧的火花。我国在世界地图学发展史上占据重要地位，无论是裴秀等人对科学制图理论的总结，及"计里画方""对景写意/写实"和"过洋牵星图"等中国传统特色制图方法的创新，还是现代以来我国独立自主研发的北斗卫星导航系统（BDS）的成功发射和运行，都对地图学的发展做出了重要贡献，展示了中华民族的聪明智慧。通过相关资源的梳理和展示，学生充分领略了地图学课程所蕴含的中国智慧，激发了民族自豪感，进而转化为专业课程学习的动力。

2. 价值输出

强化地图政治，提升国家主权意识。从学科特点来看，地图学是一门研究如何科学、有效、规范制图的技术性学科。地图作为对地理信息进行抽象概括表达的产物，受到制图者政治文化因素的影响，在制图时，制图者可以巧妙地借助最终的地图成果，来宣传自己的政治见解和文化认同，这是地图学课程思政重点关注的内容。日常生活中，地图是国家版图的主要表现形式。从科学规范制图专业内容来讲，正确的国家版图，是国家主权和领土完整的象征，体现国家的政治主张，具有严肃的政治性、严密的科学性和严格的法定性。地图一旦出现错误，将严重损害国家主权、安全和海洋权益。另外，回顾历史，地图在国家管理和维护国家利益方面，发挥了很大的作用。实际上，我们国家与周边国家的边界谈判，落在纸上成为法律依据的核心的就是地图。因而在地图学课程中，要尤其注重对学生地图政治素养的培养，借助地图表现形式，提高学生的国家领土主权意识。

3. 知识应用

着眼生活实际，落实国防安全教育。随着科学技术的发展，地图学发展进入新的阶段，新的制图技术和地图产品已全面融入信息时代的各个角落，悄然改变着我们的生活理念和生活方式，彰显着它与人类活动日益密切的联系。然而人们在享受地图带来的便利生活的同时，却忽视了地图本身也关乎着国家安全。尤其是随着互联网技术的飞速发展，以及GPS定位技术的广泛应用，一旦网站地图上登载涉密或敏感内容，或者地图相关测绘成果泄密及非法测绘事件的发生，将会直接危害我国国防安全。结合地图相关服务的规范使用，提高学生自觉维护国家安全的意识，落实国防安全教育工作，是地图学课程思政的一项紧迫的任务。

结合近年来的教学相关实践，笔者尝试将传统的制图成就、典型人物、最新的制图技术等融入教学内容中（见表1），挖掘榜样力量，剖析国际时政，深入促进学生树立新时代的人生观、价值观和世界观，以期将思政要素与专业内容完美结合，实现"知识传授与价值引领合二为一"的课程目标，达到课程思政目的。

表1 "地图学"课程核心知识模块及课程思政内容的融入点

知识模块	主要内容	课程思政内容的融入点
地图基本知识	地图的基本特性、定义、功能与分类；地图学发展史及其与相关学科的关系	自古以来地图的政治属性，我国古代地图发展的相关成就
地图的数学基础	地球体的认知、空间参考系、地图投影、坐标系、比例尺	地球科学测量的发展史，1980年我国建立西安大地坐标系的国防安全意义
地图数据源	地图数据的主要来源及其分类；地图数据加工处理方法	北斗卫星导航系统全球组网成功，早期地图数字化工作的回顾，地形图的保密使用
地图符号化与地图的表示方法	地图符号的设计，地图基本表达类型及其属性特征的表达，专题要素的表示方法	结合国界线的设计，探讨地图符号设计的规范性问题及其内在的政治意义
地图编辑与制作	地图设计的一般原则及其基本流程；数字地图的编绘	结合我国横版和竖版行政地图的设计，强调地图排版布局的科学性和权威性
地图分析与应用	传统地图分析的途径和方法；数字地图的分析与应用；电子地图的应用	地图的正确科学表达，自觉抵制"问题地图"的传播和应用

（二）教学方法与举措

1.结合课程思政主要方向，活化课程思政教育内容输出方式

课程思政内容的讲授不能通过简单机械的叠加，来融入教学环节，但可结合专业课程内容，设置不同的教学组织方式，例如小组讨论、反转教学、案例研讨等，通过师生互动的方式，传达专业课程中的思政教育内容。例如，安排学生收集、整理课程中涉及的最新研究成果，并进行专题汇报，如地图数据源中的全球定位技术，我国最新的北斗卫星导航系统全球组网成功，通过相关资料的亲身收集和整理，使学生更为直接地感受到国家的发展和强大，激发学生的民族自信和民族自豪感；另外，通过中国行政版图底图设计的上

机操作，进一步增强学生的国家领土主权意识。在传授课程专业知识的同时，有意识地引导学生感知和发现专业知识背后的思政教育内容，把社会主义核心价值观的内涵融入课内外的教育教学活动中，使学生在各式各样的教育教学活动中受思想政治的熏陶，能力得以提升。

2.强化课程思政考核标准，注重学生道德素质的养成

从地图学专业知识和技能教学到凸显课程思政教育，在课程评价标准上，思政标准和课程标准要两手抓且两手都要硬。因此，笔者尝试建立和完善以社会主义核心价值观为主导的课程评价体系。把课程学习中各环节的学生德育水平考核，凸显于评价体系中，做到学术、道德和关注社会的统一。在传统的"课堂表现+课程测试+课程讨论及论文"三位一体课程教学模式基础上，强化各环节中思政教育的考核权重，例如，对有替课行为的学生和协同欺骗的班干部，以及作业抄袭等，要严肃处理，以示惩戒。除了考核学生课程知识掌握程度之外，更加注重学生道德素质的养成，强化学生诚信、协作、奉献精神的培养，使学生逐渐养成良好的学习习惯和道德素养。

（三）教学成效

（1）发表教改论文3篇：《"地图学"课程思政建设研究与实践——以地图投影为例》《从地图制图规范性培养学生国家领土主权意识》《美学思维下"地图学"课程改革探索研究——以地图投影内容为例》。

（2）完成校级课程思政教育改革项目重点项目"地图学课程思政建设研究与实践"。

（3）"地图学"课程获批2019年度学院核心课程建设。

（4）在对学生开展地理空间思维专业教学的过程中，以地图的政治属性特征为核心，充分挖掘课程在制图历史、政治表达、信息传递和社会应用等方面的优势资源，使学生的国家主权意识、民族自豪感大大提高，并落实国防安全教育。在此过程中学生评教成绩显著提升，教师工作得到了学生的认可。

三、课程思政融入案例

在讲授"地图学"第三单元"地图数据源"中"全球导航卫星系统数据"时，结合2020年6月23日9时43分，我国西昌卫星发射中心用长征三号乙运

载火箭,成功发射第55颗北斗导航卫星。目前实现全球组网成功的只有两个:GPS和北斗卫星导航系统,讲述北斗卫星导航系统"三步走"发展战略,使学生能够深刻体会到国家强大、技术进步和美好生活的来之不易,既激发了学生民族自豪感,也引发了学生对专业知识的学习兴趣,使学生对"卫星导航定位的核心原理——距离交会定位"(见图1)和决定卫星导航精度的关键技术——原子钟都能理解和掌握。

课后拓展:由于卫星在空中不可避免地会发生姿态和位置的变化,因此需要对其进行监控和调整,美国借助其全球范围的军事基地,构建了全球监控系统。我国北斗卫星导航系统首次提出了星链技术来解决这一问题。

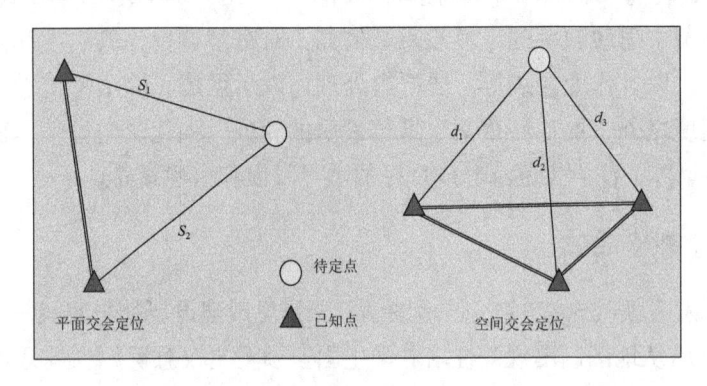

图1 卫星导航定位的核心原理——距离交会定位

四、课程思政建设体会

课程思政就是要在专业课程中有机融入理想信念、社会主义核心价值观、爱国主义和中国优秀传统文化等方面的教育,并要结合课程自身的内容与特色,把价值引领要素及内涵巧妙地融合在原有的专业知识环节中。任课教师要在"吃透"教材、熟练掌握教材基本理论和基本知识的基础上,认真挖掘教材中蕴含的世界观和科学方法论,提炼课程中蕴含的思政教育内容。

课程思政内容输出:需要结合学生特点和需求,活化输出方式,在讲解专业知识的同时,潜移默化地进行思政教育,真正实现"盐溶于汤"。

牢固树立生态环境可持续发展观
——"自然地理学"课程思政教学设计*

刘小茜　安　帅

摘　要：自然地理学蕴含着丰富的"生态观和可持续发展观"等内涵，在启发学生探讨自然地理环境各要素的发生、发展、结构和地域分异的规律时，结合习近平总书记从生态文明建设的整体视野提出"山水林田湖草是生命共同体"的论断，启发学生深入思考生态环境保护问题，树立生态环境可持续发展观。

关键词：课程思政；自然地理学；可持续发展观；生态观；课程目标

一、引言

"自然地理学"是人文地理与城乡规划专业、地理信息科学两个专业必修的学科大类课程，面向本科一年级学生，第一学期开设，是两个专业第一门学科大类必修课。

自然地理学既以探讨自然地理环境各要素的发生、发展、结构和地域分异的规律为目的，也以讨论各要素之间的相互作用及其联系为目的。通过本课程的学习，使学生树立正确的自然观、资源观、环境观与发展观，拓展学

---

* 项目来源：北京市教育委员会科研一般项目（KM202011407008）；北京联合大学人才强校优选计划百杰项目（BPHR2020CZ01）；北京联合大学人才强校优选计划百优项目（BPHR2019DZ01）；北京联合大学2020年度校级科研项目立项课程思政专项"地理学课程思政、专业思政、学科思政体系研究"（SK20202001）；北京市属高校高水平教师队伍建设支持计划高水平创新团队建设计划项目（IDHT20180515）。

第一作者简介：刘小茜（1984—），女，博士，北京联合大学应用文理学院城市科学副教授。主要研究方向：系统动力仿真和景观生态评价等。

生有关自然条件、自然环境和自然资源等基本知识，提高学生在资源环境与城乡规划管理、地理信息系统分析和城乡区域发展中分析、评价和合理利用已有自然环境条件和自然资源的能力。为培养学生具备基本的城市规划自然背景知识、地理自然信息的辨识能力以及创新思维、实践创新能力，或批判性思维等打下了良好的基础，以符合学校应用型、城市型的办学定位。加强对学生的国情教育，培养其社会责任感和社会责任意识等。

通过课程学习，学生了解了自然地理现象空间分布与变化的客观事实；理解了人、所处自然环境结构及其各要素发生、发展和变化规律的基本原理；掌握了研究自然环境结构、空间分异的基本方法，以及人类合理利用自然条件和自然资源的基本思想与主要途径；认识了自然地理环境的整体性；了解了人与自然协调发展，以及社会经济持续发展的观念。

二、课程目标

通过本课程的学习，学生能够实现以下目标：

1.知识层面

①气候与环境的相互基本作用。理解大气组成与结构、大气热力状况、大气运动、大气中的水分及天气。②水与环境相互间的关系。特别是河流水的循环。③地质、地貌与环境的相互影响。地球的形状和大小的地理意义、地球自转与公转的地理意义、地理坐标。知道祖国的大好河山中，外力地貌的主要类型（喀斯特、流水、海洋），同时了解不同类型地貌涉及的各种概念与术语。④土壤与环境的基本关系。了解土壤圈的概念、范围、特点和主要土壤类型，了解土壤系统的概念和特征。理解土壤形成与地理环境间的关系。⑤生物群落及生态系统。了解主要生物类型，了解生物群落和生态系统的概念、基本类型。

2.应用层面

能够结合本专业的研究前沿，将学科知识体系与社会生产实践中的问题相结合，能够进行分析和评价，探讨相应的对策和建议。例如：①大气污染的治理。②保护河流、保护水资源。③理解生物生存环境、限制因素、生态幅和生物抗性等基本原理，了解生物（植物）与人类间的关系及其地理分布特征成因，生物多样性及其保护。④掌握进行区域气候条件、水文、地质和地貌特征、土壤环境、生物群落等自然地理要素调查的知识和能力，能够综合分析、比较和评价不同区域自然地理环境的优劣势。

3. 整合层面

自然地理环境的综合研究。了解地理环境、自然地理环境的概念、结构及特征，陆地上的主要自然带。掌握自然地理环境的地域分异规律和陆地自然带成因。了解不同地域分异的思想，从而培养一定的批判性思维。

4. 情感层面

认识到学习和合作的重要性，具备人文地理学与城乡规划学的基本学科素养，能够进行人文社科研究和城乡规划设计、展示和答辩，结合对自然地理要素的现象、过程、认知和应用能力进行分析和展示。

5. 价值层面

培养符合社会主义价值观的正确的自然观、科学的生态观，正确认识人类活动与地理环境之间的关系。

6. 学习层面

养成将课上学习内容与课下区域考察和实践相结合的学习习惯，培养地理学的区域思维。掌握从实践认知中学习的基本方法，了解区域气候条件、水文、地质和地貌特征、土壤环境、生物群落等自然地理要素调查的知识和能力，能够综合分析、比较和评价不同区域自然地理环境的优劣势。

三、课程思政融入设计

（一）思想政治教育的融入点

"自然地理学"课程要立足专业特点，挖掘课程思政特色：①结合国家战略——国家发展战略、可持续发展观，将生态文明建设的核心思想贯穿整个教学环节，牢固树立"绿水青山就是金山银山"的理念；②凸显北京特色——区域+地域文化，依据北京地区自然山水和生态文化，培养社会主义价值观——自然观、生态观、人地观；③提升学生综合素养——人生观、价值观和世界观，结合专业教育有机融入做人做事的基本道理、社会主义核心价值观的要求、民族复兴的责任与担当，增强"四个自信"（道路自信、理论自信、制度自信、文化自信）。

本课程构建了多维度多层面的思政教育框架，以培养学生的民族自信、专业自信和文化自信。具体来讲，①国家层面：关切国家和时代需求，深化对专业的认知，使"地理"有所用；②区域层面：深度认识区域特征，了解可持续发展规划，使"规划"有所为；③个人层面：落实立德树人，树立正确的生态观、自然观、人地观，使"课程"有所学。

将"自然地理学"课程的核心知识体系按照其要素划分为六个部分，并从三个空间层面上，列举如何融入课程思政要素，以实现课程目标。（见表1）

表1 "自然地理学"多维度多层面思政教育框架

知识体系	国家层面 地理—有所用	区域层面 规划—有所为	个人层面 课程—有所学
地质	认识祖国大好河山 欣赏地质、地貌风景 新西部大开发战略	北京的喀斯特岩洞——石花洞 北京的地形地貌格局与城市发展	风险认知与地震带破坏式攀岩巨蟒峰案
水	河流保护与水资源保护 水资源与地缘政治 地下水短缺与城市塌陷问题	南水北调工程 永定河恢复通水 北京的地名文化	河流凹凸岸及房屋选址
土	土地资源保护的"保质"在土壤 乡村振兴和扶贫如何利用土地资源	北京马兰黄土剖面	土壤酸碱性与花卉种植 岛屿旅游与土壤的形成过程
气	地域气候带与建筑文化、服饰文化 自然灾害的防治与管理	大气凝结条件与京津冀雾霾治理 大气污染的防治	看云识天气
生	国家公园计划 生物多样性、敏感性区划与区域开发的关系	规划中的生态系统服务功能评估 官厅水库水源保护地与野鸭湖湿地保护区	蔬菜的基因库：小时候的"味道"
综合	社会经济发展战略的分区 制定自然区划	城市群、经济带 山前地带的特征与开发	城市人才政策与个人职业发展规划

（二）教学方法与举措

学生刚结束高中阶段的学习，从学习和思考习惯上来讲还多偏向于问答式、针对性的知识学习，缺少系统性、综合性和逻辑分析方面的思维训练。

从知识储备上来讲，高中阶段的地理课程内容较为全面，但深度不足，尤其缺乏地理过程、地理环境的多重要素特征等方面的知识。对于人类活动和地理环境之间的关系，学生略有接触，能够快速理解，但缺乏深入的过程性认识。课程教学方法及举措如表2所示。

表2　课程教学方法及举措

教与学的方法	教与学的手段	可达成预期学习成果
讲授法	多媒体教学手段	便于学生了解、理解、掌握各章节的知识要点
情境教学法	模拟特定的自然情境	通过教师的组织、学生的演练，在仿真提炼、愉悦宽松的场景中达成教学目标
案例教学法	通过图片、视频演示展现案例	便于学生理解五大自然地理要素的特点和特性，便于学生理解自然地理过程
讨论法	讨论自然地理环境出现的特殊现象	在本课程的课堂教学中多处采用讨论法。通过开展课堂讨论，培养思维表达能力，激发学习兴趣，促进学生主动学习
体验学习教学法	实物演示（例如：GPS）	便于学生通过实物演示理解相关设备的原理和使用
云课堂教学法	运用在线课堂进行教学，学生随堂测试反馈，教师点评总结	主要用于快速进行教学主题的引入，尤其是在激活旧知识、总结讲授的重点知识、发现学生知识漏洞等方面，能够快速有效地开展教学活动。

（三）教学成效

通过本课程的学习，能够显著提升学生的专业自信和文化自信，提高其发现地理问题的洞察力和参加科研的积极性。一方面，显著提升学生认识自然界地理现象的能力，从简单地发现地理之美，到理解其背后的原因和机理，实现欣赏地理之美，提升专业认同度和专业自信。另一方面，加深对祖国和区域的自然地理环境过程和现象的理解，显著提高学生的文化自信。此外，从学习成效看，学生对京津冀地区的区域发展问题，包括城市群、污染治理、地貌与城市发展等有了更深刻的认识。这表现为，学生能够更加主动地参与"启明星"等科研课题，通过调查、观察和实验分析寻求解决人类活动与自然地理环境交互影响下的区域发展问题的方法。

四、课程思政融入案例

（一）不断树立生态环境可持续发展观

生态文明建设，是关系中华民族永续发展的根本大计。党的十八大以来，在习近平总书记生态文明思想的指引下，生态环境保护发生历史性、转折性、全局性变化，生态文明理念日益深入人心。近年来，习近平总书记多次对一些地方出现的破坏生态环境事件作出批示，要求坚决抓住不放，一抓到底，不彻底解决绝不松手。

在讲"地球与地壳"单元的"岩石圈"时，结合新疆卡拉麦里三大岩石地层构造特征及大地构造意义，分析煤矿、金矿开采对生态环境的影响，通过减少露天煤矿、建设卡拉麦里山自然保护区，生态环境逐步得到改善；讲"大气圈与气候"单元时，结合《国家应对气候变化规划（2014—2020年）》实施情况，河北省蓝天保卫战围绕制约大气环境质量改善的重点领域和关键环节加大污染防治力度，解决了制约大气环境改善的突出问题；讲"水圈与河流"时，结合长江生态环境、云南洱海治理、黄河流域生态保护，阐明推进黄河流域生态保护和高质量发展上升为重大国家战略；讲"地貌"单元时，分析了青海木里煤田超采对植被的破坏，宁夏一家企业向腾格里沙漠排污对周围环境造成的污染，结合塞罕坝植被恢复工程、青海三江源保护持续升级阐述"生态系统和植被"的关系；讲"土壤圈"时，结合垃圾分类，分析垃圾进入土壤圈所造成的土壤污染，提高学生对垃圾分类的认识；讲"综合自然地理"单元时，结合"山水林田湖草是生命共同体"、乡村振兴战略，分析秦岭违建别墅问题、甘肃祁连山国家级自然保护区生态环境问题等，启发学生深入思考，树立生态环境可持续发展观。

（二）黄土高原生态综合治理的成效

以"自然地理学"课程中"地貌"单元的"风沙作用和黄土地貌"为例，教学要求是：①了解外力地貌的主要类型（喀斯特、流水、风成、海洋），同时了解不同类型地貌涉及的各种概念与术语。②掌握外力地貌等的知识与基本原理在人类开发利用矿产、地热、地下水和土地等自然资源中的实际应用。了解喀斯特地貌发育过程和地域分异、黄土地貌的特点及其与人类生活的关系。③理解地壳物质组成与地貌形态同地球内、外动力作用间的关系，地貌在地理环境中的作用。教学难点是理解地貌形态同地球内、外动力作用间的关系。

在讲授黄土的定义时，要让学生理解定义中的关键词，尤其是地理要素的定义，要特别关注其时空特征（形成年代、空间分布）等的描述，让其学习和理解地理要素属性及地理现象的相互关系。通过分析和理解黄土的属性特征与黄土地貌之间的关系，能够根据黄土的特征属性分析黄土地貌形态成因、对黄土高原地区人民生活方式的影响、了解黄土高原生态环境问题的成因和解决途径等。课程导入采用黄土高原航拍视频播放方式，不仅激发了学生的学习兴趣，更引导学生关注国家层面上黄土高原生态综合治理的成效。在教学过程中启发学生思考沙暴和尘暴的区别，学习基本的粒径分布图，了解黄土风成的特点，引出其粒径特征。在讲解黄土不同的属性特征与地貌的关系时，引导学生思考黄土高原的生态问题与黄土属性之间的关系，关注黄河中下游水患问题的成因和治理对策。同时，介绍北京门头沟斋堂镇的马兰黄土剖面，从马兰黄土的命名由来及其在地质领域的重要性，引导学生思考身边的地理现象与问题，鼓励学生关注文化遗产保护与地质遗址保护问题。

五、结束语

"自然地理学"课程思政的核心思想是生态文明建设，在讲授自然地理要素的发生、发展、结构和地域分异的规律时，将生态文明建设的核心思想贯穿整个教学环节，结合习近平总书记从生态文明建设的整体视野提出"山水林田湖草是一个生命共同体"的论断，启发学生深入思考生态环境保护问题，了解国家生态文明建设的大政方针和具体措施，牢固树立"绿水青山就是金山银山"的理念和生态环境可持续发展观。并根据专业教育要求，有机融入做人做事的基本道理、社会主义核心价值观的要求、民族复兴的责任与担当。

"中国地理"课程思政的互动教学模式探索*

董恒年

摘 要：本文依托人文地理与城乡规划专业的专业选修课"中国地理"课程，分析了课程建设现状和存在问题，有效选择并使用思想政治教育内容丰富和思想政治教育元素充实的教材，积极探索互动式课程思政教学模式，以培养既有家国情怀与文化自信，又有责任担当与学识品格的社会主义事业建设者和接班人。

关键词：课程思政；专业思政；立德树人

自2016年12月8日全国高校思想政治工作会议闭幕以来，思想政治工作这一关系到高校培养什么样的人、如何培养人和为谁培养人的根本问题，成为高校思想政治教育的中心任务。此后，围绕思想政治教育的专业思政、学科思政和课程思政建设工作在全国高校铺开。为有效推进我校思想政治教育工作，北京联合大学于2017年出台了《关于推进课程思政建设的实施意见（2017—2018）》文件（〔2017〕199号，下文称"文件"），经过两年多的课程思政建设实践，于2020年形成了《北京联合大学课程思政规范化建设基本标准（试行）》（京联党〔2020〕78号，下文称"课程思政规范化建设标准"），至此，我校课程思政建设取得了显著成效，形成了标志性成果。

作为人文地理与城乡规划专业的专业课教师，要按照学校"文件"部署，有效执行"课程思政规范化建设标准"，秉承"教育者先受教育"理念，带头提升师德修养，把课程思政建设作为提升自身执教能力的有效手段，这是新时期专

---

* 项目来源：北京联合大学2020年度校级科研项目立项课程思政专项"地理学课程思政、专业思政、学科思政体系研究"（SK20202001）；北京市属高校高水平教师队伍建设支持计划高水平创新团队建设计划项目（IDHT20180415）。

作者简介：董恒年（1962—），男，甘肃武威人，北京联合大学应用文理学院城市科学系副教授。研究方向：区域经济、旅游规划与管理研究等。

业教学的重要任务，也是学校思想政治教育不可或缺的重要环节。本文针对人文地理与城乡规划专业的专业选修课"中国地理"课程，有效选用课程思政内容丰富且适读性很高的辅助教学资料，深入挖掘课程蕴含的思想政治教育元素，有机融入课堂教学，积极探索互动式教学模式，提升课堂教学效果，发挥好课堂育人主渠道作用。

一、"中国地理"课程建设现状

"中国地理"课程为人文地理与城乡规划专业的选修课程，修读对象为本科二年级学生。课程主要内容包括中国地理结构与特征、主要地理过程、中国地理区域划分、中国分区地理。

（一）课程目标

通过本课程的学习，学生能够实现以下目标。

1. 知识层面

通过对"中国地理"课程的学习，学生不但能够熟练掌握并阐述中国地理结构与特征及相关概念、术语、原理及思想等学科基础知识，而且能够熟练掌握并阐述中国地理过程及其成因和机制等相关概念、术语、原理及思想等学科基础知识，同时通过对中国不同区域在特定地理条件和相应地理过程等成因与机制作用下所形成的具有特定地理结构与特征的特定地理区域等学科区划原理与方法的学习，能够阐述中国地理区划相关理论知识并熟练运用地理区划相关方法。

2. 应用层面

学生能够以中国地理结构与特征相关概念、术语、原理和思想等学科基础知识为背景，以中国地理过程的成因与机制等相关概念、术语、原理和思想为指导，有效将区域综合分析和地理区划原理与方法应用到乡村规划、城镇规划及区域发展规划等规划实践中。

3. 价值层面

通过对富有磅礴纵横与跌宕起伏的地理格局、气象万千的自然奇观、悠远绵长与延续不断的文明历史、多元并存与融合一统的民族认同、底蕴深厚与包容向善的文化品格等特征的中国地理的学习，激发学生自觉地赞颂大美中国和热爱大美中国等爱国情怀，同时，学生能够将社会主义核心价值观及正确的历史观、发展观、资源观、环境观等学科观念渗透到中国不同类型区域发展规划、城镇规划和乡村规划等规划问题的规范分析及学科知识的实践应用中，增强社会责任感。

4.学习层面

学生能够开展自主学习，提升自主学习能力，广泛获取人文地理与城乡规划专业所需中国地理相关自然及人文社科知识。

（二）教学基本内容

1.中国地理结构与特征

中国地理结构与特征包括：自然地理结构与特征、人文地理结构与特征，引导学生利用已修课程自然地理学和人文地理学中学到的相关知识，分析中国自然地理环境条件与中国人文发展之间的相互作用。

2.中国主要地理过程

中国主要自然地理过程包括：古近纪前中国自然环境演化、新近纪中国自然环境演化、全新世中国自然环境变化、全球变化与中国自然环境。中国主要人文地理过程包括中国技术进步与文明演替、中国制度变迁与社会进步、中国民族融合与大一统文化认同、中国工业化与城市化、全球化与中国人文发展。引导学生利用已掌握的自然地理、人文地理、中国历史、中国文化等相关学科知识，阐述并分析中国文明发展、中国社会进步、中国大一统文化认同等与中国自然环境间的相互作用与相互影响。

3.中国地理区域划分

中国自然地理区划包括：自然区划理论与方法、中国三大自然区的划分、中国的海洋区划、中国综合自然区划方案。中国人文地理区划包括：人文区划原则与方法、中国行政区划、中国农业区划、中国经济区划、中国文化区划。引导学生利用已掌握的自然地理、人文地理、中国历史、中国文化等相关学科知识，阐述并分析中国自然地理分异与中国人文要素地理分异间的相互作用与相互影响。

4.中国分区地理

中国分区地理包括：各分区的区位与自然环境特征及资源禀赋，各分区人口、民族及文化发展特征，各分区所承担的国内分工任务及区域发展现状特征，各分区的主要民俗及文化遗产等。

（三）存在的问题

"中国地理"课程在教学中普遍存在以下三方面问题：（1）传统课程教学模式对学生吸引力不强，学生课前、课中和课后参与度不够，以及自主学习积极性不足等；（2）传统专业课教材中思想政治教育内容及元素不突出；（3）专业课教师自身思想政治素质、思想政治教育意识和课程思政建设能力无法得到有效提升等。

二、有效推进"中国地理"课程思政建设

（一）透过课程大纲有效凸显课程思政内容

在课程通用教材中，总论部分有关中国地理过程的内容相对较少，尤其是涉及中国技术进步与文明演替、中国制度变迁与社会进步、中国民族融合与大一统文化认同、中国工业化与城市化，以及全球化与中国人文发展等以传统文化为基础的大量富有思政元素的中国人文地理过程内容更少。因此，课程大纲修订中，在总论部分特意增加了相应篇章内容，尤其增加了中国技术进步与文明演替、中国制度变迁与社会进步、中国民族融合与大一统文化认同、中国工业化与城市化、全球化与中国人文发展等内容，以便在课程总论中有效凸显课程思政内容与元素。

（二）选用适宜辅助教学资料深入挖掘思政元素

以融课程思政于一体的新课程大纲为框架和指导，以通用教材为基础，大胆选用思想政治教育内容丰富和思想政治教育元素呈现方式突出的适宜出版物，作为辅助教学资料并加以充分利用。目前，国内高校通用的《中国地理》教材的突出特征是专业性极强，虽然教师能够将思想政治教育有效融入课程教学中，但学生自学时感到非常困难，要面对大量枯燥的统计图表、文字描述和专业术语，课程思政教学的适宜性明显不足。因此，自该课程开设以来，就将任课教师参与编写的图片语言丰富、行文流畅、影响广泛、地理性与适读性强，且能充分展示各省市区自然奇观、人文胜迹、民俗风情、著名市镇、现代建设成就等爱国主义素材及内容的35册《美丽中国》系列地理科普著作，作为辅助教学资料加以运用，通过对其中的思政元素的深入挖掘，

有效解决了传统专业课教材中思想政治教育内容及元素不突出的问题，受到了学生的广泛好评。

（三）积极探索互动式教学模式

在"中国地理"教学过程中，任课教师积极探索"翻转课堂"等互动式教学模式，增强课程对学生的吸引力，提高学生的课堂参与性和自主学习的积极性。这一互动式教学模式包括三个方面：一是教师仍要按照通用教材讲授中国地理总论部分，安排1/3左右的教学课时；二是中国地理分论部分，安排2/3左右的教学课时，让每个学生或每两个学生按照为其分配的某省、市或区的《美丽中国》分册准备讲授课件，并安排课堂讲授，讲授时间控制在15～20分钟，全班听讲，然后指定2名学生点评，最后教师点评，学生的讲授及点评作为课程考核的重要组成部分；三是学生在期末根据为其指定的相应省市区《美丽中国》分册，写一篇地理性较强的课程论文，论文题目由教师拟定，并对论文内容、结构与形式等提出要求，作为期末课程考核。"中国地理"课程互动教学模式的探索，有效解决了传统课程教学模式对学生吸引力不强、学生参与度不够和自主学习积极性不足等问题。

（四）教育者先受教育

专业课教师在长期"传道授业解惑"过程中，既要注重自身思想政治理论的学习，不断锤炼自我，以便为课程思政教学奠定扎实的理论基础，又要在教学实践中担负起思政育人的使命，在向学生传授知识和方法的同时，培养他们的独立人格，使他们拥有高尚的品德。与此同时，新时代的立德树人，在让学生懂得做人做事基本道理的基础上，还要明大德、立大德，引导他们树立高远的理想和涵养深沉的家国情怀。从一定意义上讲，课程思政建设对专业教师教学工作提出了更高的要求。因此，只有让教育者先受教育，才能使专业教师在做到业务能力精湛的同时，具备过硬的政治素质，有效提升其思政育人能力。教师除在平时不断提升自身的专业能力外，还要不断加强政治理论学习，通过各种学习途径，有效提升自身思想政治素质，进而提高自己的思想政治教育意识和思政课程建设能力，以便完成自觉培养既有家国情怀与文化自信、又有责任担当与学识品格的社会主义事业建设者和接班人的思政育人使命。

三、课程思政建设成效

（一）特色和创新点

1.形成了丰富的爱国主义教学素材

对于专业性极强的通用教材而言，教师要做到以通用教材为基础，大胆选用思想政治教育内容丰富和思想政治教育元素呈现方式突出的适宜出版物，作为辅助教学资料并加以充分利用；在课程教学中，大胆引入了教师参与编写的图片语言丰富、行文流畅、影响广泛、地理性与适读性强，且能充分展示全国各省市区自然奇观、人文胜迹、民俗风情、著名市镇、现代建设成就等爱国主义素材与内容的35册《美丽中国》系列地理科普著作。

2.独特的互动式教学模式

为有效解决传统课程教学模式对学生吸引力不强，学生课前、课中及课后参与度不够，以及自主学习积极性不足等问题，教师必须探索适宜教师自身情况和学生学习特征与规律的独特教学模式，在人文地理与城乡规划专业的专业选修课"中国地理"教学中，教师就采用了互动式教学模式，获得了较好的教学效果。

（二）建设成果推广应用

1.提升了课堂教学效果

作为国家级一流本科专业建设点和北京市特色专业，人文地理与城乡规划专业经过2019年版培养计划的修订及新课程大纲的修订与完善，进一步突出了课程思政建设的重要性。其中，"中国地理"作为该专业重要的专业选修课，将课程建设成果应用于课程教学中，从目前的教学情况看，2015级和2016级两届学生对该课程新的教学模式有很好的适应性，从学生对教师的教学评价来看，两届学生对教师的评价均为优秀。说明成果推广应用取得了初步成功。

2.增强了学生爱国情怀与素养

学生爱国主义情怀和人文素养不断增强，且积极参加全国高校地理科学展示大赛、全国青年地理工作者学术辩论赛等，荣获了各类奖项；城乡规划学生党支部积极参加红色"1+1"活动并连续两年获得学校一等奖和北京市三等奖。

参考文献

[1] 刘铁芳. 培养担当民族复兴大任的时代新人——论新时代我国教育目的的蕴含[J]. 教育学报, 2018, 14（05）: 3-12.

[2] 李力, 金昕. 新时代高校立德树人的内涵、难点及实现路径[J]. 东北师大学报（哲学社会科学版）, 2019（02）: 149-154.

[3] 罗银胜. "三位一体"推进高校课程思政改革[N]. 社会科学报, 2019-04-04（003）.

[4] 张飞. 新疆大学地理信息科学专业"课程思政"教学对策思考[J]. 教育现代化, 2019（57）: 228-230.

[5] 吕拉昌. 中国地理[M]. 北京: 高等教育出版社, 2015.

[6] 王静爱. 中国地理教程[M]. 北京: 高等教育出版社, 2007.

[7] 赵济, 陈传康. 中国地理[M]. 北京: 高等教育出版社, 1999.

"遥感数字图像处理"课程思政的教学改革探索*

邹柏贤

摘　要：以"遥感数字图像处理"课程教学为例，以"课程思政"为目标进行专业课程的教学探索。根据课程思政的理念和要求，探讨在"遥感数字图像处理"课程教学中开展思政教学的意义，挖掘思政资源，提出该课程在教学改革中进行思政教育的切入点。

关键词：课程思政；遥感数字图像处理；自豪感；忧患意识；使命感

一、引言

习近平总书记在2016年12月8日的全国高校思想政治工作会议上强调，高校思想政治工作关系高校培养什么样的人、如何培养人以及为谁培养人这个根本问题。要坚持把立德树人作为中心环节，把思想政治工作贯穿教育教学全过程，实现全程育人、全方位育人，努力开创我国高等教育事业发展的新局面。同时，"要用好课堂教学这个主渠道，思想政治理论课要坚持在改进中加强，提升思想政治教育亲和力和针对性，满足学生成长发展需求和期待，其他各门课都要守好一段渠、种好责任田，使各类课程与思想政治理论课同向同行，形成协同效应"。因此，这就要求把思政与各专业课程的教学进行有机的结合，相互促进，充分发挥各专业课程的育人功能，落实每一位专业课教师的育人责任，以提升思政教育的教学效果，培养合格的社会主义建设人才。

---

* 项目来源：北京联合大学2020年度校级科研项目立项课程思政专项"地理学课程思政、专业思政、学科思政体系研究"（SK20202001）；北京市属高校高水平教师队伍建设支持计划高水平创新团队建设计划项目（IDHT20180515）。

作者简介：邹柏贤（1966—），男，博士，北京联合大学应用文理学院城市科学系副教授，中国计算机学会高级会员。主要研究方向：机器学习、数字图像处理、计算机网络等。

二、"遥感数字图像处理"课程开展思政教育的意义

课程思政是将高校思想政治教育融入课程教学和改革的各环节、各方面，实现立德树人。高校课程可分为显性思政和隐性思政两大类别，其中显性思政课程指高校思想政治理论课，隐性思政课程包含综合素养课程（通识教育课程、公共基础课程）和专业教育课程。显性思政和隐性思政课程共同构建思想政治理论课程、综合素养课程、专业课程三位一体的高校思想政治理论教育课程体系，专业课程应充分发挥其育人价值。

"遥感数字图像处理"课程面向地理信息科学专业高年级学生，是一门专业选修课程，也是地理信息科学专业的基础课程，注重培养学生的专业核心素养。学生通过学习该课程，能够掌握遥感图像的变换、滤波、分割、分类以及遥感图像的信息提取能力，巩固和增强遥感图像的增强处理、分析和解译能力，了解遥感图像处理的最新发展动态，这对促进学生创新创业具有重要的作用。具体地说，课程的学习成果会为以下专业学习成果做出贡献：（1）具备数字图像处理能力；（2）具备扎实的学科基础知识及本专业基本理论知识；（3）具备运用从事地理信息科学专业相关工作所需的自然科学知识的能力；（4）具备科学思维方法及综合运用所学科学理论和技术手段分析并解决本专业相关问题的能力；（5）了解地理信息科学前沿发展现状和趋势；（6）具有社会责任感，能够践行社会主义价值观。

课程思政从"育人"本质要求出发，强化对马克思主义"以人为本"思想的坚持和运用。它改变了高校思想政治教育"以学科知识系统"为中心的传统做法，以立德树人为核心，以培养社会主义合格建设者和可靠接班人为根本指向，把思想政治教育的重心从重在思政课程建设向重在思政教学体系转变，培养大学生的综合能力，全面提高大学生的综合素质。在各类课程中强化思想政治教育的导向性，利用课堂主渠道不断丰富大学生的精神世界，帮助大学生正确认识和处理个人和集体、当前和长远、物质和精神之间的关系，实现思想教育与知识教育、能力教育的统一。在传授知识的同时，启发大学生的自觉性，调动大学生的积极性，激发大学生的创造性。

课程思政的特点是以专业技能知识为载体开展育人工作，是教学改革中的一种新尝试。实现"思政课程"向"课程思政"转变，应努力把知识教育同思想政治教育结合起来，构建全课程育人的培养格局。不同学科具有不同

的特色，也具有不同的课程思政资源。课程思政注重以专业知识技能为载体开展育人工作。课程思政教学改革要求挖掘课程中蕴含的思想政治教育资源，找准课程思政切入点，并将思政内容融入专业知识的教学中。

三、"遥感数字图像处理"课程思政教学内容切入点

课程思政应引导大学生树立"中国自信"，以"润物无声"的形式将正确的价值观和理想信念有效传递给学生。"课程思政"不是强行加入思想政治教育的内容，而是结合专业课程本身的特点有效融入育人内容，使得专业课有情怀、有味道。面向专业课程"遥感数字图像处理"教学目标，如何将专业课程教学内容与思政元素巧妙地融合，结合教学内容的特点，我们尝试将以下几个方面作为课程思政的切入点。

（一）民族自豪感

在"遥感数字图像处理"课程教学中，讲述遥感数字图像的类型和获取时，可以结合实际案例，介绍我国自主研发的先进成果，从而激发学生的民族自豪感。在课堂上，把我国在该领域的巨大成就和先进技术的发展情况展示给学生，通过实际的案例潜移默化地增强学生的民族自信心和自豪感，使学生以自信和积极的心态传播正能量。

卫星遥感技术是20世纪60年代蓬勃发展起来的一门集多维、多平台、多层次立体化观测的综合性探测技术。近年来，全球经济迅速发展，地球环境和地球资源已经成为综合国力提升和国家间竞争较量的焦点。为此，各国都非常重视遥感卫星的发展，并不断开拓相关应用领域，促进空间遥感产业化发展，并取得了越来越显著的社会效益和经济效益，卫星遥感进入了一个新的发展高潮。

当前国外的民用遥感卫星系统主要有美国的"陆地卫星"（Landsat）系统、法国的"斯波特卫星"（SPOT）系统、欧洲航天局的"欧洲遥感卫星"（ERS）、加拿大的"雷达卫星"（Radar Satellite）和俄罗斯的"资源-DK1"（Resurs-DK1）卫星等。国外的遥感卫星发展相对较成熟，单以分辨率来说，1971年发射的美国KH-9号侦察卫星的分辨率就达到0.6米，后继的KH-11和KH-12更有0.15米甚至低于0.1米的分辨率；2010年6月，以色列发射的地平线9号的分辨率低于0.5米；2009年，日本发射的光学3号的分辨率是0.6米。

在商业遥感卫星领域，2001年的Quickbird-2号就实现了0.61米全色分辨率，后来的Geoeye-1达到0.41米的分辨率，Worldview-1/2实现了0.46米分辨率，Worldview-3达到0.31米商业分辨率。

经过20多年的发展，我国陆地卫星的几何分辨率、图像定位精度等几何定量性能明显提升，图像几何质量达到甚至超过国外同类卫星水平，辐射质量与国外卫星的差距也在不断缩小。从1958年5月17日，毛泽东同志提出"我们也要搞人造地球卫星"开始，我国航天事业从无到有，从小到大，经历了艰苦创业、配套发展、改革振兴和走向世界等几个重要阶段。1970年4月24日，我国成功发射了第一颗人造地球卫星——东方红一号，成为继苏联、美国、法国和日本之后第5个发射人造地球卫星的国家。此后30年中，我国自行研制、发射了48颗不同型号的卫星和试验飞船。从1975年11月26日成功发射第一颗返回式卫星开始，至1986年，我国利用返回式卫星技术，成功发射两颗国土资源普查卫星，初步解决国家调查急需卫星遥感信息源的问题。中国是世界上第3个掌握卫星回收技术的国家，卫星回收成功率达到国际先进水平。1988年9月7日，我国成功发射风云一号A卫星（FY-1A），1997年6月10日，成功发射风云二号A气象卫星（FY-2A），现在在轨运行的有FY-1和FY-2，为气象预报提供了国产气象保障。1999年10月14日，成功发射中巴地球资源卫星01（CBERS-01）。2000年6月28日，航天清华一号微型卫星（HT-1）发射成功，标志着我国小卫星遥感技术日趋成熟。

2010年全面启动实施的我国"天眼"工程高分专项，至今已成功发射高分一号至六号卫星，建立起我国天地一体化高分辨率对地观测体系。2013年4月26日，我国成功发射高分一号卫星。高分一号同时实现高分辨率与大幅宽的结合，2米高分辨率实现大于60千米成像幅宽，16米分辨率实现大于800千米成像幅宽，适应多种空间分辨率、多种光谱分辨率、多源遥感数据综合需求，满足不同应用要求。2014年8月19日，高分二号卫星成功发射，分辨率优于1米的卫星影像可在平台中查询到，同时还具有高辐射精度、高定位精度和快速姿态机动能力等特点，标志着中国遥感卫星进入亚米级"高分时代"。2018年6月2日，我国成功发射高分六号卫星，配置2米全色/8米多光谱高分辨率相机、16米多光谱中分辨率宽幅相机，2米全色/8米多光谱相机观测幅宽90千米，16米多光谱相机观测幅宽800千米。

后续随着高分七号、"陆地生态系统碳监测""高分辨率多模综合成像"等卫星逐步投入应用，将在探测手段、几何精度、谱段范围、光谱分辨率、辐射定标等方面进一步提高我国陆地定量遥感卫星技术水平。随着综合国力的不断提升，相信在不久的将来，我国遥感卫星会赶超世界先进水平。

（二）国家自信与忧患意识

在"遥感数字图像处理"课程教学中，常常以国家范围或各城市的遥感地图作为探讨和分析讲解内容，包括国家或各城市面积、位置、土地、森林、草地、水源及其他地理特征。我国幅员辽阔，地大物博。通过向学生介绍我国资源丰富，具备经济快速发展的前提条件，来增强实现祖国伟大复兴的自信心。

我国主要资源的面积总量在世界上的排名情况：土地面积排名第3、耕地面积排名第4、森林面积排名第8、草地面积排名第2、淡水面积排名第6、矿产（45种）面积排名第3。有研究表明，世界主要国家中自然资源丰裕度与经济增长存在正相关关系。在发达国家或工业门类齐全的发展中国家，资源往往能够促进经济的持续发展，而严重依赖资源出口的国家难以获得持续的经济增长。同时，还应注意到，由于我国人口众多，人均占有量少，在世界位居后列，因此，我国既是资源大国，又是资源小国，我们应当增强忧患意识。

"众口铄金""万众一心、众志成城"等词汇都是指人多力量大，可以办大事。但人口的过快和过多增长，必然给自然资源和环境带来沉重的压力。对大自然盲目、掠夺性地开发，必然导致各种灾害和严重的环境问题。近年来，在世界范围内频频发生极端的天气现象。我国洪涝灾害越来越多，发生周期越来越短。因此，只有正确处理人口、资源、环境与经济发展之间的关系，才能走向可持续发展道路。

（三）国家战略需求与民族复兴的使命感

目前，我国的遥感图像获取能力与美、法等先进国家相比仍然存在一定的差距，国际市场上的遥感图像产品以国外机构产出为主，用户对遥感图像产品的要求进一步提高，从这三个方面来看，我们在各领域要努力攻关，特别是要提高遥感卫星技术水平，争取赶上甚至超过世界先进水平。

1.遥感卫星性能仍存差距

我国在发展高分辨率对地观测卫星方面起步晚了几十年。2013年4月26日成功发射的高分一号卫星，是高分辨率对地观测系统的首发星，突破了高空间分辨率、多光谱与宽覆盖相结合的光学遥感等关键技术，分辨率可达2米，经过相机多角度视场拼接，优于16米分辨率的视场可达800多千米，重访周期为4天，分辨率和幅宽的综合指标达到了当时国内外民用光学遥感卫星的领先水平。

虽然在高分辨率对地观测系统建设方面，我国较之国外一些国家起步晚，但较高的起点使我国在技术上掌握主动权，为下一步实现跨越式发展奠定了基础。首先是空间分辨率上的绝对差距。目前全球民用高分辨率对地观测卫星中，空间分辨率最高的卫星当属美国的地球之眼1号卫星，可以达到0.41米，而高分一号存在一定差距，在技术突破和创新跨越等方面尚待提高。其次，在图像质量上也有较大进步空间。一方面在卫星设计上还需要进一步研究和深化，继续从相机本身和整星角度考虑如何提高相机的成像质量；另一方面，要大力提升地面短板，通过定标场的建设来提升图像的校准能力，从而进一步提升图像质量。此外，卫星能力也还存在差距。国外高分辨率对地观测卫星更轻巧、寿命更长久，同时卫星的姿态敏捷能力非常高，工作更加灵活。而这些连同卫星上关键产品的国产化和质量，都是我国高分辨率对地观测卫星在未来研制攻关中需要重点突破的一些难题。

2. 国外的遥感图像产品占领市场

据调查，我国每年优于2.5米分辨率的卫星原始数据直接消费约为5亿元人民币，并且保持约8%的增长率，但是，国外数据约占75%，国内数据约占25%，且亚米级高分影像数据市场被国外遥感卫星数据垄断。同时，数据引发的后续加工应用服务等规模年均达数十亿元人民币，且每年保持较快增长。

商业市场上遥感图像产品主要来自美国、法国、加拿大、欧洲航天局等国家或区域的公司。例如，美国陆地卫星系列产品，包括五种传感器：专题制图仪（TM）、多光谱扫描仪（MSS）、增强型主题成像仪（ETM+）、陆地成像仪（OLI）、热红外传感器（TIRS）的各波段产品。按照产品的处理级别，分为5类：原始数据产品、辐射校正产品、系统几何校正产品、几何精校正产品、高程校正产品。Landsat卫星采用的全球参考系为WRS（world wide reference system），是国际上非常具有代表意义的全球参考系之一。

2001年10月，由美国数字地球（Digital Globe）公司发射的Quick Bird卫星系统，能提供0.61米分辨率的遥感图像，是世界第一个提供亚米级分辨率的卫星，具有引领行业的意义。该公司的商业卫星World View计划，包括4颗世界顶尖水平的卫星。其中，GeoEye-1的影像分辨率为0.41米（黑白），

World View-1和World View-2的分辨率均为0.5米（全色），World View-3的分辨率为0.31米（全色）。2016年年底，World View-4卫星发射升空，其最高分辨率可达0.31米，拥有和World View-3相似的传感器配置。

法国的SPOT卫星影像产品包括以下4种类型：（1）SPOT Scene，标准的SPOT卫星影像（覆盖面积3600平方公里）；（2）SPOT View，定制的数字卫星影像地图；（3）DIMAP，自2002年以来公认的SPOT产品数据格式；（4）基于地理参考数据库Elevation30的精确正射影像。法国发射的IKONOS遥感卫星，分辨率为0.82（全色），重访周期为3天。

我国常用的商业用途的遥感卫星主要是高分系列、资源系列和环境系列。高分系列有高分一号至六号卫星。高分一号卫星是中国高分辨率对地观测系统的第一颗卫星，分辨率为2米（全色）和8米（多光谱）；高分二号卫星的间分辨率达到1米（全色）和4米（多光谱）；2018年6月2日发射的高分六号卫星，分辨率亦为2米（全色）和8米（多光谱）。资源三号卫星是我国首颗民用高分辨率光学传输型立体测图卫星，分辨率亦为3.5米（前视或后视）、2.1米（正视）、6米（多光谱）；资源一号02C卫星的分辨率为2.36米（HR相机）、5米（全色）、10米（多光谱）。环境系列遥感卫星的分辨率比较低，如环境一号A和B的分辨率均为30米（CCD相机）、100米或150米（高光谱或红外多光谱相机）。

3.用户对遥感图像产品的要求进一步提高

商业遥感卫星的应用领域十分广泛，主要包括国防安全、能源、自然资源管理、海事、灾害应急管理、工程与基础设施建设，以及基于位置的服务等。不同用户、不同行业和应用领域需要不同的遥感服务，表现在空间分辨率、光谱分辨率、重访周期以及数据时效性等方面。遥感图像的新应用获得了高度的肯定，最有代表性的是天气与灾难监测。此外，还有环境监视，其功能体现在督促合约国遵循向大气排放有害气体数量规则方面；与保险索赔相关的损伤评估；财产和不动产评估；择选出开采建筑工地；设计公共设备与通信基础设备；为新结构与运输线路地址的选择提供服务；确定与勘测土地覆盖、植被、居民区、建筑物及特定的地形等。土地覆盖分析技术受到获取信号薄弱化地域移动通信运营商的欢迎。

但是，多数获得高分辨率图像的用户对供货时间表现出不满的态度。尽管美国对0.5米分辨率的图像产品严格管控，但是用户经常至少要等1个月才能获得图像产品。及时获得图像产品对渔业与农业领域的发展会产生巨大的影响。另外，大多数商业遥感卫星公司都规划拓展自己的卫星星座，借此获取更高分辨率成像，如空间成像公司与轨道成像公司；有的公司则致力于提升全球重访速度与信息汇聚能力，如以色列国际卫星图像公司与美国数字地球公司。我国空间技术研究院的"风云"系列卫星，以及"中巴地球资源卫星"，同样在积极构建遥感卫星星座。因此，缩短供货时间，进一步扩大卫星星座和提高分辨率，将是商业遥感卫星市场的发展趋势，这对遥感图像处理技术提出了更高的要求。

四、结束语

课程思政实质是一种课程观，不是增开一门课，也不是新增一项活动，而是围绕"知识传授与价值引领相结合"的课程目标，将高校思想政治教育融入课程教学和改革的各环节、各方面，润物无声地实现立德树人。大学专业课教师应该在多了解专业和课程背景知识的基础上，努力挖掘专业课程中的思政元素，将专业知识传授与大学生思想政治教育结合起来，把思想政治教育有机地嵌入专业课程教学中。"遥感图像数字处理"课程不但要对专业学习成果做出贡献，即培养学生数字图像处理能力，使学生具备扎实的学科基础知识和解决本专业相关问题的能力，还应当具有社会责任感，践行社会主义核心价值观，具备爱国主义情怀，成为合格的社会主义建设人才。

参考文献

[1] 习近平. 全国高校思想政治工作会议讲话稿[N]. 新华社，2016-12-08.
[2] 董勇. 论从思政课程到课程思政的价值内涵[J]. 思想政治教育研究，2018，34（5）：90-92.
[3] 石长起. 高校思政课程教学的改革途径[J]. 黑河学刊，2014（1）：138-139.
[4] 曹海翊，高洪涛，赵晨光. 我国陆地定量遥感卫星技术发展[J]. 航天器工程，2018，27（4）：1-9.
[5] 何鸿，张寿庭. 自然资源在经济发展中的作用[J]. 资源与产业，2011，13（4）：149-152.
[6] 2017—2023年中国遥感卫星行业深度研究及市场前景预测报告[EB/OL].

[2020-12-18]http://www.cninfo360.com/yjbg/qthy/qt/20170514/587703.html.
[7] 赫华颖,王海燕,郝雪涛,等.商业遥感卫星应用现状及发展趋势探讨[J].卫星应用,2016(1):68-71.
[8] 肖潇.商业遥感卫星市场现状及发展研究[J].卫星与网络,2017(7):62-64.

"GIS 专业英语"课程思政建设思考*

陈 静

摘 要："GIS 专业英语"课程开设是我国地理信息科学行业与国际接轨的必然要求，是学习语言和 GIS 专业知识的公共平台，具有潜在的思想政治教育功能。在 GIS 专业英语教学体系中融入"四个自信"，进一步完善教学设计、优化教学内容、创新教学方法以及强化师资队伍，是提升专业英语课程思政功能、实现知识传授和价值引领双重育人责任的有效途径。

关键词：课程思政；GIS 专业英语；教学模式

习近平总书记在全国高校思想政治工作会议上强调，"要把思想政治工作贯穿教育教学全过程，实现全程育人、全方位育人"，他还指出："各门课都要守好一段渠、种好责任田，使各类课程与思想政治理论课同向同行，形成协同效应。""GIS 专业英语"课程开设是我国地理信息科学行业与国际接轨的必然要求，作为地理信息科学专业选修课程，其目的是使学生熟练掌握专业基础词汇，掌握专业英语的写作特点，能熟练阅读专业的英文文献，掌握一定的翻译技巧，可以较流利地阅读和翻译本专业的科技文章，能够通过文献研究寻求工程问题的解决方案及其可替代方案，具备一定的英文科技论文写作能力，并在一定程度上开阔学生的国际视野，提高其外语应用能力。

作为一门重要的专业课程，"GIS 专业英语"在价值引领上应该与思政课同向同行，引导学生树立马克思主义世界观，尤其是要学习马克思主义中国化的最新理论成果——习近平新时代中国特色社会主义思想，引导学生树立

---

* 项目来源：北京联合大学 2020 年度校级科研项目立项课程思政专项"地理学课程思政、专业思政、学科思政体系研究"（SK20202001）；北京市属高校高水平教师队伍建设支持计划高水平创新团队建设计划项目（IDHT20180515）。

作者简介：陈静（1977—），女，硕士，北京联合大学应用文理学院城市科学系讲师。研究方向：地理信息系统技术应用研究等。

正确的人生观和价值观，引导学生践行社会主义核心价值观，继承和发扬中华民族优秀传统文化。

一、"四个自信"对专业英语课程思政内涵的升华

加强"四个自信"是专业英语课程思政建设的必然要求。"四个自信"是马克思主义与中国改革开放实践相结合而形成的重大理论创新。身为社会主义事业的建设者和接班人，大学生是"四个自信"的重要培育对象，应挖掘课程中的价值引领元素，将"四个自信"融入课程教学体系，结合语言与文化的教学，引导学生进一步明确对中国道路的认同、加深对中国理论的理解、完善对中国制度的认识以及增强对中国文化的自信，充分发挥综合素质课程的隐性育人价值，与思想政治理论课同向同行。语言不仅是符号，更是一种文化对某种社会生活及其价值的表达。让学生既立足本国又面向世界，既传承优秀传统文化又具备时代精神，成为德才兼备的优秀人才，能够为增强我国核心竞争力、实现中华民族伟大复兴担当重要的历史使命。

专业英语课程教学目标不仅是让学生掌握英语这门工具、夯实GIS专业基础、理解英语语言文化，而且要让学生在国际大视野中更清楚地了解中国文化的地位、中国道路的方向、中国理论的缘起和中国制度的特色，使培养出来的青年人才以后能弘扬时代精神，致力中国发展。因此，在高等教育"三全育人"的大背景下，坚定"四个自信"，丰富课程内涵，深化教学改革，强化育人功能，是专业英语课程思政体系建设的必然要求。

二、思政教学模式设计

教学设计应注重理论教育与实践教育、线下教育和线上教育、发挥教师的主导作用与调动学生的积极性相结合，从而实现整体和局部、抽象与具体、工具与价值的结合。因为只有精心设计的教学，才能真正触及学生内心，激发学生爱国热情。

"GIS专业英语"课程将教学内容以模块化方式进行组织，根据教学的每一个主题、每一篇课文，将思政元素融入教学过程，紧扣教材、教案、教风等关键因素，找准思政教育的切入点，积累相关教育素材，调整现有的教学策略，科学设计教学环节，引入新颖的教学手段。在教学中挖掘思政教育潜

能，既能提高学生专业水平，又能增强学生"四个自信"，因此，应将思政培育方案有机完整地植入专业英语教学。从课程定位上找到专业英语教育和培养大学生社会主义核心价值观的适切点，从课程性质上增强专业英语课程人文教育中的思政教育功能。教学中，教师要针对学生的英语水平，遵循"循序渐进"的原则。真正实现语言作为交际工具和思维工具的社会功能，达到课程育人的目的。

模块化与层次教学法相结合的作用在于，可以将中文教学和英语教学灵活结合，充分体现"地理信息系统&英语"复合型知识结构模式。这种模式有别于英语专业学生的培养，它所强调的是在立足于夯实GIS专业化教育的前提下，重视和突出对专业人才外语能力的培养，在知识传授中强调主流价值引导，与显性的思政课程协调同步、相得益彰，真正实现在课堂教学中全过程、全方位的育人效果，使专业英语教学与全方位的育人设计落地生根，产生浸入式功效。

三、"GIS专业英语"课程思政实践

课程思政实践在两大模块基础上，应用了"四层次"教学法。第一个层次是基础层（Basic Level），上课时，用英语对关键词和有关概念等基础知识进行简单讲述，如通过地理数据库（Geodatabase）、空间分析（Spatial Analysis）和空间可视化（Spatial Visualization）等模块构建知识体系，将理论系统化、清晰化，并通过实践模块加以应用；第二个层次是应用层（Application Level），授课时教师尽量用英语讲授课程内容，用中文适当说明，由浅入深地进行讲解，注意交流并加强互动。使学生深入了解GIS课程知识体系，并能用英语总结其所学内容；第三个层次为双语思维层次（Bilingual Thought Level），为营造英语语言氛围，课堂上重视互动环节，转化学生惯性语言思维模式，真正实现地理科学化英语思维模式；第四个层次是实践模拟（Practical Simulation Level）、任务导向，通过其他教学媒介如实践案例分析调动学生的积极性，不仅使学生掌握地理信息系统软件操作流程，而且在应用中巩固英语专业知识，锻炼英语思维和表达能力。

在正式上课之前，充分利用课前一分钟的时间，与学生互动。实践证明，学生对这种活泼的、中英文结合的形式十分欣赏。这种方式引发了他们对时事的关注与思考，激发了他们对中华传统文化的热爱，以及对名句的欣

赏，提高了学生人文素养，学生更从经典名句的字里行间充分感受到古圣先贤的人格魅力、千年沉淀的大智慧与积极向上的正能量。如复习上节课内容，可以分享中华传统文化中的名句或者优美的古诗词，激发学生对传统文化的热爱，增强文化自信。"温故而知新，可以为师矣。"——If a man keeps cherishing his old knowledge, so as continually to be acquiring new, he may be a teacher of others. 或分享诗句："革故鼎新，与时俱进。"——keeping pace with the times through reform and innovation. 又如实践环节强调动手能力，可以分享诗句："君子欲讷于言，而敏于行。"——The superior man wishes to be slow in his speech and earnest in his conduct.

  课上优化教学内容，创新教学方法，推动教师外在引导与学生内生动力的有机结合。教学方法是教师和学生在教学过程中为了实现教学目标、完成教学任务而采取的方式、办法与途径，它是实现课程育人这一教学目标的关键环节。一是通过引导式讨论赋予学生一定的话语权。通过开展小组讨论等多种形式将育人素材融入听、说、读、写、译等语言训练活动，既彰显学生的学习主体性，又赋予学生一定的自由度、民主度，提高他们参与的热情。二是在专业英语教学中，结合思政素材适当地增加一些随堂测试，或书面或口头，或正式或随意，往往能极大调动学生学习的积极性，让学生变被动学习为主动思考。通过测试，教师也可引导学生批判地看待西方文化及其政治体制，全面客观认识当代中国，正确认识中国特色和国际差异。三是通过实践教学内化学生的爱国情怀。思政课实践教学是建立在理论教学基础上、与理论教学紧密联系、寓思想政治理论教育于实践之中的教学过程和教学方法。

  正所谓"亲其师，信其道"，作为教师，我们只有关心国家、心怀天下，不断提高自己的中国文化素养和用英语传播中国文化的能力，才能在教学中有意识地将英语文化与中国文化有机结合，让学生具备"四个自信"能力、掌握"四个自信"知识、提升"四个自信"素质。

  综上，大学是立德树人、培养人才的沃土，是青年人学习知识、增长才干、放飞梦想的家园。古人云："师者，人之模范也。"在学生眼里，老师"吐辞为经、举足为法"，一言一行都给学生以极大影响。习近平总书记的讲话也对高校人才培养提出了明确要求，对广大青年成长作了"不能满足于碎片化的信息、快餐化的知识"等亲切指引，鞭辟入里、语重心长。通过学习习近平总书记在北京大学师生座谈会上的讲话，笔者深刻认识到，教育兴则国家兴，教育强则国家强。作为一名党员教师，必须牢记历史使命，沉下心来求真学问、练真本领，在不断学习、实践中充分挖掘自身潜力，锤炼过硬本领。

参考文献

[1] 叶俊，盘华. "四个自信"视域下大学英语课程思政功能的实现路径[J]. 学校党建与思想教育，2020，20（15）：60.

[2] 赵翔宇. 试析高校专业英语的必要性及其存在的问题[J]. 中国地质教育，2005（3）：122-124.

[3] 孙晓丽. 汉英专业英语目标的几点思考[J]. 湘潭师范学院学报（社会科学版），2005，27（3）：106-107.

[4] 郑学晶，徐慎刚，等.《高分子材料专业英语》中的课程思政探索与实践[J]. 高分子通报，2020，26（8）：80.

"建筑学基础"课程思政设计*

刘剑刚

摘　要：建筑学基础讲述建筑学的经典理论和基本方法，贯彻"人—建筑—空间—环境"协调发展的理念，将思想政治教育理念贯穿于课程的知识、应用、整合、情感、价值、学习六维目标，以"建筑空间营造的中国智慧"为例，阐述在知识讲授过程中融入思政元素，激发民族自豪感。

关键词：课程思政；建筑学基础；中国智慧；价值引领；课程目标

一、课程基本信息

"建筑学基础"课程为人文地理与城乡规划专业的专业选修课程，共48学时、3学分，讲述建筑学的经典理论和基本方法，贯彻"人—建筑—空间—环境"协调发展的理念，为相关居住区规划、城市设计、景观设计、场地设计等后续课程奠定坚实基础。

通过本课程的学习，学生能够实现以下目标：

1.知识层面

正确认识建筑的意义及其基本属性，掌握建筑的发展演变历程、建筑制图的原理与标准、建筑物的构成和细部构造，了解建筑方案设计的思路与过程。

---

* 项目来源：北京联合大学2020年度校级科研项目立项课程思政专项"地理学课程思政、专业思政、学科思政体系研究"（SK20202001）；北京市属高校高水平教师队伍建设支持计划高水平创新团队建设计划项目（IDHT20180515）；北京联合大学应用文理学院2020年"课程思政"精品课程建设项目"建筑学基础"课程研究成果。

作者简介：刘剑刚（1972—），男，河北昌黎人，硕士，北京联合大学应用文理学院城市科学系副教授，主要讲授建筑学基础、城市设计、中国古代建筑等课程。主要研究方向：城市设计与历史城市保护、建筑历史与理论。

2.应用层面

能够根据投影原理和建筑制图标准正确绘制建筑图纸；能够根据建筑设计的任务要求分析建筑的功能、空间、流线、造型、环境，进行初步的建筑方案设计；能够运用建筑学的基本知识对建筑进行分析和评价。

3.整合层面

运用建筑学的基本方法整合建筑功能、建筑空间、建筑造型、建筑构造、建筑环境之间的相互关系。

4.情感层面

认识到在建筑设计过程中相互交流和合作的重要性，能够专业地描述设计过程、表达设计观念、展示设计成果，能够相互配合并恰当地表达支持和感谢。

5.价值层面

正确处理人—建筑—社会—环境的关系，认识建筑的物质性和社会文化性，了解相关建筑设计的规范和标准，初步具备解决实际建筑问题的综合能力。

6.学习层面

既学习建筑学的经典理论，也关注建筑学专业的当代前沿，具有批判性和发散性思维和提出各种问题的能力，在学习中去理解、去探索。

二、课程思政教学设计思路

（一）教学内容的思政融入设计

"建筑学基础"课程将思想政治教育理念贯穿于课程的知识、应用、整合、情感、价值、学习六维目标，如图1所示。课程思政的融入提升了课程价值。

理论知识层面：在建筑功能、空间、形式、文脉、环境等经典建筑理论的讲述中融入中国传统建筑营造智慧、地域建筑遗产的创造性转化、融汇世界建筑文化的优秀创作；传播中华优秀文化，讲好中国建筑故事、北京建筑故事，坚定文化自信。

实践能力层面：结合北京城市发展和历史文化名城保护，开展富有特色的建筑设计方案实践选题；让学生了解北京、认识北京、热爱北京，提高学

知识	应用	整合	情感	价值	学习
建筑基本属性 建筑发展演变 建筑制图原理 建筑构成构造 建筑设计原理 融入中国建筑营造智慧 坚定建筑文化自信	在应用实践中体验中国建筑变迁，认识规划设计工作对促进国家发展的重要意义。 职业荣誉感 涵养家国情怀	整合建筑设计与地域自然条件、社会历史文化、时代发展要求之间的相互关系。 整体建筑观 可持续发展观 地域性文化性时代性的统一	专业地描述设计过程、表达设计观念、展示设计成果，能够恰当地表达支持和感谢 培养合作意识 发扬团队精神	感悟中国建筑历史，深入中国建筑现实，思考中国建筑未来 坚定"四个自信" 成为担当民族复兴大任的时代新人	关注建筑学专业的当代前沿 激发创新精神 具有批判性和发散性思维

图1　课程六维目标的思政融入设计

生发现问题、分析问题和解决问题的能力；鼓励其探索创新、精益求精。

（二）教学方法与举措

1. 模块化情景化教学

"城乡规划设计、城市文化品读、计算机辅助设计、综合特色实践"四个课程模块的思政教学联动，创新规划设计课程思政的教学方法。

2. 理论讲授+案例评析

实施文化涵养行动，丰富课程思政教学内容，让学生感受城市，品读建筑，达到体验、情感和领悟的统一。

将理论知识讲授与案例评析教学讨论相结合，理论知识教学坚持问题导向，教师以深挖城市与建筑文化为抓手，强化课程教学的思想性、专业性和文化性，充分体现授课教师的教育理念和学识境界。利用线上、线下资源，使课堂从校内延伸到城市、乡村、社会，让学生走进城市空间、街道社区、历史场所，感受城市脉动，品读城市文化，达到体验、情感和领悟的统一。

3. 任务驱动式实践教学

立足北京进行课程设计实践，将核心价值观、职业理念定位、人文艺术修养、规划设计技能有机融合，开展特色实践育人，提升学生专业能力。

通过课程思政的有机融入，使学生深入了解中国建筑、中国城市、中国社会，强化了学生的家国意识、责任担当；增强了学生的文化自觉、求实创新的意识，提升了教学效果，课程思政与专业能力培养，良性互动，融合发展。

三、建筑空间营造的中国智慧

以"建筑学基础"课程第一章第一节的"建筑与空间"教学设计为例，在讲授"建筑与空间"知识点时，融入主旨为"建筑空间营造的中国智慧"的课程思政元素。

（一）建筑大师的空间观

建筑观的演变从古代"古典的美学建筑观"到"现代主义功能与技术建筑观"，从20世纪中叶形成的"环境与生态绿色建筑观"到新时代的"多元综合建筑观"，"空间与形式"始终是最根本的建筑学概念。美国著名建筑师路易斯·康认为"建筑是经过深思熟虑后所创造的空间"。意大利建筑理论家布鲁诺·赛维认为"建筑的历史主要是空间概念的历史。没有内部空间……这座建筑就会被排除在建筑的历史之外"。我国前辈建筑学家童寯也曾说"三块砖头如何摆法，就有建筑学了，因为它关系到如何塑造空间"。在导入教学内容时，首先引出建筑大师们的建筑空间观点，以激发学生学习兴趣。

（二）建筑实体与建筑空间的辩证关系

空间的形成需要围合与界定，建筑空间是墙面、地面、顶棚、门窗等建筑要素乃至建筑物与建筑物之间限定的空间，获得空间就是建筑的目的，建筑内部空间与外部空间是人类活动的载体，所以建筑空间也被认为是建筑的最基本内容。我国春秋时代的哲学家老子在《道德经》里提到："埏埴以为器，当其无，有器之用。凿户牖以为室，当其无，有室之用。故有之以为利，无之以为用。"意思是说：开凿门窗建造房屋，有了四壁和门窗围合而形成中间的空间，才有房屋的作用。老子的这句话深刻地描述了"有"（实体）与"无"（空间）的关系，体现了实体与空间"有无相生"的中国传统思想，用来形容建筑空间的形成十分精当。人们建造房屋时，通过设立围墙、覆盖屋顶围合成房屋，而真正使用的却是其中空的部分；围墙、屋顶为"有"，而真正有价值的却是"无"的空间；"有"是手段，"无"才是目的。在讲授过程中通过古罗马万神庙、苏州网师园、中国国家大剧院、天坛的圜丘坛等案例，让学生理解老子这段话深刻地阐明了建筑实体与建筑空间的辩证关系。

（三）中国古代建筑外部空间尺度的"形与势"

讲述空间尺度时，首先，引入中国诗词中关于空间尺度的描述。唐代李白《庐山谣寄卢侍御虚舟》中的"黄云万里动风色，白波九道流雪山"和杜甫《望岳》中的"岱宗夫如何？齐鲁青未了"表达的都是超级尺度，犹如卫星遥感的国土空间尺度。而宋代欧阳修《蝶恋花》中的"庭院深深深几许？杨柳堆烟，帘幕无重数"和明代汤显祖《牡丹亭·惊梦》中的"良辰美景奈何天，赏心乐事谁家院"表达的都是建筑空间，是由人的身体感知的尺度。其次，通过剖视中国经典古建筑让学生理解"千尺为势，百尺为形"。北京四合院表现出"百尺为形"的院落空间尺度；故宫、王府等院落空间组群展现出"千尺为势"的形势关系，特别是故宫的造势完形，远与近、大与小、整体与局部、轮廓与细节，势言阔远、形言浅近、因势象形，体现了中国古代的形与势的关系——积形成势、形以势得，也反映了"因势而上，顺势而为"的人生道理。

（四）中国空间智慧

认识建筑必须体验建筑空间是如何为特殊目的而设计的，又是如何与某个时代的观念和韵律达成一致的。教师带领学生领略颐和园万寿山前主体建筑群，带着学生在时间中体验空间。依托北京社科基金项目、北京市政协调研课题，在教学中开展中轴线北段街巷时空特征调查，通过北京中轴线的时空韵律使学生体验到建筑空间是在时间进程中完成的。建筑穿越时空，给了我们一个机会，去发现蕴含在此刻中的永恒。教师启发学生感悟"凝练，以寻常之词造非凡之境"的中国空间智慧。

四、课程思政建设体会

"固文化之本，筑民族之魂"，通过课程思政建设，探索挖掘专业课程的思政内涵，巧妙融入中华优秀文化，侧重讲述建筑营造的中国智慧、中国精神、中国美学，使教学走向新境界。"特色实践，笃行求实"，在教学过程中走出课堂，感受建筑魅力，通过设计实践，磨炼专业精神。"静水深流，育人育心。"让学生发现一些有趣的东西，感受一些引发思考的东西，体验一些让人感动的东西，使人才培养走向新境界。

"城市规划原理"课程思政教学设计*

杜姗姗

摘 要:"城市规划原理"将"课程思政"贯穿于课程的知识、应用、整合、情感、价值、学习六维目标,帮助学生树立全面、正确的城市观念,引导学生分析城市职能定位、城市空间布局、历史文化名城保护等专业问题,本课程的思政元素及特色为"传承传统、科学理性、以人民为中心、服务国家战略"。

关键词:课程思政;城市规划原理;国家战略

一、课程思政的教学设计思路

(一)课程基本信息

"城市规划原理"课程是人文地理与城乡规划专业的必修课程,先修课程为自然地理学、经济地理学、城市地理学。课程内容主要包括城市与城市发展、城市规划学科的产生和发展、城市规划的工作内容和编制程序、城市的构成与用地规划、城市发展战略、城市总体规划、详细规划、镇规划、乡规划和村庄规划。

---

* 项目来源:北京联合大学2020年度教育教学研究与改革项目立项"'以学为中心'的应用型本科专业核心课程教学改革——以城市规划原理课程为例"(JJ2020Y003);北京联合大学2020年度校级科研项目立项课程思政专项"地理学课程思政、专业思政、学科思政体系研究"(SK20202001);北京市属高校高水平教师队伍建设支持计划高水平创新团队建设计划项目(IDHT20180515)。

作者简介:杜姗姗,博士,北京联合大学应用文理学院城市科学系副教授。主要研究方向:城乡发展与规划、都市农业、休闲农业与乡村旅游。

（二）课程目标

开设"城市规划原理"课程是为了帮助学生树立全面正确的城市观念，在系统掌握城市规划的基本原理、规划设计原则和方法的基础上，提高学生的抽象思维能力和逻辑思维能力，培养学生分析问题和解决问题的能力，并使学生了解城市规划理论在城市规划中的作用，帮助学生理解城市规划的技术程序与规划方法，在实践中用所学的规划战略思想分析、解决城市问题，特别是解决涉及城市职能定位、城市空间布局、历史文化名城保护等方面的专业问题，为后续课程和实际工作打下坚实的基础。

通过本课程的学习，学生能够实现以下目标：

1. 知识层面

具备较为扎实的学科基础知识及本专业基本理论知识，树立人文地理与城乡规划专业服务国家战略的理论自信。

2. 应用层面

掌握城市与区域分析评价、城市与区域规划等两项专业核心应用能力，具有科学思维方法及综合运用所学科学理论和技术手段分析、解决人文地理与城乡规划专业相关问题的能力。

3. 整合层面

掌握人文地理与城乡规划专业的问卷设计与实地调查、数据处理与分析、文案写作的基本技能，在解决实际问题时能够综合考虑社会、健康、安全、法律、文化以及环境等因素。

4. 情感层面

具有较好的人文社会科学素养、较强的社会责任感，能够在实践中理解并遵守城乡规划职业道德和规范，树立道路自信、制度自信，践行社会主义核心价值观；了解与人文地理与城乡规划专业相关的职业和行业的方针、政策和法律、法规。认识小组学习和合作的重要性，能够参与协作学习，具有团队意识，能够相互配合进行成果展示，能够恰当地表达支持和感谢。

5. 价值层面

了解城乡规划对城乡经济、社会、文化、安全、健康、环境和法律等方面的影响，并了解应承担的规划师责任。

6. 学习层面

认识自主学习的必要性，培养终身学习的意识；掌握自主学习的方法，了解拓展知识和能力的途径；能够针对自身特点或城乡规划职业发展需求，设计个人学习计划。

（三）课程思政融入设计

"城市规划原理"课程的思政元素及特色为"传承传统、科学理性、以人民为中心、服务国家战略"。

1. 思想政治教育的融入点

针对"城市规划原理"课程体系，每一个章节均有机融入了思政内容（见图1）。

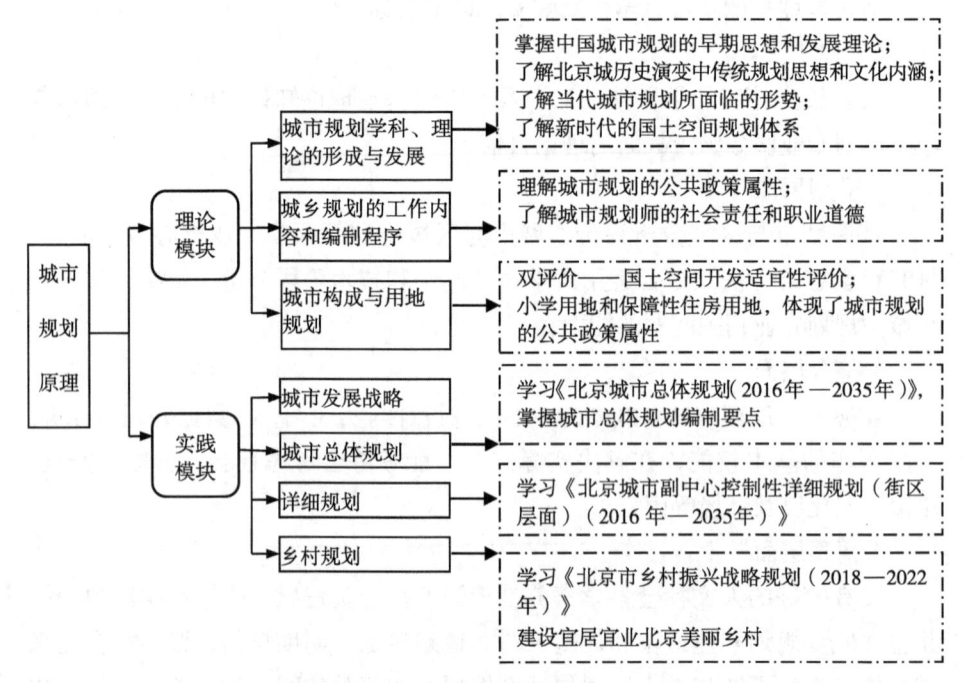

图1 "城市规划原理"课程体系及其对应的思政内容

2. 教学方法与举措

参观体验：北京规划展览馆。

课堂讨论：《北京城市总体规划（2016年—2035年）》《北京城市副中心控制性详细规划（街区层面）(2016年—2035年)》《北京市乡村振兴战略规划（2018—2022年）》内容要点。

考核方式：闭卷考试+大作业（从北京城乡规划的某一视角出发，进行实地调研、发现城乡规划存在的问题，分析研究并探讨对策）。

3.教学成效

成果1：乡村规划。学以致用。

成果2：北京城乡规划课题调研与规划。实践育人，教育和实践活动有机结合，培养问题意识，激励学生知行合一。

成果3：组织应用文理学院第二届校园景观设计大赛。理论教育和实践活动有机结合，组织学生参加专业实践活动。

成果4：多篇课程思政论文。系统思考，深入探索"课程思政"教学规律，增强知识传授与价值引领的有机融合。

二、课程思政融入案例

在"城市规划原理"课程的"城市用地分类与用地构成"章节中，把重大民生问题——保障性住房引入居住用地讲解。

课程教学时强调了在二类居住用地中增加"保障性住宅用地"小类，以体现国家关注中低收入群众住房问题的公共政策。保障性住房是政府为中低收入住房困难家庭提供的限定标准、限定价格或租金的住房，主要由廉租房、公租房、经济适用房、定向安置房等构成，是维护社会公平与稳定的重要政策之一，为改善困难群众住房条件、缓解城市内部二元矛盾、提升城镇综合承载力、促进经济增长与社会和谐发挥了重要作用。同时，政府发挥公共服务职能、保障民生需求、便于实际管理等要求，将中小学用地划入公共管理与公共服务用地。在居住用地知识阐述中体现出国家"惠民生、解民忧、促发展"的解决民生问题的政策，彰显中国特色社会主义的优越性，必将更好地实现最广大人民群众的根本利益，从而增强学生的道路自信、制度自信。

三、课程思政建设体会

"城市规划原理"课程实施"课程思政"已有三年，三年中经历了从被动接受到积极主动地投入课程思政教育教学改革之中，从一片迷茫到思路逐渐清晰，从零碎的知识点到形成课程思政整体思路框架，笔者的体会如下：

提高认识，自觉将"课程思政"融入专业课程。思想是行动的先导，只有认识到位，行动才会自觉，专业课程已经从"教为中心"转变为"学为中心",教师应自觉主动地将课程思政之盐融入专业课程的大餐,将专业课程与立德树人相结合,让每一门专业课程协同发挥好育人的作用。

育人者先受教育。育人先育己,教师自身要主动了解和学习思政教育的内容要素和方法要点、不断提升自身能力,争取在课程设计和教学方法上有所突破。

主动求变,课程顺应时代潮流。进入生态文明新时代,当今世界面临百年未有之大变局,规划同样也面临百年未有之大变局,机构调整后城乡规划升级为多规合一的国土空间规划,是国家治理体系现代化的重大改革,"城市规划原理"课程在继承、融合、发展和创新的基础上形成新的课程内容体系及其对应的课程思政体系。

无论是通过课堂面授,还是网络直播授课、音视频互动授课,无论是网络资源导学,还是单独交流指导,"城市规划原理"课程在传授教学内容和学科知识的基础上,始终将社会主义核心价值观、中国特色社会主义制度优势、团结精神、奉献精神、科学精神等要素有机融入各门课程之中,把思政的"盐"均匀地溶解在教育教学过程中,使学生自然而然地吸收,提升课程思政的效果,落实立德树人根本任务,使学生成为具有国际视野、未来眼光、家国大义的时代新人。

"房地产法规"课程思政教学设计*

孙 颖

摘 要:"房地产法规"课程引导学生正确看待改革开放四十多年来房地产市场从无到有再到不断完善的过程和改善群众住房条件所取得的巨大成就,教育学生热爱社会主义制度,践行社会主义核心价值观,坚定对国家依法治国的信心和对中国特色社会主义的道路自信、理论自信、制度自信、文化自信。

关键词:课程思政;房地产法规;问题导入;法治观念

一、课程基本信息

"房地产法规"课程为人文地理与城乡规划专业的专业选修课程,修读对象为本专业三年级学生及跨专业选修学生,共3学分、48学时,是土地利用与房地产开发方向课程体系中重要的组成部分之一。

(一)课程内容简介

"房地产法规"是规范房地产开发、交易和使用行为的法律规范,是房地产专业知识的重要组成部分。人文地理与城乡规划专业的学生学习本课程能够了解中央和地方政府对土地归属、房地产开发建设、投资交易、使用维

---

* 项目来源:北京联合大学2019年度教育教学研究与改革项目"'三全育人'思想指导下的本科实践教学体系改革创新研究——以国家级特色专业人文地理与城乡规划为例"(JJ2019Y004);北京联合大学2020年度校级科研项目立项课程思政专项"地理学课程思政、专业思政、学科思政体系研究"(SK20202001)。

作者简介:孙颖(1971—),女,硕士,北京联合大学应用文理学院城市科学系讲师。研究方向:人文地理、房地产法规。

护、市场秩序、宏观调控等方面的立法内容和政策制度，从专业角度深刻理解房地产法律常用术语和法律体系组成，从而对房地产专业知识、政府管理、市场现状和发展趋势形成客观全面的认识，便于学生了解改革开放以来房地产业发展所取得的成果和政府为维护房地产市场健康稳定运行所做出的努力，帮助学生在未来的工作和生活中运用相关法规处理和房地产投资、买卖、使用有关的问题，维护自身的合法权益，坚定对房地产市场平稳健康发展的信心。

房地产法学以物权法为基础，是一门具有交叉性和综合性的学科。房地产法学介绍了中国大陆地区房地产法律法规体系的现状和存在问题，将与北京房地产市场密切相关的法律基本知识与实际相联系，力图帮助学生学会运用法律规定和法律原理分析房地产案例的方法。课程内容主要有法律基础知识、房地产法立法的回顾与分析、建设用地使用权制度、房地产开发中的行政监管、房屋征收和补偿制度、商品房买卖合同相关法规、房屋租赁和房屋抵押、居住物业管理制度等。

（二）课程目标

通过本课程的学习，学生能够实现以下目标：

1. 知识层面

熟悉规范房地产开发、交易和使用行为的法律规范，掌握房地产专业和从业人员必不可少的法律法规知识、方针政策。

2. 应用层面

学会对房地产市场常见纠纷案例进行法理分析。

3. 价值层面

具有正确的价值观和较强的法制观念，遵守职业道德和规范，践行社会主义核心价值观。

4. 学习层面

具备自主学习最新法律法规和方针政策的能力，具备不断学习和适应最新房地产法律法规和调控政策的能力。

通过课程教学，学生能够了解具有中国特色的社会主义基本政治制度和法律制度体系，特别是物权归属和流转制度，在未来的工作中能够依法从业，诚实守信，践行社会主义核心价值观，坚定对国家依法治国的信心和对中国特色社会主义的道路自信、理论自信、制度自信、文化自信。

二、课程思政的教学设计思路

（一）课程思政融入设计

本课程在讲述房地产法律体系、现行政策及其对房地产市场的影响的过程中，全面介绍了政府为维护房地产市场秩序和稳定住房价格所进行的历次宏观调控，让学生认识到政府为坚持土地公有制、规范市场、稳定房价所付出的努力和取得的成果，正确看待改革开放四十多年来房地产市场从无到有再到不断完善的过程和改善群众住房条件所取得的巨大成就，教育学生热爱社会主义制度，珍惜当前的大好形势，对房地产市场和经济健康平稳运行充满信心并为此做出贡献。

（二）教学方法与举措

选用"十二五"普通高等教育本科国家级规划教材，但不局限于教材，根据法律法规的最新修改完善，补充最新的法律法规内容，体现依法治国原则下法律的进步，给学生以直观的感受。利用多媒体教学手段，为学生补充最新的案例（燕郊土地乱象案例、商品房买卖合同纠纷案例、商品房土地使用权续期等），采用案例分析法和互动式教学方式，通过课堂讨论，直面焦点的社会问题，不回避矛盾，对学生比较关心的不动产征收补偿、小产权房、房价调控、市场规范等问题给予明确的解释和阐述，给学生以正确价值观和法制观念的引导。

三、"问题导入"教学模式

以"房地产法规"绪论部分的教学过程为例，鉴于学生在这门课之前还没有学习过房地产方面的专业课程，因此，首先要让学生对房地产业、房地产市场有初步的了解。教师通过介绍让学生了解这门课程的教学内容和学习意义、学习要求，理解房地产业的发展和房地产法律法规完善之间的关系，提供了其学习兴趣，并通过案例说明房地产法在现实生活和实际工作中的作用，让学生体会到社会主义法治建设的成效和改革开放的成果。教学重点：房地产业的发展过程、房地产市场最新形势和法律基础知识；教学难点：法律术语、学生对三个典型案例的理解。授课方法和教学手段："提问互动—案例分析探索—讨论交流"的启发式教学方法。

（一）提问互动

介绍房地产行业在我国四十多年的发展历程，让学生了解目前房地产市场的最新形势，使之对改革开放的伟大成就有更全面的认识。本着实事求是的态度看待改革攻坚的难点，提出房地产法的几个热点问题供学生思考：如何看待房价和租金上涨？房产作为投资品的特性如何？小产权房是否能够合法化？对土地使用权的期限怎么看待？房产税能否实施？房地产税实施是否会打压房价？一线城市限购何时结束？告诉学生这些问题都将在后面的学习中找到答案，以调动学生学习房地产法规的积极性。

（二）案例分析

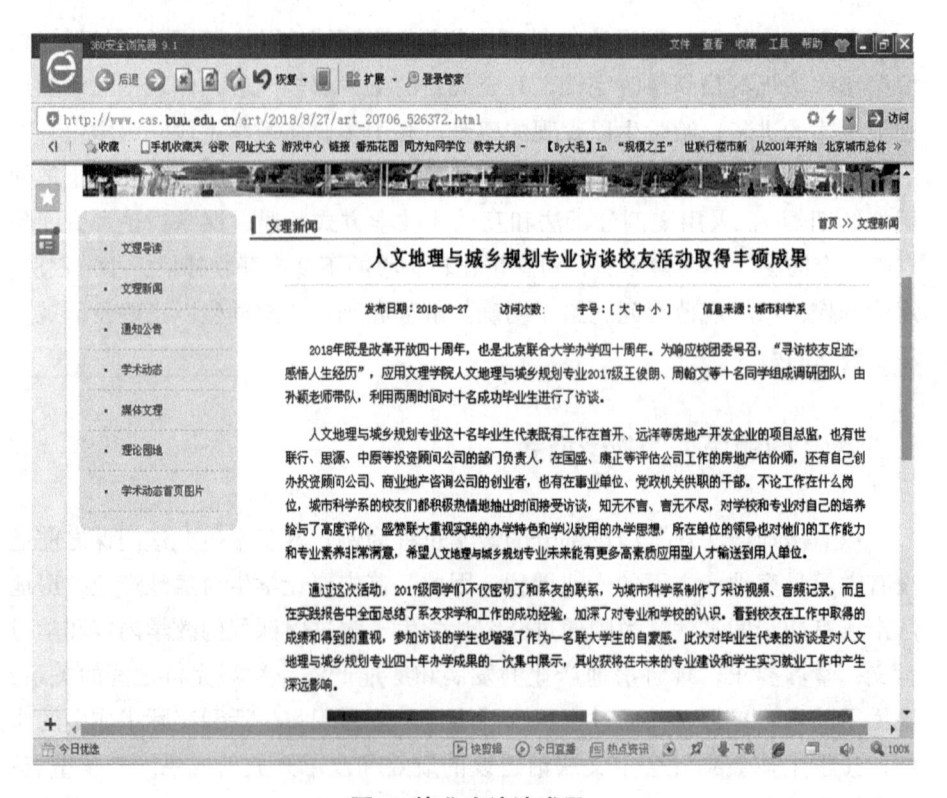

图1 毕业生访谈成果

以几个常见的房地产案例（燕郊土地乱象案例、商品房买卖合同纠纷案例等）引入，介绍房地产法规知识在生活中的重要应用、房地产法规对房地产行业的发展和宏观调控的重要作用。提问和引导学生思考为什么要学习这门课程、房地产法的用途和意义、生活和工作中会遇到哪些房地产法律问题，并从各种媒体上收集和房地产有关的最新案例。继而介绍城市科学系毕业生在房地产行业就业的情况，如图1和表1所示，以激发学生的学习兴趣。

表1　城市科学系毕业生在房地产行业就业的情况

校　友	职　位
潘璐（2000级）	北京世联行房地产经纪有限公司客户与策略资源总经理
李昕炜（1997级）	思源地产北京区域公司总经理
张文琪（2006级）	北京市国盛房地产评估有限责任公司金融事业部评估技术总监
王迎（1996级）	中华职业教育社机关服务中心副主任
王珂（1997级）	北京誉翔安房地产咨询有限公司执行合伙人
赵晨嘉（2007级）	北京首开集团营销部销售经理
陈文君（2005级）	远洋度假负责人，远方FINE CLUB馆长
刘子杰（2010级）	丰台区政府右安门街道办事处
倪崇侠（1998级）	北京市规划委员会朝阳分局副局长
范博韬（2008级）	北京新媒体（集团）有限公司"北京时间"记者、编辑
刘文雅（2006级）	北京长越君合资产管理有限公司董事
陆瑶（2001级）	北京地格规划顾问有限公司

（三）讨论交流

"提问互动—案例分析探索—讨论交流"教学模式一改过去课堂上教师的填鸭式教学，把老师主讲变为师生互动，以社会上房地产相关的热点问题和具有挑战性的开放问题情境引导学生主动参与对教学内容的探究和思考。"问题导学"就是让学生通过解决一系列问题来进行分析，让学生在问题讨论过程中不断思考。这样学生有时还会联想到其他问题或遇到新的问题，教师鼓励学生敢于提出问题，把思考问题、解决问题贯穿学习过程的始终，激励学生不断地思考生活中会遇到哪些房地产法律问题，以达到启发式教学效果。

通过本课程的学习，学生对房地产法律体系有所了解，树立了法治观念，加深了对"契约神圣"的认识，提高了法治意识，在后续的专业学习及工作中能够援引房地产专业需要的法律法规条款来解决实际问题。

四、教学体会

教书育人感言：教育工作是神圣的，教师首先要了解学生，能够跟学生平等交流沟通，教育要能让受教育者认可和接受，因此工作要求是非常高的，要开展能够被学生接受的课程思政。教学过程中，学生对一些法律术语比较陌生，需要教师深入浅出地加以讲解。法律法规课程贯彻思政理念是比较直观的，如果教师有这个主观意识，并能够与学生加强互动，启发学生并及时回答学生的问题，课程效果是能够保证的。

"住区规划与设计"课程思政教学设计*

叶盛东

摘　要：人文地理与城乡规划专业"住区规划与设计"课程围绕知识、应用、整合、情感、价值、学习六维目标进行"+文化"的课程思政设计，通过深入挖掘住区规划设计中的思政元素，弘扬传统文化、传承工匠精神。

关键词：课程思政；住区规划与设计；+文化；工匠精神

一、课程基本信息

"住区规划与设计"课程为人文地理与城乡规划专业的专业选修课程，修读对象为本专业三年级学生，共3学分、48学时。

（一）课程内容简介

"住区规划与设计"是一门综合性的课程，涉及工程、经济、城市艺术等理论。本课程侧重城市住区规划与设计的基本理论学习，重点介绍住区规划与设计基本概念与原理，以及住区规划与设计分析方法和动手绘图方法，进一步加强和提高学生的动手绘图和初步方案设计的能力培养。本课程不仅为相关后续的场地设计课程提供专业基础知识和规划与设计思维，并且提供相关理论知识储备，为今后从事房地产行业，以及相关规划与设计领域的工作打下基础。

＊ 项目来源：北京联合大学2020年度校级科研项目立项课程思政专项"地理学课程思政、专业思政、学科思政体系研究"（SK20202001）；北京市属高校高水平教师队伍建设支持计划高水平创新团队建设计划项目（IDHT20180515）。

作者简介：叶盛东（1962—），男，北京联合大学应用文理学院城市科学系副教授。主要研究方向：居住区规划、城市景观规划设计。

（二）课程目标

通过本课程的学习，学生能够实现以下目标：

1.知识层面

正确认识住区规划与设计的特征，掌握住区规划与设计的发展历程、发展规律，以及各类型住区的建设概况和实例分析，了解住区历史成就的基本知识。

2.应用层面

能熟练完成住区规划与设计等任务，能应用住区规划与设计方法分析和解决实际问题，特别是初步掌握住区规划与设计绘图。

3.整合层面

能将住区规划与设计能力、科学素养和双创精神有机统一，能够结合其他专业知识，针对城市住区领域内存在的问题，产生新想法，提出解决方案，并通过住区规划与设计加以实现。

4.情感层面

认识到在住区规划与设计过程中相互交流和合作的重要性，能够相互配合专业地描述规划与设计过程、表达规划与设计观念、展示规划与设计成果，能够恰当地表达支持和感谢。

5.价值层面

正确处理人、住区、住宅之间的关系，认识住区中居住和家庭生活的社会性，了解相关居住区设计的规范和标准，初步具备解决实际住区问题的综合能力。

6.学习层面

形成课前和课后利用各种线上、线下资源自主学习的意识，作为一名未来规划师，要养成在住区规划与设计实践中不断学习的良好习惯。

二、课程思政的教学设计思路

（一）课程思政融入设计

围绕课程目标的六个维度进行"+文化"的课程思政设计：（1）知识层面：在学习住区规划与设计基本知识的同时，认识中华杰出工艺成就，树立民族文化自信；（2）应用层面：在应用住区规划与设计方法分析和解决实际问题时，运用中国传统文化思维，锤炼工匠精神；（3）整合层面：运用规划与设计专业课程相关知识，启发学生设计创意思路，将科学素养和双创精神有机统一；（4）情感层面：增进沟通，塑造勤奋、拼搏的人生观；（5）价值层面：在处理人、住区、住宅之间的关系时，引导学生树立爱家、爱国情操，增强民族复兴的责任感；（6）学习层面：养成日积月累的学习习惯，能够运用在线资源持续自主学习。各教学单元融入的思政元素如表1所示，引导学生领悟中华传统文化，增强文化自信，树立民族复兴的理想。

表1　各教学单元融入的思政元素

教学内容	融入思政元素
第一单元 住区与住区规划的基本要求	启发未来的设计师继承和复兴传统文化的理想和责任
第二单元 住宅的功能分析	为源远流长的中华文化而骄傲，激发学生发愤学习的激情
第三单元 住宅设计	领会住宅设计等优秀传统文化，塑造积极人生价值
第四单元 住宅组团的规划与布置	通过学习《园冶》中的造园等工艺了解传统文化思想，学习传统价值观，唤起职业责任
第五单元 居住小区的规划与布置	以现代住区规划与设计风貌、精湛技艺和国家影响力，激发学生的民族文化自信
第六单元 住区的规划与布置	从文化主题和表现风格的整体协调性以及局部元素的衔接与统一，启发学生对人生持有积极正向的信念
第七单元 住区质量评价与住区管理	领悟中国文化的魅力，增强文化自信，树立民族复兴的理想

（二）教学方法与举措

顺应"互联网+"时代教学主体、教学资源与教学媒介等要素的变革与发展，将传统的以"教师课堂讲授为主"的模式，向混合"线上网络教学"+"线下面授教学"的以"学生自主学习为主"的教学模式转变，学生在课前进行线上自主学习，教师在线下课堂进行重点难点讲解，线上、线下案例分析与深度讨论，配合实践教学、作业评图、教学参观和翻转课堂等教学方法与举措，注重锻炼学生的动手能力，指导学生在住区规划实践中彰显传统文化魅力。在教学和实践中，教师还注重言传身教，锤炼工匠精神。

三、弘扬传统文化，传承工匠精神

以第四章第三节组团规划与布置中"铺地"为例，教学内容为铺地技术的形式、原理、做法、功能及审美特征，通过"+文化"提升规划与设计文化内涵和水平，运用中国传统文化思想，锤炼工匠精神。讲授过程中归纳铺地的"功能性实用""艺术性美观""文化性内涵""工艺性匠人"四个"+文化"范畴，这同时也是中国传统工匠精神的四种品格，可以激发民族文化自信。住区组团中地面、步道的铺地具有分隔组团空间、组织组团路线、提供休闲和休憩的场所、构成优美景观的功能，铺地与组团功能要素之间的关系如表2所示。

表2 铺地与组团功能要素之间的关系

类 型	特 征	案 例
铺地与庭院	组团庭院：封闭性、私密性、文化性、趣味性 铺地时庭院与外界联系的桥梁 通过铺地的材料、图案、肌理、质感来刺激人们的感官，使身处其中的人们有渐入佳境的感觉	海棠春坞的海棠花图案铺地，正好和庭院的主题相映衬
铺地与文化	采用传统文化思想，寓意不同题材诸如历史、纳祥、祈福等美好愿望	如颐和园的铺地图案也大多和祈求吉祥等文化有关
铺地与绿化	铺地与绿化之间存在着一种互相衬托的关系 铺地的装饰图案和周围的绿化植物互相辉映，形成一种意境	竹子周围的铺地图案往往采用冰裂纹，以象征冰清玉洁
铺地与步道	通过适当的铺装，道路便于行走，并且带来视觉上的美感 步道、花径、走廊等大多采用装饰性图案	如颐和园长廊南侧铺地与步道采用多种文化主题，如文字、植物、动物、器物等图案

住区组团步道铺地方式应用讲究因地制宜、适得其所，注重功能性实用、艺术性美观、文化性内涵、趣味性图案。首先要考虑其本身的交通引导

性,以及文化性;其次要着重思考其景观价值,它不仅要指引人们观赏景色,同时还要与组团中的景色相调配,与周围的环境相协调,营造一种出人意外,引人入胜的文化意境。"大凡砌地铺街,小异花园住宅,惟厅堂广厦中铺,一概磨砖,如路径盘蹊,长砌多般乱石,中庭或宜叠胜,近砌亦可回文。"利用砖、瓦、石子等铺砌地面,住区与住宅的样式有较大差异。住宅室内一般采用面砖、磨砖;步道曲径,则采用长砌法,并且选用多种乱石。在组团规划与设计上,步道、地面等分为不同的功能空间,以致在简单的铺地形式上存在差异。

(一)功能性实用

"园林砌路,惟小乱石砌如榴子者,坚固而雅致,曲折高卑、从山摄壑,惟斯如一。有用鹅子石间花纹砌路,尚且不坚易俗。"园林、步道砌路选用个体较小的乱石子,具有较强的功能实用性、可塑性和牢固度,制作出的图案极富文化、雅致,无论曲折高低的道路,还是临山摄壑,皆可用同一方式营造。有人用鹅卵石间隔砌成花纹,即不牢固也易流于庸俗,此处着重强调了应用乱石子的优势,体现了一种物尽其用的设计理念。

(二)艺术性美观

"乱青版石,斗冰裂纹,宜于山堂、水坡、台端、亭际、见前风窗式,意随人活,砌法似无拘格,破方砖磨铺尤佳。"冰裂纹多由乱青版石铺设,常铺于山堂、水坡、台端、亭际等地,其砌筑方法可随个人喜好任意搭配,不拘泥于格式。以破砖拼斗成冰裂纹、拼缝处刨平嵌合为最佳的处理手法。说明了冰裂纹以其意随人活,砌法无拘格的营造特点。而适用于各类地形,具有良好的适宜性和很高的利用率。

(三)文化性内涵

"鹅卵石,宜铺于不常走处,大小间砌者佳,恐匠之不能也。或砖或瓦,嵌成诸锦犹可,如嵌鹤、鹿、狮球、犹类狗者可笑。"鹅卵石多铺设于不常走的地方,其排布方式以大小相间为佳,构图富有文化内涵,达到疏密配搭自然,如果做成"鹤、鹿同春、狮子绣球"等形式,就会造成"画虎不成反类犬"的笑话。"铺地"+文化内涵结论:得体适宜,因地借景。

（四）趣味性图案

"诸砖砌地；屋内、或磨、扁铺；庭下，宜仄砌。方胜、叠胜、步步胜者，古之常套也。今之人字、席纹、斗纹，量砖长短合宜可也。有式。"在房室之中，可以使用磨砖，扁着铺为主，体现出精巧的工艺痕迹，以增进质朴和装饰效果。在庭院之中，则宜仄砌，具有较好的牢固度。传统的铺砌方式以"方胜形状、叠胜形状、步步胜形状为主。新式铺砌方法则以用"人字、席纹、斗纹"等图案为主，随着造园设计的发展更新，铺地的样式也在与时俱进，顺应着人们的审美趋势不断革新。设计需要在继承传统文化的基础上，不断引入新的思想和理念，以保证文化的弘扬光大。

不同铺地材料与铺地方式呈现的四种文化特征，同时也是中国传统工匠精神的四种品格，可以激发民族文化自信。治木如树人：教师学无止境，要不断积累专业知识和政治理论，要端正价值观，不断提高师德修养，言传身教，以社会主义核心价值观为指引，以中华民族伟大复兴理想为目标，做学生的引路人。

"空间数据库"课程思政教学设计*

朱海勇

摘　要："空间数据库"课程聚焦空间数据库系统设计的思想和方法，注重培养学生的动手实践能力，在应用实践中培养学生以人为本、不怕困难、勇于担当、爱国敬业的工匠精神。

关键词：课程思政；空间数据库；工匠精神

一、课程思政的教学设计思路

（一）课程基本信息

"空间数据库"课程为地理信息科学专业的必修课程，修读对象为本专业二年级学生。本课程的原理部分重点讲述空间数据库的基本知识、基本原理和基本技术，使学生掌握数据库及空间数据库的基本概念、空间数据模型与数据组织、空间数据查询与访问、空间数据库发展趋势等；实验部分以空间数据库设计及应用为主，重点介绍空间数据库系统的设计方法、步骤，通过实际案例，让学生掌握SQL及空间查询语言的应用。本课程是一门具有综合性、设计性实验的课程，注重培养学生的动手实践能力，使学生理解空间数据库的基本原理，进一步进行空间数据库的设计和应用，能够熟练使用相关软件解决本专业实际应用问题。本课程的先修课程为大学计算机基础、python程序设计。

---

* 项目来源：北京联合大学2020年度校级科研项目立项课程思政专项"地理学课程思政、专业思政、学科思政体系研究"（SK20202001）；北京市属高校高水平教师队伍建设支持计划高水平创新团队建设计划项目（IDHT20180515）。

作者简介：朱海勇（1978—），男，硕士，北京联合大学应用文理学院城市科学系讲师，主要研究方向：空间数据库、空间分析与推理。

（二）课程目标

通过本课程的学习，学生能够实现以下目标：

1. 知识层面

能够复述数据库及空间数据库的基本概念、空间数据模型与数据组织；列举空间数据库发展趋势。

2. 应用层面

学生能运用软件完成数据库建库、属性数据查询与访问、空间数据查询。

3. 整合层面

学生能够设计数据库。

4. 情感层面

学生能够发现问题，与他人就专业问题进行交流、探讨，能够参与协作学习，具有团队意识。

5. 价值层面

能在利用地理信息技术解决实际问题时体现空间数据库设计思想，实现数据的合理管理及有效利用。

6. 学习层面

学生能够认识到不断探索和学习的必要性，具有自主学习和终身学习的意识；掌握自主学习的方法，了解拓展知识和提升能力的途径；能针对自身特点或职业发展需求，设计个人学习计划。

（三）课程思政融入设计

在课堂教学特别是实验过程中，鼓励学生形成不怕困难、勇于担当、自主学习的意识，用实践培养学生以人为本、爱国敬业的工匠精神。

1. 思想政治教育的融入点（见表1）

表1　各教学单元思想政治教育的融入点

章节	专业教学目标	课程思政目标
第二章第2节空间数据库发展现状	了解空间数据库发展的历史，分析不同阶段发展的模型特点。指出现阶段大数据开发技术的飞速发展对时空数据模型提出了新的要求	对比我国过去的技术落后和现在的技术飞跃，强调科学技术是第一生产力，激发学生的自信心和爱国主义情怀

续表

章节	专业教学目标	课程思政目标
第五章结构化查询语言	掌握SQL语言的基本知识，熟悉SQL语法，通过实例让学生掌握数据定义、查询、更新的应用	引导学生好好学习程序设计类课程（如python程序设计、GIS算法与数据结构），提升独立分析问题、解决问题的能力，鼓励学生形成不怕困难、勇于担当、自主学习的意识
第六章空间查询语言	掌握OGIS标准空间数据类型和函数，熟悉PostGIS空间查询应用	引导学生好好学习程序设计类课程（如python程序设计、GIS算法与数据结构），提升独立分析问题、解决问题的能力，鼓励学生形成不怕困难、勇于担当、自主学习的意识
第八章第2节需求分析	理解需求分析任务，掌握需求分析方法	理解沟通能力是一个人生存与发展的必备能力，了解在数据库设计的需求分析中，乃至日常生活中沟通能力的重要性，提示学生用户需求的重要性，如果在需求分析上有误，整个系统将可能返工重做。在思政上体现出好的沟通能力的重要性，在系统的设计上要以人为本
第八章第3节概念结构设计	通过抽象方法，完成局部ER图到全局ER图的设计	引导学生要全方面考虑问题，内心要平静，眼光要放长远，解决复杂问题时最常用的方法是分步骤法。在思政上引出在学习生活中做好规划，能够按照制定的规划稳步前进

2.教学方法与举措

"空间数据库"为理实一体课程，实践环节较多，在课程中运用北京市的案例，贴近北京文化中心建设内容，让学生对空间数据库技术在实际中的应用有初步的认识。

实践环境是在学校机房，也可以利用云数据库来完成教学任务，通过较多的上机实践环节，让学生熟悉数据库的操作。

3.教学成效

在后续的课程学习中，学生能够意识到使用空间数据库来解决问题的优势，并主动利用数据库技术来完成任务。

二、课程思政融入案例

在讲授第六章空间查询语言的"空间SQL"单元时，在"北京西山永定河文化带"实例数据库中融入思政元素，使学生了解西山永定河文化带建设是北京全国文化中心建设的重点任务，引导学生运用所学知识服务北京。如图1所示，"北京西山永定河文化带"实例数据库是教师带领学生完成的科研项目，科研反哺教学，既生动又使学生提高了学习兴趣，加深了对空间数据库技术在实际中应用的认识。通过演示"查询距离西山永定河文化带中永定河5公里范围内的风景名胜"具体操作，讲述"空间SQL"位置查询方法，指导学生在ArcMap中利用空间操作函数完成位置查询。在学生实际操作遇到困难时，鼓励学生独立分析问题、解决问题，培养攻坚克难的工匠精神。

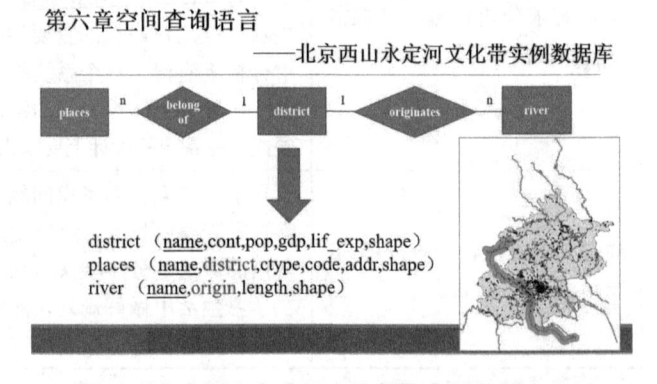

图1 "北京西山永定河文化带"实例数据库PPT

三、课程思政建设体会

将北京全国文化中心建设内容作为实际案例引入"空间数据库"课程教学中，让学生对空间数据库技术的实际应用有了初步的认识。引导学生好好学习程序设计类课程（如python程序设计、GIS算法与数据结构），提升其独立分析问题、解决问题的能力，鼓励学生形成自主学习的意识。

"三维GIS"课程思政教学设计*

何 丹

摘 要:"三维GIS"课程通过深入分析三维GIS在城市规划、文化遗产保护等应用中的具体案例,引导学生学以致用,增强社会责任感。在实践中培养学生科学严谨的工匠精神,践行社会主义核心价值观。

关键词:课程思政;三维GIS;工匠精神

一、课程基本信息

"三维GIS"课程为地理信息科学专业的专业选修课程,共48学时、3学分。地理信息系统是建立数字地球的关键技术,三维GIS理论研究与软件开发成为国际GIS研究领域的难点和热点问题之一,三维数据建模是三维GIS的核心,三维GIS功能的发挥取决于其所选择的三维数据模型与建模方法。三维GIS在数字城市、智慧城市、实景三维中国建设、数字矿山、虚拟战场等研究领域具有较大的应用潜力。

通过本课程的学习,学生可以了解三维GIS的基础知识,理解三维GIS、三维显示及可视化等基本概念;掌握三维GIS理论和方法;具备运用三维GIS理论和方法分析、评价具体地理空间问题的能力,从而拓宽学生在测绘、城市规划、资源勘探、矿山开采、海洋、大气、军事、社区管理、GIS等领域的

---

* 项目来源:北京联合大学人才强校优选计划项目(BPHR2017CZ01);北京联合大学2020年度院级教育教学改革项目"基于地理信息科学专业思政的空间数据分析课程群改革探索";北京联合大学2020年度校级科研项目立项课程思政专项"地理学课程思政、专业思政、学科思政体系研究"(SK20202001)。

作者简介:何丹(1980—),女,博士,北京联合大学应用文理学院城市科学系副教授,主要研究方向:GIS空间分析与应用、城市与区域发展等。

就业面。同时，注重人文精神培养，培育和弘扬社会主义核心价值观，坚定学生对中国特色社会主义的理论自信、道路自信、制度自信和文化自信。课程预期目标如表1所示。

表1 课程预期目标

预期学习成果	本课程学习成果会为以下专业学习作出贡献
了解三维GIS的基础知识，理解三维GIS、三维显示及可视化等基本概念；掌握三维空间数据及其获取方法	具备较为扎实的学科基础知识及本专业基本理论知识，了解地理信息科学前沿发展现状和趋势
学会三维显示、可视化和三维飞行动画制作、三维要素与空间分析的专业技能	具备数字制图、可视化分析和地理空间数据综合分析能力
学会运用CityEngine软件进行三维场景构建和三维城市建模的专业技能	具备空间数据综合集成和数字图像处理能力，从三维空间的视角去认识地理世界；具备科学思维方法及综合运用所学科学理论和技术手段分析并解决本专业相关问题的能力
了解三维GIS的发展历史与发展动态。有意识地融入思想政治元素，强调伦理和道德，通过深入分析具体案例，传播正能量，提高学生的民族精神和爱国意识	具有自主学习和终身学习的意识，具备不断学习和适应发展的能力；具有人文社会科学素养、社会责任感，能够在实践中理解并遵守职业道德和规范，践行社会主义核心价值观

二、课程思政教学设计思路

（一）教学内容的思政融入设计

在讲授三维GIS发展历史与发展动态时，有意识地融入思想政治元素，通过深入分析三维GIS在城市规划、文化遗产保护等方面应用的具体案例，传播正能量，引导学生学以致用，增强社会责任感。在实践中培养学生科学严谨的工匠精神，理解并遵守职业道德和规范，践行社会主义核心价值观。

理论知识层面：讲授三维GIS理论和方法，使学生具备运用三维GIS理论和方法分析、评价具体地理空间问题的能力，从而拓宽学生在测绘、城市规划、资源勘探、矿山开采、海洋、大气、军事、社区管理、GIS等领域的就业面。同时，注重人文精神培养，培育和弘扬社会主义核心价值观。

实践能力层面：在案例分析和实践中结合北京城市治理和历史文化名城保护的政策，设计富有特色的城乡规划方案和开展数字城市案例分析和实践；强化三维GIS应用，提高学生发现问题、分析问题和解决问题的能力，引导学生学以致用，增强社会责任感。在实践中培养学生科学严谨的工匠精神，理解并遵守职业道德和规范，践行社会主义核心价值观。

（二）教学方法与举措

1.案例分析式理论教学

在理论知识讲授过程中多与案例分析的教学讨论相结合，理论知识教学坚持问题导向，教师以深挖城市文化活力为抓手，以三维GIS在城乡规划项目中的应用，增强课程教学的思想性、专业性和文化性，充分体现"+文化"和科研反哺教学的特色。利用线上、线下资源，使课堂从校内延伸到城市、乡村、社会，让学生走进城市空间、街道社区、历史景观情景，体验三维GIS在城乡规划、城市治理和文化遗产保护等领域的广泛应用，增强其社会责任感。

2.任务驱动式实践教学

立足北京进行课程设计实践，通过三维GIS在城乡规划、城市治理和文化遗产保护等应用项目中的实践，将社会主义核心价值观、职业理念定位、人文艺术修养、三维GIS技能有机融合，在提升学生专业能力的同时，增强其社会责任感。

三、三维可视化的典型应用

以本课程第五章的"三维可视化"教学设计为例，在讲授"三维可视化"知识点时，课程思政主旨为"城市治理体系和治理能力现代化"。在新冠肺炎疫情防控过程中，习近平总书记多次就"城市治理"问题作出指示，强调"城市治理是国家治理体系和治理能力现代化的重要内容"。在教学过程中引导学生提高对三维可视化技术的整体认识，通过城乡规划项目实践提高学生的三维可视化技术应用能力，增强其为城市治理、更新与品质提升做贡献的社会责任感。

（一）新型智慧城市的三维可视化

三维可视化作为一项近年来蓬勃发展的技术，高度契合智慧城市的空间管理需要，是智慧城市信息显示的基础。新型智慧城市充分发挥三维可视化技术的数据叠加能力、可视化展示能力、三维空间分析能力，将智慧城市中城市总体规划或区域规划、区域资源配套数据、物联网感知数据、工程项目数据、地下管网数据（见图1）、公共安全数据、招商成果数据、智慧管理功能（见图2）融合到一个三维可视化平台，可立体地、直观地诠释智慧城市运营中原本晦涩难懂的数字信息，兼顾全局视角和城市三维视角，为城市规划、建设、管理、决策提供可视化支撑。以三维可视化技术在建设新型智慧城市过程中提供直观分析和决策作用，激励学生学以致用，为城市治理、更新与品质提升做贡献。

图1　地下管网数据三维可视化　　**图2　智慧管理功能**

（二）城市规划的三维可视化

传统的城市规划往往是以平面效果图、沙盘模型、三维动画设计来展示，三维可视化使城市规划模式提升到数字技术模式。三维可视化的优势在于对城市规划中的三维数据处理、展示、分析和查询功能，能够将原来的二维专题数据叠加到三维地形表面，形成具有三维效果的三维专题数据。在教学过程中，让学生参与某市城市更新与品质提升规划研究课题，制作城市规划图。通过实际科研项目锻炼学生，在提高学生技术应用能力的同时，也增强了学生的社会责任感。

四、课程思政建设体会

突出科研反哺教学：发挥教师自身优势，将科研项目案例分析（北京城市文化品质评估、北京城市文化活力评价）融入教学当中，有效提升教学效果，引导学生热爱北京、服务北京。同时，凝练"+文化"教学特色，以文化人。

育人先育己，教育者先受教育：以学生为本，努力做对学生最好的老师；学高为师，身正为范，学无止境，学以致用。

"经济学入门"课程思政教学设计*

李雪妍

摘　要："经济学入门"课程强化价值观引领，在知识讲授过程中融入做人做事的基本道理、社会主义核心价值观的要求和民族复兴的责任与担当，用改革开放以后中国社会主义市场经济体制的完善，来激发学生的民族自豪感。

关键词：课程思政；经济学；价值引领；民族自豪感

一、引言

"经济学入门"课程是人文地理与城乡规划专业的选修课程，包括微观经济学和宏观经济学两部分，具体介绍市场理论、消费者行为理论、厂商行为理论、市场理论、国民收入核算与决定论、经济增长和经济周期、宏观经济政策，等等。本课程旨在使学生掌握现代经济学的基本理论、基本概念和基本方法，使其能够运用经济学的基础理论和有关原理，解释和探索本专业领域的相关问题，紧密联系实际，切实提高分析问题、解决问题的能力。

二、课程目标

通过本课程的学习，学生能够实现以下目标：

---

* 项目来源：北京联合大学2020年度校级科研项目立项课程思政专项"地理学课程思政、专业思政、学科思政体系研究"（SK20202001）；北京联合大学应用文理学院2020年度教育教学改革项目"基于OBE教育理念的应用型大学实践教学环节课程思政创新研究"。

作者简介：李雪妍（1969—），女，硕士，北京联合大学应用文理学院城市科学系副教授，研究方向：老龄问题、宜居问题及城市与区域经济等。

1. 知识层面

学生能够陈述并解释关于价格理论、消费者行为理论、厂商理论、分配理论、国民收入核算理论、失业和通货膨胀理论以及微观经济政策和宏观经济政策等知识、概念、理论和规律。

2. 应用层面

学生能够应用西方经济学的基本理论与方法分析解决现实生活中的实际问题，能够扼要陈述并解释国内外经济领域的发展现状与趋势。

3. 整合层面

学生能够比较、分析与评判主要的西方经济学理论；结合其他专业知识，整合应用西方经济学基本原理分析、评价那些已经或正在发生的重大国内、国际现实问题。

4. 情感层面

学生能够参与协作学习，具有团队合作意识，能够就国内、国际经济问题展开课堂讨论，进行有效沟通与交流，并通过比较国内、国外在经济发展方面的差异来激发爱国主义情感。

5. 价值层面

学生能够在学习、生活和社会工作中理解并遵循经济规律，遵守相关法规，履行责任，践行社会主义核心价值观。

6. 学习层面

学生能够利用参考书、课外相关读物、习题集以及MOOC、微课等线上课程和学习资源，开展自主学习，提升自主学习能力。

三、课程思政教学设计思路

用西方经济学理论指导实践的成果为我国社会主义市场经济建设服务。对学生的价值观进行正确引导，提升学生的价值判断能力、价值选择能力和价值塑造能力，真正实现"教书育人"的目标。

（一）做人做事的基本道理

"看不见的手"是一个隐喻，亚当·斯密（Adam Smith）用它来描述这样一种原理：个人力图追逐自身利益的过程中客观地促进社会整体利益增加。这是亚当·斯密在其所处社会经济运行机制比较简单的时代背景下提出的。

党的十八届三中全会曾指出："经济体制改革是全面深化改革的重点,核心问题是处理好政府和市场的关系,使市场在资源配置中起决定性作用和更好发挥政府作用。"其中,"使市场在资源配置中起决定性作用"表现出"看不见的手"对经济发展的重要作用,"更好发挥政府作用"又说明单单依靠市场是行不通的,必须有效地结合政府这只"看得见的手"在经济发展过程中的重要作用才能推动经济社会的发展。通过对亚当·斯密"看不见的手"原理的辩证讲解,引导学生正确理解政府与市场的关系,同时也正确看待个人和社会的相互关系,避免陷入"个人主义"。

美国著名经济学家P.萨缪尔森提出的"幸福方程式":个人幸福=效用/欲望,幸福与效用成正比,与欲望成反比。恩格斯有一句名言:当一个人专为自己打算的时候,他追求幸福的欲望只有在非常罕见的情况下才能得到满足,而且绝不是对己对人都有利的。在教学过程中,结合萨缪尔森的幸福方程式,对学生进行幸福观的引导。

机会成本（Opportunity Cost）是指企业为从事某项经营活动而放弃另一项经营活动的机会,或利用一定资源获得某种收入时所放弃的另一种收入。另一项经营活动应取得的收益或另一种收入即为正在从事的经营活动的机会成本。通过对机会成本的分析,要求企业在经营中正确选择经营项目,其依据是实际收益必须大于机会成本,从而使有限的资源得到最佳配置。对机会成本进行讲解和讨论,以引导学生明白得失取舍,书写无悔人生。

（二）社会主义核心价值观的要求

在"经济学入门"课程的整个教学过程中,不断联系改革开放40多年来我国经济社会发展取得的巨大成就,GDP的增长和人均GDP的进步使中国在全球经济体中的排名不断攀升,从1970年的第8名,到2010年成为第2名。同时,中国为世界经济发展作出的贡献也是举世瞩目、全球公认的。特别是改革开放推动了从计划经济向市场经济的转变,社会主义市场经济体制逐步完善。在讲课过程中启发学生思考我国经济发展中面临的挑战和机遇,对我国社会主义现代化建设感到自豪,适时进行爱国主义教育。

收入分配改革是经济体制改革的重要内容,是经济发展和社会进步的重要体现,是社会主义和谐社会建设的重要保障。结合我国收入分配制度改革,带领学生分析收入分配体制改革攻坚主要问题:一是确立劳动、资本、技术和管理等生产要素按贡献参与分配的原则,完善按劳分配为主体、多种分配方式并存的分配制度;二是坚持效率优先,兼顾公平;三是以共同富裕为目标,扩大中等收入者比重,提高低收入者收入水平。在让学生认识到收入分配体制改革攻坚,就是要逐步理顺分配关系,努力缩小居民间不合理的收入差距,把基尼系数严格控制在安全水平的同时,进行平等教育。

微观经济政策主要是针对市场失灵的情况,包括垄断、外部性、供给物品和信息不对称。由于垄断会导致资源配置缺乏效率,因此,政府对垄断进行公共管制的微观经济政策是十分有必要的,同时还有消除外部性、公共物品供给和规范市场信息的微观经济政策。在讲这些微观经济政策时,结合"信息不对称"教学,对学生进行诚信教育;结合"外部性"教学,进行友善教育。

(三)民族复兴的责任与担当

资源的稀缺性是经济学第一原则,经济学理论都是围绕这一问题提出观点和进行论证的。这部分内容在导论部分,在向学生讲授"物品和资源的稀缺性及社会必须对其有效地加以利用"这一经济学核心思想的过程中,由资源的稀缺性引申到需求层次论,引导学生树立远大的理想,追求个人价值和社会价值的实现,进而引导学生承担民族复兴的责任,从而实现最高层次的需要。

(四)体现"四个自信"的内容

通过经济增长理论的学习,结合中国改革开放以来取得的成就,以及"一带一路"倡议的实施与发展,使学生认识到中国的发展成就来自明确坚持和发展中国特色社会主义,增强其社会主义制度优越感,使其坚定道路自信、理论自信、制度自信、文化自信。

四、课程思政融入案例

在"经济学入门"课程的"国民收入核算中的流程模型"单元,让学生感受到中国经济的强大韧性和深厚潜力。通过讲授四部门经济的国民收入流程模型(见图1),启发学生思考为什么要强调双循环的新发展格局。分析外部环境变化:新冠肺炎疫情突如其来,世界经济遭遇重挫,全球需求市场萎缩,国际局势呈现出前所未有的复杂格局。分析国内发展需要:我国已经成为对世界经济具有明显外溢效应的大国经济体。再简单依靠参与国际经济循环，已经不足以继续支持长期可持续的经济发展。必须逐步从外向型的发展模式，演化成一个以内为主的发展模式。让学生认识到这并非闭关自守，扩大内需不等于放弃外贸，形成国内大市场更不等于放弃国际竞争。对我国来说，扩大内需和扩大开放并不矛盾，国内大循环越顺畅，越有利于构建开放新格局，越有利于形成参与国际合作和竞争的新优势。整体来看，今年上半年我国逐步排除种种不利因素，经济稳步复苏的势头不断夯实。数据的积极变化，折射出中国经济的强大韧性和深厚潜力，更加坚定道路自信和制度自信。

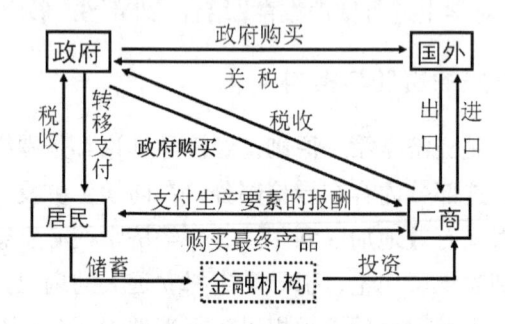

图1 四部门经济的国民收入流程模型

五、收获与思考

课程思政是门艺术，要做到润物无声很难。需要不断磨炼，在一轮一轮的说课和比赛中，不断向大家学习，以提升自己。教育者先受教育，非常必要。首先，要加强理论学习，关注并了解时政，才能在课堂上有机融入国家战略和经济政策；其次，教师文化底蕴深厚，才能在授课中凸显"+文化"的特色与风格；最后，参与科研，才能以科研反哺教学，与学生共同成长。

"遥感概论"课程思政教学设计*

王 娟

摘 要: "遥感概论"课程从学科史、人物史、遥感成果及应用方面激发学生的爱国热情、民族自豪感和责任感,紧密结合国家发展战略和高精尖科技成果,以科研课题引导学生,理论付诸实践,践行学以致用。

关键词: 课程思政;遥感概论;国家战略;科研反哺教学

一、课程基本信息

"遥感概论"课程为人文地理与城乡规划专业的选修课程,是与遥感科学和技术发展密切相关的一门课程,同时也是一门理论和实践紧密结合的课程。本课程教学内容既包括遥感科学理论知识学习,也包括遥感技术相关软件操作的学习和练习。理论部分注重反映现代遥感技术的最新成果与应用内容,并结合经济建设的实际情况,详细介绍遥感的基本概念、电磁辐射与地物波谱、遥感成像原理、遥感图像特征、遥感图像分析的原理与方法、图像信息的提取与分类处理、遥感的应用及实例,以及新型遥感平台与传感器等。通过实践练习,学生可以加深对基本概念和理论的理解,能够掌握常用遥感软件的基本操作,并初步具备利用遥感系统工具分析和解决地理问题的能力。

课程目标覆盖知识、应用、整合、情感、价值、学习六个维度,同时根据课程专业教育要求,有机融入做人做事的基本道理、社会主义核心价值观

---

* 项目来源:北京联合大学人才强校优选计划(BPHR2017DZ02);北京联合大学2020年度校级科研项目立项课程思政专项"地理学课程思政、专业思政、学科思政体系研究"(SK20202001);北京市属高校高水平教师队伍建设支持计划高水平创新团队建设计划项目(IDHT20180515)。

作者简介:王娟(1986—),女,博士,北京联合大学应用文理学院城市科学系副教授,主要研究方向:遥感技术与应用、城市热环境等。

的要求、民族复兴的责任与担当，体现"四个自信"中的理论自信、制度自信和文化自信。

1. 知识层面

学生能够陈述并解释遥感的概念、遥感系统组成、地物光谱特征、遥感图像特征、数字图像处理，列举遥感科学发展趋势等基本知识和理论。能够掌握一到两种常用遥感软件的基本操作，具备利用遥感系统工具设计、分析和解决地理问题的能力。

2. 应用层面

学生能够利用遥感专业软件解决地理信息应用领域专业问题，并理解其局限性。

3. 整合层面

学生能够结合其他专业知识，整合应用地理信息的基本原理分析、解读地学领域的问题。

4. 情感层面

学生能够参与协作学习，具有团队合作意识，能够就遥感应用问题撰写报告，进行成果展示和有效沟通与交流。

5. 价值层面

学生能够在遥感应用实践活动中理解并遵守相关职业道德和规范，履行责任。

6. 学习层面

学生能够利用MOOC、微课等线上课程和学习资源，开展自主学习，提升自主学习能力。

二、课程思政教学设计思路

中国遥感技术起步晚，但发展迅猛，这是无数科学家研究、探索、伟大人格的集中反映。课程从国家发展战略、学科史、人物史以及遥感成果及应用等角度挖掘教育资源，以此激发学生内心的爱国热情、民族自豪感和责任感，争做有情怀、有理想、有担当、有作为的地理人。

（一）教学内容的思政融入设计

1. 讲好"地理学家的故事"

在介绍遥感发展史时，讲述陈述彭、李小文等著名科学家的故事。陈述彭院士开拓了中国遥感应用新领域，倡导并组织了中国地理信息系统研究，推动了"数字地球"战略研究，探索了"地学信息图谱"的新概念和新方法；李小文院士被称为"布鞋院士"，作为国内遥感领域泰斗级专家，平静而低调地面对蜂拥而至的媒体，专注于研究遥感领域"流形"与"分形"的区别，研究环保部和国土部发布的全国土壤污染状况调查公报。

2.紧密结合国家发展战略和高精尖科技成果

结合《国家中长期科学和技术发展规划纲要（2006—2020）》高分专项，为学生介绍我国最前沿航天成果高分七号卫星，其作为我国首颗民用亚米级光学传输型立体测绘卫星，于2020年8月20日正式投入使用，标志着高分专项打造的高空间分辨率、高时间分辨率、高精度观测的天基对地观测能力初步形成，将进一步满足基础测绘、全球地理信息保障、城乡建设监测评价、农业调查统计等方面的数据需求，激发学生内心的爱国热情和民族自豪感。通过介绍遥感在"一带一路""中国精准扶贫"中的应用，激发学生民族复兴的责任与担当，培养有情怀、有理想、有担当、有作为的地理人。

3.让"马克思主义基本原理"落地生根，指导实验教学

"遥感概论"课程中包含实验教学项目，蕴含着丰富而深刻的哲学原理和辩证唯物主义理论。将"实事求是""理论联系实际""实践与认识的辩证"等辩证唯物主义观点融入实验教学中，既有助于培养学生科学的思维方式，增强其动手操作能力，也能够杜绝学术造假，使学生树立正确的人生观和世界观。

（二）教学方法与举措

围绕遥感应用展开课堂讨论，通过讨论国产高分影像及课后作业，了解中国高分系列卫星及传感器的主要参数，在实践操作中，让学生查找高分影像卫星，并进行解译和判读。在教学过程中，以教师实际科研项目内容为研讨案例，引导学生立足"京津冀协同发展"的国家战略，学以致用。例如，讲授"植被指数"应用时，对教师的北京社科基地项目——通州生态园林研究成果进行案例分析。

（三）教学成效

"遥感概论"课程预期学习成果详见表1，在近几年的教学实践中，指导学生对京津冀地区4个典型城市（北京、天津、张家口和唐山）的热岛强度变

化趋势及其影响因素进行对比分析和研究，分析通州公园绿地可达性等，学生积极进取，不断探索创新并发表了《京津冀城市群热岛强度时空变化及对比研究》等学术论文。

表 1　预期学习成果

预期学习成果	本课程学习成果会为以下专业学习作出贡献
掌握遥感系统基本概念	具有人文社会科学素养、社会责任感，能够在实践中理解并遵守职业道德和规范，践行社会主义核心价值观； 具备扎实的学科基础知识及本专业基本理论知识
掌握地物反射光谱特征	具备扎实的学科基础知识及本专业基本理论知识
掌握遥感预处理的方法	具备空间数据采集、建库的基本能力
掌握遥感图像增强的方法及常用软件操作	具备空间数据综合集成和数字图像处理的能力
掌握运用遥感技术分析和解决地理问题的能力	具备数字制图、可视化分析和地理空间数据综合分析的能力
了解遥感技术历史与发展动态	具有一定的国际视野和跨文化交流及合作能力

三、课程思政建设体会

构建专业课程思政模式，发挥课堂教学的育人主渠道作用，让专业课程上出"思政味"，让专业教师挑起"思政担"，是课程思政建设的主要任务。课程思政建设过程中的主要体会如下：

（1）教学是立校之本，科研是强校之路，人才培养质量是高等教育的出发点和落脚点。青年教师科研能力提高后，对知识的把握更准确，能及时将本学科最前沿的信息渗透到教学过程中，实现开阔学生学术视野、启迪学生科学思维、塑造学生创新精神的培养目标。同时，通过不断完善自身的知识结构，引导学生把课堂上学习的知识应用于实践，并在实践中摸索理解，学以致用。

（2）思政元素的加入有效深化课堂内容。本科四年的教学内容是依据专业方向进行课程设置，课程思政的安排与设计也应随着年级的不同而有不同的侧重点，将不同年级、不同专业课程系统地整合起来，使思政内容连贯且逐渐深入，需要在专业培养方向上进行统筹设计，也需要专业课教师相互配合，才能达到较好的效果。

（3）推行课程思政要求专业教师先育己。教师要在总结我们党思想政治教育传统经验做法的基础上，不断推进思想政治教育理念、方式方法和教育手段等机制的创新，才能有效增强思政教育的吸引力、感染力和号召力。尤其是在当前自媒体、新媒体、融媒体等多元传播时代，教师更要充分发挥现代网络这一优势，用先进文化和思想占领学校思想政治教育新阵地，用强大的正能量引领广大学生树立正确的世界观、人生观、价值观。

"城市要素调研方法与实务"课程思政教学设计*

张 艳

摘 要："城市要素调研方法与实务"课程围绕课程知识、应用、整合、情感、价值、学习六维目标进行课程思政设计，在知识讲授过程中注重培育"以人为本"、公平和谐的城市价值观念，培养学生关注社会热点和学科前沿、行业动态的意识，强化人文关怀和社会责任感。

关键词：课程思政；城市要素调研方法与实务；课程目标；以人为本；社会责任感

"城市要素调研方法与实务"课程为人文地理与城乡规划专业选修课程，也是一门理论和实践紧密结合的课程，主要目标是让学生了解城市要素调研方法的类型与特点，具备针对具体城市问题选取合适调研方法的能力，并能够开展实地调研、采集一手数据。本课程教学内容主要分为三部分，包括城市要素调研的理论方法与规划前沿、城市调研方法的基本原理及实践、调研资料分析方法及成果展示。

一、课程目标

围绕课程知识、应用、整合、情感、价值、学习六维目标，将"实事求是、严谨诚信的科研精神""以人为本的理念""社会责任感"等课程思政元素有机融入，使学生通过本课程的学习能够实现以下目标。

---

* 项目来源：北京联合大学教育教学研究与改革项目（JY2019Z001）；北京联合大学2020年度校级科研项目立项课程思政专项"地理学课程思政、专业思政、学科思政体系研究"（SK20202001）。

作者简介：张艳（1984—），女，博士，北京联合大学北京学研究所副教授，研究方向：城市社会与行为地理、时空行为与生活圈规划。

1. 知识层面

正确认识城市要素调研的性质与任务，掌握城市要素调研方法的基本原理，了解城市要素调研在城市地理与城乡规划中的重要作用，熟悉城市要素调研方法前沿和城乡规划行业发展趋势，培养专业兴趣，提升专业能力，培养实事求是、严谨诚信的科学精神。

2. 应用层面

能够灵活运用城市要素调研方法进行城市问题分析，具备围绕具体选题开展一手调研的基本技能。通过对具体城市要素的调研实践，学生能够主动关注城市发展建设中的热点问题、行业动态等，在实践过程中意识到城市要素调研对开展城乡规划与促进城市发展建设的重要意义，增强学科使命感、职业荣誉感和社会责任感，传承城市文脉，涵养家国情怀，增强制度自信与文化自信。

3. 整合层面

以人文地理学相关课程知识为基础，以时、空、人相结合为主线，通过地理学人地关系的地域综合研究视角，培养和强化人地和谐、以人为本、可持续发展的城市发展理念。

4. 情感层面

能够充分认识在城市要素调研过程中团队交流和合作的重要性，能够在调研过程中分工合作、相互配合，并专业地展示选题意义、研究设计、分析过程和对策建议，培养合作意识和团队精神，塑造积极向上的人生观，明白做人做事的道理。

5. 价值层面

理解时空行为群体差异，培育"以人为本"、公平和谐的城市价值观念，了解我国城市发展的历史、现实和未来，践行社会主义核心价值观，增强"四个自信"，立志成为能够担当民族复兴大任的时代新人。

6. 学习层面

既学习城市要素调研的基本方法，也关注城市地理和规划研究的理论前沿，学习时空行为调研新技术、新方法，激发创新精神，培养不断学习和应用新技术、新方法开展新调查的能力。

二、课程思政融入设计

（一）教学内容与思政元素融入关系

教学内容与思政元素融入关系如表1所示。

表1　教学内容与思政元素融入关系

章节	主要教学内容	思政元素
第一章 城市要素调查概述 第二章 城市要素调查选题 第三章 城市要素调查方案设计	城市要素调研的理论方法与规划前沿	①认识城市要素调研在城乡规划中的重要意义，了解学科与行业前沿； ②增强学科使命感、职业荣誉感和社会责任感
第四章 实地观察法 第五章 访问调查法 第六章 问卷调查法 第七章 抽样设计 第八章 个体时空行为调查法	主要城市调研方法的基本原理及实践	①阐述地理学时、空、人相结合的研究视角和框架，引入个体时空行为调查法，介绍新技术、新方法在城市地理与城乡规划中的新应用； ②围绕个体时空行为调查法在回天地区的规划应用、单位大院空间布局的实地调研、单位老年人日常活动与社区养老的实地调研等开展案例教学； ③启发学生的人文关怀，培养以人为本、以人民为中心的城市发展理念，关心人民群众对美好城市生活的追求； ④培养实事求是、坚持不懈、不怕困难、不辞辛劳、勇于创新的科学精神
第九章 调查资料的整理 第十章 调查资料的统计分析 第十一章 调查报告撰写	调研资料分析方法及成果展示	①通过调研实践，认识北京城市发展建设取得的成就，思考中国城市空间的未来； ②树立了解北京、热爱北京、建设北京的崇高理想和家国情怀； ③坚定制度自信、文化自信

（二）教学方法与举措

1.教学方法

（1）案例教学

围绕教师长期对北京开展的多要素的城市空间的研究课题以及研究成果，以科研反哺教学，选取案例包括北京全国文化中心建设评价、北京城市居民通勤与职住平衡、生活空间与社区生活圈等方面，凸显北京城乡规划建设和城市转型发展方面取得的重大成绩和成功经验，培养和增强学生的制度自信、文化自信。

（2）实践教学

实践教学部分包括调查实践和上机实践，贯穿课程教学的全过程，通过实践教学，学生能够设计并进行一手调查、采集数据和资料分析，重点培养学生实事求是、坚持不懈、不怕苦不怕累、勇于创新、严谨诚信的科研精神。

（3）翻转课堂

翻转课堂主要包括学生的选题汇报和成果汇报，重点培养学生关注社会热点和学科前沿、行业动态的意识，强化人文关怀和社会责任感。

2.考核评价

考核方式分为过程性考核和终结性考核，其中过程性考核构成平时成绩，占总评成绩的60%；终结性考核构成期末成绩，占总评成绩的40%。过程性考核包括考勤成绩、平时作业（北京城市调研选题报告、调研方案设计、问卷设计及预调查实施小结等）、课堂汇报（选题汇报与成果汇报），在平时成绩中的占比分别为10%、60%、30%。终结性考核为围绕特定选题的城市要素调研报告，着重考核选题立意、调研方法、调查数据、空间分析过程及报告的内容和结构等。

过程性考核发挥学生学习的主体作用，侧重调动学生学习的主动性，提高学习的兴趣，重点考察其是否具备实事求是、坚持不懈、不怕困难、勇于创新的科研精神，在调研和课堂展示过程中是否具备合作意识和团队精神，是否掌握职业道德、规范以及责任等要求，提高大学生日后适应岗位的能力。

终结性考核在检验学生专业知识的同时，重点考察其对社会热点和行业前沿的关注、以人为本的城市研究理念的树立、人文关怀和社会责任感的养成等；通过开展城市调研实践了解中国城市社会，提高民族自豪感、文化自信、探索创新等素质，培养家国意识、时代担当，提升专业能力，让学生具备正确的世界观、人生观、价值观，良好的职业素养以及对自身未来的展望。

三、课程思政融入案例

（一）基于时空行为差异的以人为本规划理念

以"时空行为的群体差异分析"知识点为例，教学重点为"时空行为群体差异分析的规划意义"，教学难点为"从个体行为到群体差异分析的不同方法"。在教学过程中，首先将自然资源部最新编制的《社区生活圈规划技术指南》与传统规划的"千人指标"（每千人配置标准）进行了对比：传统规划思想是"以地为主"，其局限性在于忽略了人口在空间分布的差异化，平均化了社区差异和人群行为差异，导致设施供需总量的不匹配；而"社区生活圈规划"对不同人群需求有针对性地配置品质提升和特色引导型要素，并结合人群活动特征确定配置指标，体现了以人为本、时空人相结合。对北京市分街道老年人口分布与学龄前儿童人口分布差异、城市双职工家庭中男女家长时空行为的差异等案例进行分析，引导学生关注老年人、残疾人、流动人口等不同人群的活动需求，基于时空行为调查法进行调研方案设计，树立以人为本的规划理念。

（二）不断创新、精益求精的科学精神

以"移动定位技术结合活动日志调查法应用的5个特点"为例，通过移动定位技术结合活动日志调查法在回天地区社区生活圈规划的应用案例，分析归纳其应用的5个特点，有机融入"实事求是、钻研创新的科学精神"和"以人为本、关注弱势群体的人文关怀与社会责任感"。围绕城市地理学中时、空、人三要素挖掘思政元素，强调对人地关系、地域系统开展综合性研究。"移动定位技术结合活动日志调查法"最能体现"时空人相结合"的地理学学科特色，是城市要素调研的新技术、新方法与新前沿。

"移动定位技术结合活动日志调查法"应用的5大特点中："时空人相结合"和"维度丰富"及"时空过程可视化"紧密关联，强调对在不同时空尺度上对城市空间、时间节奏以及行为过程等方面进行细致调研与精准测度，从而实现空间供给与空间需求的整合，体现了地理学者重视调查的科学性，不断创新、精益求精的科学精神。"揭示人群差异、社区差异"是该方法应用的重要特点，该方法通过可视化比较与制约分析，关注弱势群体日常生活中

"城市要素调研方法与实务"课程思政教学设计

的困境，反映了地理与规划研究应树立以人为本、社会公平的理念，增强对弱势群体的人文关怀。"服务规划和公众"也是5大特点之一，表现了该方法数据调查取之于民、用之于民的特点，行为数据分析结果不仅可以应用于社区生活圈规划，还可以直接服务于居民日常活动的时空决策，彰显以人民为中心的城市发展理念，关心人民群众对美好城市生活的追求，增强学生对专业的使命感和社会责任感。

授课过程中将"实事求是、钻研创新的科学精神"和"以人为本、关注弱势群体的人文关怀与社会责任感"的思政元素与"移动定位技术结合活动日志调查法"应用的5大特点进行有机融合、立体化渗透、浸润式演绎，力求做到润物无声、如盐入味。教学过程如图1所示。

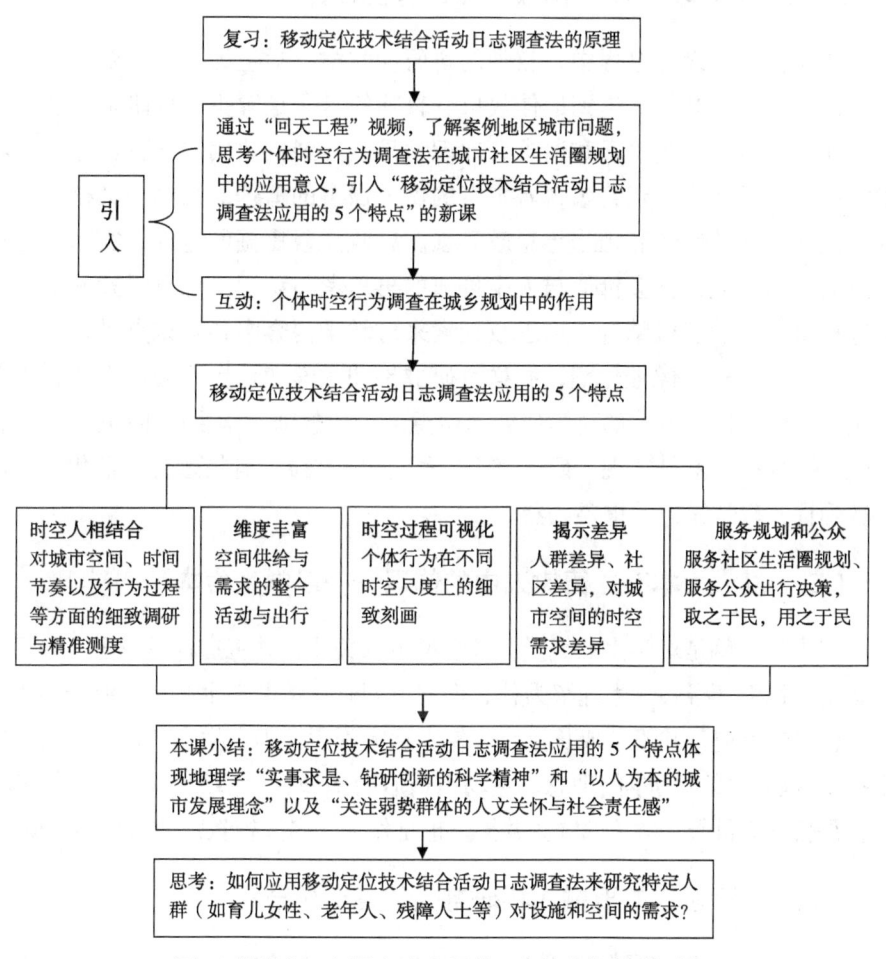

图1 "活动日志调查法应用的5个特点"教学过程

四、课程思政建设体会

师者，传道授业解惑也。课堂教学不仅是传授知识、解决问题，更应该引导学生树立正确的价值观、世界观和人生观，帮助学生树立远大的理想和坚定的信念，高尚的道德情操和仁爱之心，这是课堂教学的升华，也是教师执教能力的最高境界。课程思政关键在于挖掘课程思政元素，找准专业知识和思政教育的结合点，并且通过精心设计实现二者的有机融合，力求达到潜移默化、润物无声的育人效果。

（一）"研""教""学"同频共振、有机融合

在课程思政设计过程中，教师的科研和教学、学生的学习需要在同一频率上，实现"共振"来达到最佳效果。教师的科研是源头，科研是对学术前沿和社会问题的不断探索和追求。地理学是一门经世致用的学科，这意味着我们的科研成果中一定会蕴含着丰富的做人做事的道理、社会主义核心价值观及民族复兴的使命和担当等思政元素。思政元素挖掘的过程，实际上是对科研的学术价值、社会价值与人生价值的再思考与认识。思政元素的融入是促进科研与教学有机结合，以思政元素来对教学内容中各知识点进行丰富与优化。这个过程就像催化剂，同样科研成果和教学知识点，通过思政融入发生化学反应，让冷冰冰的科学研究产生温度，让教师与学生产生同感、共情。因此，课程思政就是实现"研""教""学"同频共振、有机融合的催化剂，也是教师提升教学能力的重要武器。

（二）以人为本在立德树人中的体现——以学生为本

以人为本就是对学生的关爱、社会群体的关注，并将这种关爱融入知识点和调研实践中，帮助学生理解为什么做城市调研，帮助学生在具体调研中了解专业、热爱专业，并不断成长进步，树立远大理想。当学生在科研和毕业论文中接受并融入以人为本的理念，主动申请启明星项目、参加学科竞赛并获奖，这就是教学、科研、学习的同频共振，也是作为一名高校教师最幸福的时刻。

（三）课程思政需要融入科研育人的各个环节

科研育人不仅仅局限于课堂，而是贯穿育人的全过程。首先，科研育人

会在课堂教学中形成"溢出效应","溢出"到育人的其他环节。学生科研项目、专业竞赛、发表论文以及毕业论文等是本学科育人的不同环节,虽然在培养过程中处于不同时段、有不同的育人目标,但最终都要和教师的科研项目结合起来、贯穿起来,既相互补充,又不断提升。学生基于课程调研实践和课程论文,开始对特定城市问题产生兴趣并进行初步探索。兴趣是最好的老师。随后学生继续进行启明星项目科研课题研究、参加城乡规划社会调研报告竞赛、做毕业论文,甚至整理发表学术论文,还有部分学生因为这些科研锻炼机会而热爱地理学科,考取了北京联合大学地理学硕士研究生。总之,科研反哺育人的各个环节,通过真题真做,让学生理论联系实际、在干中学,既培养了专业兴趣、素养和能力,又更加懂得民族复兴的责任和担当。

科研育人是全方位的,存在于诸多环节中,看似独立实则相互联系,而其中的"魂"是教师的科研能力和对学术的热爱,教师的科研不仅要"顶天"——立足于学科前沿,还要"立地"——关注社会热点、为决策提供科学依据,更好地做到理论联系实际,并通过具体的科研实践任务让学生参与其中,让学生真正理解地理人和规划师的责任和担当,培养他们的学科自信和热情。因此,教学也对科研提出了新的要求,要不断创新,探索新理论、新方法及新应用,为育人提供更多实践锻炼的机会。

五、结束语

"学为人师,行为示范""立德树人"是教师的崇高使命和优良传统。"学为人师"就是"教育者先受教育",教师需要不断努力学习、进步提升,才有资格做一名教师,并乐于将自己的所学所得分享给学生。"行为世范"强调教师不仅要传道授业解惑,还要言传身教、为人师表,让学生懂得做人做事的基本道理,做好学生的引路人。作为一名高校教师,要不断学习、与时俱进、探索创新,不断学习并努力提升自身业务能力;也要热爱学科、热爱祖国,踏踏实实做好科研,用专业服务祖国建设发展;更要热爱学生,用生命点亮另一个生命,培养出优秀的社会主义建设者和接班人。

"人文地理学"课程思政教学设计*

李 琛

摘 要："人文地理学"课程重点探讨人地关系，课程思政着重在知识讲授中融入社会主义核心价值观的要求、社会主义建设的相关实践和对地方文化的认同感，旨在用社会主义建设实践，激发学生爱国主义热情和民族自豪感。

关键词：课程思政；人文地理；地方认同

一、引言

"人文地理学"是人文地理与城乡规划专业四年制本科生的学科大类必修课程。该课程主要内容包括人文地理学概述、人口种族和民族、农业文明与工业文明、语言地理、宗教地理、聚落地理等。

通过本课程的学习，学生能够了解人文地理学的基本理论、基本方法和国内外人文地理学基本知识，掌握人文地理环境中各个组成要素的空间分布、扩散、发展和变化的规律性及其与地理环境之间的关系，提高在城乡规划管理、房地产经营等领域的学习、工作中运用人文地理学的理论和观点发现问题、分析问题和解决问题的能力。

二、课程目标

本课程为人文地理与城乡规划专业的必修课程，修读对象为本专业大三

---

* 项目来源：2020年北京联合大学教学创新课程建设项目——区域规划，北京联合大学科研项目"2020新冠肺炎疫情对北京市旅游市场的影响研究"（ZK30202004）。

作者简介：李琛（1974—），女，博士，北京联合大学应用文理学院城市科学系副教授，研究方向：旅游地理学、城市与区域发展等。

本科生，先修课程为"自然地理学"和"经济地理学"。学生通过该课程的学习应达到的目标是：

1. 知识层面

正确理解人地关系理论，基本掌握文化地理学、经济地理学、人口地理学、聚落地理学、政治地理学以及行为地理学的基础知识和基本研究方法。

2. 应用层面

掌握人文地理环境中各个组成要素的空间分布、扩散、发展和变化的规律性及其与地理环境之间的关系，运用人文地理学理论解决城乡规划管理、房地产经营管理等领域出现的相关问题。

3. 整合层面

通过对重大实践问题进行案例分析，提高学生对人文地理学的学习、研究兴趣和能力，掌握在实践中应用人文地理学基本理论的方法。

4. 情感层面

增进学生对人地关系的认识和对地方的情感，提升他们自觉与自然环境和谐相处的意识和能力，也提高他们对地方的认同和依恋，自觉关心和参与地方的规划建设。

5. 价值层面

通过课程引导学生确立正确的人地关系观念、学习规范和学习动因，能在解决复杂人地关系问题和地方经济发展中存在的人文地理学问题时体现可持续发展的价值观。通过课程讲授让学生深刻领会"四个自信"，即中国特色社会主义道路自信、理论自信、制度自信和文化自信。

6. 学习层面

形成课前和课后利用各种线上、线下资源自主学习的意识，学生能够利用MOOC、微课等线上学习课程和资源，开展自主学习，提升自主学习能力。

三、课程思政教学设计思路

（一）思想政治教育的融入点

按照北京联合大学课程思政的要求，将课程思政落到五个支撑点，即"爱党爱国、遵纪守法、诚实守信、爱岗敬业和奉献社会"。这五个支撑点是培养社会主义核心价值观的重要载体。"人文地理学"是关于人地关系的学科，可以将党中央和国务院制定的中国社会主义建设的发展方针与重大战略紧密融入课程设计中，如生态文明建设、"一带一路"倡议、乡村振兴战略、国际国内双循环战略等。

习近平总书记提出了"两山理论"——"绿水青山就是金山银山"，通过将该理论融入思政建设，让学生了解国家的发展方向与相关政策。党的十八大将生态文明建设纳入"五位一体"总体布局，将生态文明建设摆在了突出位置。通过学习"两山理论"，让学生深刻领会为何要保护地方资源、如何保护地方资源，并且引申出社会主义建设的可持续发展理论。

人类社会已经在经济增长与环境保护相背离的道路上走了数百年，这种竭泽而渔的发展模式导致人类生存环境的不断恶化和各种资源的枯竭，以保护环境、崇尚自然为宗旨的绿色浪潮在全球范围内掀起，一种新的社会经济活动方式开始盛行，那就是可持续发展。可持续发展就是以自然、生态环境为依托，以生态保护为核心的人类活动，这就要求各地政府在发展地方经济时要严格遵循可持续发展原则，严格控制环境污染，坚决杜绝破坏生态环境的行为，要为保护环境、保护地球做出应有的贡献。"人文地理学"引导学生树立正确的环境观，运用正确的人地关系理论，服务于地方社会主义建设，从而实现社会经济的可持续发展。

根据"人文地理学"课程知识体系结构、教学任务和目标要求，结合思政教育的特点要求进行有效的教学设计是开展好课程思政的关键所在。如在讲授"旅游资源分类与评价"教学板块时，除讲授我国旅游资源类型及其分布知识外，还应充分讲授中国壮美河山、悠久而灿烂的历史文化、红色旅游资源所体现的革命精神等思想内涵与价值。红色旅游资源是在特定历史背景下形成的特殊的旅游资源，是发挥爱国主义教育功能的重要资源宝库，是思政教育的重要载体。"人文地理学"将红色旅游资源具有的教育功能与大学生思想政治教育相结合，将"爱党爱国、遵纪守法、诚实守信、爱岗敬业和奉献社会"融入课程教学，激发学生的爱国热情、热爱中华传统文化的情愫、学习革命先烈与仁人志士的革命斗争精神，让学生以更高的热情投入到学习和未来的工作中去。

"人文地理学"课程思政的融入点如表1所示。

"人文地理学"课程思政教学设计

表 1　人文地理学思政元素

章节	教学主要内容	融入的思政元素
第一章 人文地理学概述	了解人文地理学的学科特点、研究范围和学习目的。认识人文地理学的理论和应用价值	引导学生关注国家和地方建设中存在的问题，继承和复兴华夏文化
第二章 文化地理学	认识文化区、文化景观、文化生态的相关概念，掌握文化扩散和文化整合之间的有机联系	为博大精深的中华文化而骄傲，激发身为中国人的自豪感
第三章 人口、种族和民族	认识民族的形成与特征，了解人种划分与地理环境之间的相互关系，掌握人口增长、人口迁移和人口分布的相关理论	了解优秀民俗文化，激发学生的民族文化自信
第四章 农业文明与工业文明	了解农业文明的起源与发展、世界古代文明发祥地与农业文明的关系；掌握农业的类型与分布、农业与文化；了解工业革命的出现与扩散；掌握世界上主要工业区的形成与发展	技术革命引发社会进步，启发学生学习并弘扬敬业、精益、专注、创新的工匠精神
第五章 语言地理	了解世界主要语言的地域分布；认识中国七大方言的形成与分布；掌握语言的传播与环境	通过了解中华民族源远流长的语言文化，领略华夏文化的博大精深，激发学生的地方认同感
第六章 聚落地理	了解聚落的起源与发展、聚落类型和中外城市发展简史、中外城市文化景观；掌握北京城市的起源与发展、中国传统民居的分布及其与地理环境的关系	人地和谐造就传统民居之美，"天人合一"哲学构建了中华传统文化的主体，启发学生热爱自然、保护环境，践行两山理论
第七章 旅游地理	认识旅游地的区域特征和文化特征；了解客源地与目的地的概念；掌握世界旅游资源的分布特点；理解旅游开发对区域的影响方式	了解中国优质的旅游资源，增强文化自信和民族复兴的理想
第八章 宗教地理	了解宗教的起源、发展与宗教景观；掌握世界三大宗教及几种主要民族宗教的特点及分布情况；理解宗教与环境的关系、宗教与地方文化的关系	宗教文化是社会文化的重要组成部分，启发学生学会辩证思考，追求真善美，践行社会主义核心价值观

（二）教学方法与举措

1.任务驱动法

任务驱动法是指在学习的过程中，学生在教师的帮助下，紧紧围绕一个共同的任务活动中心，在强烈的问题动机的驱动下，通过对学习资源的积极主动应用，进行自主探索和互动协作的学习。例如，在学习旅游资源和红色旅游等相关知识点后，辅助学生完成一个工作任务——设计一条红色旅游线路，并采取分组形式完成该任务，最终以小组为单位制作PPT并上台展示小组成果。

2.体验式教学法

由教师带领学生前往某案例区开展体验式教学。例如，在旅游地理的教学中，由教师带领学生前往离自己学校较近的红色旅游景点开展体验式教学，实地体验老革命家的艰苦环境，学习老革命家的崇高品质。将红色旅游融入专业教学中，学生可在体验式教学中学习中国革命史，了解红色旅游资源的历史文化内涵。

四、收获与思考

"人文地理学"通过融入课程思政元素，让学生加深了对人地关系内涵的了解，有利于学生树立正确的理想信念，树立正确的人生观和价值观；有利于学生继承和弘扬中华民族精神，加强思想道德教育。培养学生树立远大理想、不畏艰难、艰苦奋斗以及顾全大局的观念，培育学生正确的职业观。

"师者为师亦为范，学高为师，身正为范。"对教师而言，首先，学无止境，终身学习是关键。"要给学生一杯水，自己必须先有一桶水"，要想游刃有余地将思政融入学科教学，广博的知识和灵活的思维是前提，教师教学时倘若能做到旁征博引、信手拈来，肯定能为课堂添彩，从而提高学生的学习兴趣，这样才能真正实现一个灵魂唤醒另一个灵魂！其次，以身作则，言传身教，将社会主义核心价值观传递给学生，培养学生的高尚人格，才是思政教育的精髓。

第三部分　实践育人篇

"空间数据采集实习"与"城乡要素调研与分析"联合实习探索与实践*

周爱华　付　晓　李雪妍　郑　岩

摘　要：综合分析地理信息科学专业"空间数据采集实习"与人文地理与城乡规划专业"城乡要素调研与分析"集中实践课的特点及存在问题，提出了联合实习的设想，并设计了实习任务，于2019年暑期进行了一次实践探索，总体上实践成功，收获大于不足，因此联合实习还可以进一步进行实践与探索，以便在人才培养中发挥更加积极的作用。

关键词：空间数据采集实习；城乡要素调研与分析；联合实习

一、前言

北京联合大学应用文理学院城市科学系作为学院仅有的一个理科系，现有两个专业，分别为人文地理与城乡规划专业、地理信息科学专业，这两个专业的学科背景都是地理学，因此，在大学一年级暑期，两个专业共同开展了"城市与区域综合实习"，是对先期开设的"自然地理学""经济地理学""人文地理学"等课程的实地认知与综合实践，全面提升学生运用地理学理论解释各种地理现象，运用地理学方法解决各种地理实践问题的能力。到二年级暑期，两个专业则分别开展"城乡要素调研与分析"与"空间数据采集实习"

---

* 项目来源：北京联合大学2020年教学创新课程建设项目"测绘学基础"；北京联合大学应用文理学院2019年教学创新课程建设项目"空间数据采集实习"；北京联合大学2020年度校级科研项目立项课程思政专项"地理学课程思政、专业思政、学科思政体系研究"（SK20202001）；北京市属高校高水平教师队伍建设支持计划高水平创新团队建设计划项目（IDHT20180515）。

第一作者简介：周爱华（1978—），女，山东东营人，硕士，北京联合大学应用文理学院城市科学系副教授，主要研究方向：测绘与地理信息、计算机辅助制图。

两个实习课程,两门实习课程有显著的不同,同时也有密切的联系,因此笔者思考并提出将两个专业进行联合实习的设想,下面就联合实习的探索与实践进行探讨。

二、"空间数据采集实习"与"城乡要素调研与分析"概述

(一)空间数据采集实习

"空间数据采集实习"是地理信息科学专业的必修课,为集中实践教学环节,实习时间为第四学期期末考试完毕之后的两周。通常外业实习一周,内业数据处理与绘图一周。外业实习地点一般选在北京郊区的特色乡村,如平谷的挂甲峪、海淀的车耳营以及门头沟的沿河城、瓜草地等村庄。内业数据处理在学院完成。

外业实习部分主要是应用传统测量仪器与GPS接收机进行村庄基础地理空间数据的采集,实习成果为村庄平面图和村庄特色资源分布图等。通过实习,学生可以掌握应用传统测量手段及GPS接收机采集数据的方法和基础的数据处理、制图方法与流程。因此,集中实践环节是对"测绘学基础""遥感概论""地图学"等课程的一次综合实践与技能提升。

同时,该课程与学生党支部红色"1+1"共建活动相结合,利用实习间歇时间深入基层,了解基层,并且利用专业知识来服务基层。

(二)城乡要素调研与分析

"城乡要素调研与分析"是人文地理与城乡规划专业的必修课,为集中实践教学环节,属于生产实习,实习时间为二年级暑期,为期两周,根据具体实习任务合理分配外业调查与内业分析的时间。

"城乡要素调研与分析"的主要任务是对实习区域内的城乡要素进行数据采集、调查分析以及对策研究等,目的是使学生初步掌握为获取专业信息而进行城乡要素调研的基本过程、主要方法和常用手段。"城乡要素调研与分析"是对前期"城市要素调研方法与实务"课程理论与调研方法的综合性运用,同时也是对地理学类课程、规划类课程的一次综合实践,提升学生运用专业知识、技能解决实际问题的能力。

三、联合实习的必要性分析

（一）"空间数据采集实习"教学中存在的不足

"空间数据采集实习"已经开展了12年，形成了一套相对成熟的实习模式，也取得了较好的实习效果，但是仍然存在一些不足。

第一，实习内容设计过于单一，单纯注重空间数据采集技能的实践，对学生的可视化分析技能、解决实际问题的能力培养不足。实习训练了学生使用常规测量手段测图的能力，完成了测量区域的平面图，只是单纯的测图，没有联系实际项目或课题，不利于彰显专业的实用性，以及与其他专业领域的关系。

第二，实习组织与管理，教师干预过多，不利于学生组织管理、协同作业能力的培养与主观能动性的发挥。教师在实习组织与管理中，管得过多、过细，实习计划、每一天的安排都是教师做的，忽略了对学生分析问题、解决问题能力的培养及其主观能动性的发挥。

第三，对于实习地数据的挖掘不够。在实习地点驻扎一周，实际上是一个深入了解实习地的好机会，但由于既定的实习目标单一，因此，数据采集侧重于村庄空间地理数据的收集，对于村庄的人文、经济、历史方面的信息挖掘不足，因此，从信息获取的层面来说，这是一种资源的浪费，对现有资源的利用颇为不足。

第四，红色"1+1"活动的辐射面较窄。与学生红色"1+1"党支部共建活动相结合，是"空间数据采集实习"的特色，已经发挥了积极作用，但由于参加"空间数据采集实习"的学生人数较少，因此，红色"1+1"活动的辐射面较窄，党员及积极分子的先锋模范作用及党支部战斗堡垒作用发挥不明显。

（二）"城乡要素调研与分析"教学中的不足

"城乡要素调研与分析"课程的历史更长，在专业的人才培养中也发挥了积极的作用。课程的开展多依赖于相关教师的课题，在有实际课题的时候，学生就做实际课题的调研；没有实际课题时，指导教师就自拟题目让学生进行调研，课程的开展变动性大。因此，课程的优势虽与实际的项目或课题相结合，但也存在明显的不足：（1）课程的目标不明晰，不同课题的需求致使课程具有不同的目标，有时综合性较强，有时则会比较单一，因此，对学生的培养具有不均衡性；(2)课程侧重于人文要素的调研，地理空间数据的采集与处理较少涉及。城乡要素都离不开地理空间，因此，从人才培养的角度看，学生也应该知晓并掌握基础的空间数据采集方法；(3)城乡要素的分析深度不够。课程的侧重点更多在调研上，对数据的分析深度不够，因此不利于学生数据分析能力的培养。

(三)联合实习的必要性分析

由以上论述可以看出，"空间数据采集实习"课程的实质是"数据采集"+"地图制图"，"城乡要素调研与分析"课程的实质是"数据采集"+"要素分析"，两门课程都要进行"数据采集"，然后才能开展后续的工作；当然数据采集的侧重点有所不同，"空间数据采集实习"侧重采集地理空间数据，"城乡要素调研与分析"侧重采集人文、历史、经济等方面的数据，两项数据相结合则是一个区域的完整数据。"数据采集"之后，"空间数据采集实习"侧重于空间表现，将数据可视化，形成地图资料或建立地理信息系统(简称GIS)；"城乡要素调研与分析"则侧重城乡要素的分析，而这些分析落实到地理空间才更有意义，即在地图或地理信息平台上进行分析更有价值、更有针对性。因此，"空间数据采集实习"与"城乡要素调研与分析"两个专业的实习具有一定的连通性、互补性与促进性。所以，设想将"空间数据采集实习"与"城乡要素调研与分析"两个专业的实习联合起来，这样就可以丰富"空间数据采集实习"的实习内容，提高对实习地数据的挖掘深度，明晰"城乡要素调研与分析"课程的目标，提升人文地理与城乡规划专业学生空间数据采集能力与分析能力，同时更大限度地锻炼了学生组织、管理、协调、沟通等方面的能力。

综上所述，进行"空间数据采集实习"与"城乡要素调研与分析"的联合实习是可行的，从人才培养的角度看也是必要的，对于地理信息科学专业、人文地理与城乡规划专业的学生来讲也是一件双赢的事情。

四、联合实习的设计与开展

(一)明确联合实习的目的与意义

进行两个专业的联合实习，首先就要明确联合实习的目的与意义，即为

"空间数据采集实习"与"城乡要素调研与分析"联合实习探索与实践

什么进行联合实习。经过认真思考，笔者认为联合实习的目的为认识专业差异，打通专业壁垒，加强专业间协作，发挥专业优势，克服专业局限性。

联合实习的意义可以总结为以下三个方面：

第一，弥补单独实习的不足，加深学生对数据采集工作的认知，了解相邻专业的需求及其与本专业的关系，从而对本专业的培养目标、实用性有更加深刻的认知。

第二，让学生更好地在实际项目中得到专业技能的实践与提升，认识到专业技能在解决实际问题时发挥的作用，以及协同作业的重要性。

第三，提升学生在组织管理、人际交往及团队合作方面的能力，以及就专业问题的有效沟通与交流能力。

（二）设计联合实习的任务

在北京市—全国文化中心建设的大背景下，依托长城文化带规划建设课题，根据两门课程的大纲要求及联合实习的目的与意义，设计了集综合性、热点性、文化性于一体的实习任务——门头沟区沿河城村综合数据采集实习。沿河城村位于门头沟区斋堂镇，因扼守几道山口、水口，古称"三岔（汊）村""沿河口"，万历六年（1578）建城后，始称"沿河城"。由隶属明代长城内三关之一的紫荆关所辖，是塞外通往北京的要冲之一。目前沿河城村是北京市市级传统村落，沿河城组团（包括多座沿字号敌台、沿河城城堡等遗存）是长城文化带的五个组团之一，也是最西部的组团。因此，所设计的具体实习内容为采集沿河城村基础地理数据与社会人文数据，建立基础地理数据库与地理信息系统，制作沿河城村基础地形图与特色资源分布图，并对自然条件、人口规模、道路交通、公共服务设施等要素进行分析，总结其中存在的问题，提出对策建议。

（三）联合实习的组织与开展

"空间数据采集实习"与"城乡要素调研与分析"都是分组开展实习，通常4～5人一组。对于联合实习的人员组织，最好的方法是混合编组，即把两个专业的学生混合编到一个组里，共同完成实习任务。但是由于两个专业人数不匹配，仪器设备也存在协调的问题，因此，使用两个专业单独编组、组间互助、数据共享的方式开展实习，即地理信息科学小组（简称地信小组）和人文地理与城乡规划小组（简称规划小组）之间结为互助组，互助组内提供数据支持与资料共享，即地信小组在进行数据采集之前，规划小组可以提出数据需求，地信小组数据采集与制图成果供规划小组使用，同时也可以帮助规划小组进行GIS空间分析与专题地图制作等。

联合实习的具体开展过程如图1所示，地理信息科学专业的学生负责基础地理信息的采集与地图制图，并构建地理空间数据库，建立地理信息系统，制作专题地图；人文地理与城乡规划专业的学生则负责社会人文资料的收集，并在地理信息科学专业学生制图的基础上进行要素分析，基于专业的地理知识与规划理论为沿河城村的发展提供对策建议。

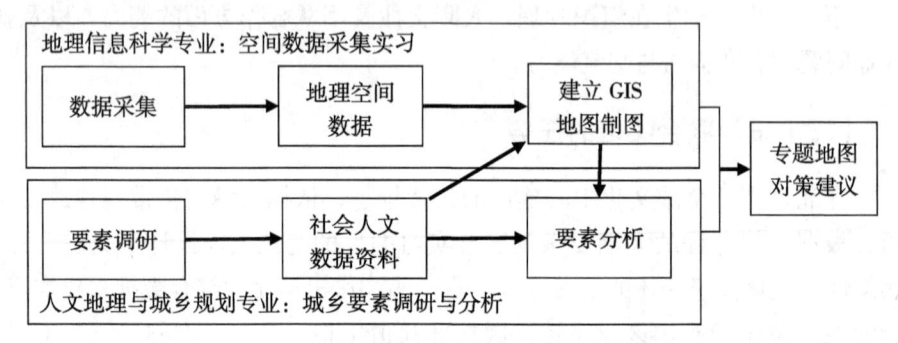

图1　联合实习开展框架图

地理信息科学专业学生的空间数据采集会用到水准测量、全站仪导线测量、全站仪地形测量、手持GPS数据采集、GPS RTK数据采集、无人机测量等方式，主要成果为沿河城村控制数据一套、DWG格式的沿河城村平面图一张、ArcGIS格式的村庄平面图以及村庄的特色资源专题地图等。

人文地理与城乡规划专业学生通过文献检索、实地观察、问卷调查及村民访谈等方式获得村庄的历史发展、自然条件、人口概况、经济条件、道路交通等方面的数据资料，并将这些资料与村庄地图相结合对这些要素进行深入分析，总结目前村庄发展中存在的问题与发展契机，并结合当前的政治、经济形式、发展战略，《北京市总体规划（2016年—2035年）》与《门头沟分区规划（国土空间规划）(2017年—2035年)》的目标，为沿河城村的发展提供可行的对策建议。

同时，地理信息党支部、城乡规划党支部的党员、积极分子等还利用实习的间歇时间与沿河城村党支部开展了红色"1+1"党支部共建活动，通过支部座谈、村主任助理访谈、拜访革命老战士、共建联欢等活动，对村庄的历史、现状及未来发展方向有了更加深入的了解，这是对专业实习的有益补充。

五、联合实习总结与反思

2019年7月，开展了第一次"空间数据采集实习"与"城乡要素调研与分析"的联合实习，总体上按照联合实习的设计来开展，两个专业的学生较好地完成了各自的实习任务。

联合实习的优势有以下几点：第一，地理信息科学专业的学生对于空间数据采集实习成果的用途有了更加直观的、深入的了解，即知道了测量的数据、图件能够干什么，加深了对专业实用性的认识；第二，人文地理与城乡规划专业的学生也旁观了基础地理数据的采集过程，虽然没有亲自尝试，但也知道了地形图是如何测得的，了解了从数据测量到地图生成的全过程，开阔了自己的眼界；第三，两个专业尽管隶属同一个系，但是之前的联系并不多，通过这次联合实习的组间协作，加强了两个专业学生之间的交流联系，也加深了对彼此专业的认知；第四，基于实际课题，学生的自主性与参与度都有所提升，在教师指导之外，主动思考、自主学习，积极探索解决问题的方法，主观能动性得到了极大发挥；第五，红色"1+1"支部共建活动，丰富了实习生活，达到实习与思想政治教育的协同效应，扩大思想教育辐射面，让更多的党员、积极分子与学生参与进来，发挥党的引领作用，增强集体凝聚力，提升个人综合素养，丰富实习生活。

当然，联合实习过程中也暴露出一些问题。最主要的问题就是，空间数据采集与地图制作需要的时间比较长，因此，如果"空间数据采集实习"与"城乡要素调研与分析"实习同步进行，由于实习时间的限制，"空间数据采集实习"的成果就很难在城乡要素分析之前提供给人文地理与城乡规划专业的学生，因此，最好两个实习能有一个时间差，"空间数据采集实习"在先，"城乡要素调研与分析"在后，这样才能保证"空间数据采集实习"的基础地理数据与地图能够为"城乡要素调研与分析"服务。

地理信息科学专业的"空间数据采集实习"与人文地理与城乡规划专业的"城乡要素调研与分析"联合实习是一次有益的实践与探索，有收获也有不足，但总体上收获大于不足，因此，这是一个可以进一步实践与探索的课题，在今后的实践教学当中，应当加强思考、改进不足，对联合实习进行持续深入的探索，在人才培养过程中发挥更加积极的作用。

大数据时代社会热点问题驱动式项目实践教学研究*

逯燕玲　高彩郁　王泽卉　扬广林

摘　要：在分析地理学专业选修课"地理大数据分析"课程教学特点的基础上，从课程思政建设的必要性、思想政治教育元素的有机融入，探索应用地理大数据思维方式分析、解决社会热点问题，彰显地理学人的使命与责任担当，并通过互动式课程思政教学模式和深度学习实践项目来培养学生科研创新能力。

关键词：课程思政；专业思政；立德树人

2016年12月，习近平总书记在全国高校思想政治工作会议上强调"高校思想政治工作关系高校培养什么样的人、如何培养人以及为谁培养人这个根本问题"。党中央、国务院以及教育部为了落实高校立德树人、铸魂育人的根本任务相继出台了一系列重要文件。2020年6月，教育部又根据习近平总书记"各门课都要守好一段渠、种好责任田，使各类课程与思想政治理论课同向同行，形成协同效应"的指示精神，颁布了《高等学校课程思政建设指导纲要》，进一步明确了课程思政建设的核心目标和重点内容，要寓价值观引导于知识传授和能力培养中，帮助大学生树立正确的世界观、人生观、价值观；使课程思政建设紧密结合各专业类课程，将"第一课堂"和"第二课堂"的特点有机融合，让立德树人、铸魂育人水滴石穿、润物无声。

北京联合大学2017年出台了《关于推进课程思政建设的实施意见》，

---

* 项目来源：北京联合大学2020年度校级科研项目立项课程思政专项"地理学课程思政、专业思政、学科思政体系研究"（SK20202001）；北京联合大学2020年度校级科研项目"'思政引领，文化培元，科研支撑''三全育人'机制研究"立德树人专项（SK10202001）。

第一作者简介：逯燕玲（1963—），女，硕士，北京联合大学应用文理学院城市科学系教授，研究方向：数据分析、软件工程、教育教学研究等。

2018年开展学院"三全育人"建设试点工作，出台《关于深化课程思政建设，落实立德树人根本任务的实施意见》，2020年出台《关于推进专业思政建设的实施意见》等一系列文件，开展"三全育人""大学习、大讨论、大落实"活动，制定《北京联合大学课程思政规范化建设基本标准（试行）》，持续推动习近平新时代中国特色社会主义思想入脑入心，引导教师深入挖掘各类课程蕴含的"做人做事的基本道理、社会主义核心价值观的要求、实现民族复兴的理想和责任"；将这些思想政治教育元素有机融入课堂教学，提升课堂教学效果，发挥好课堂育人主渠道作用；坚持教育者先受教育，增强提高师德修养的主动性和自觉性，不断提升执教能力和育人能力。

一、"地理大数据分析"课程思政建设的必要性

随着移动互联网、云计算、大数据、物联网等技术迅猛发展，中国正快速进入移动互联网+大数据并存的时代，大数据已经渗透到当今各个行业和业务功能中，每个人都有可能成为大数据的提供者与发布者，使得大数据生产速度快、规模庞大、形式多样、数据细节丰富，且实时动态变化。地理大数据是指携带地理位置信息的大数据，是数据驱动时代下深入人们生活最为广泛的一类大数据。智能手机位置信息、GPS采点数据等互联网数据和空间定位数据，使具备空间、时间、语义、主题等多种特征的地理数据的采集方式发生了改变，使地图信息更加完整、丰富、精确，促进地理信息服务由静态空间转向动态空间、由土地空间转向行为空间、由地理信息系统转向地理信息服务，更加强调人地相互作用，融合地理大数据与其他学科的数据，能够预测未来某种政策下的经济问题、社会问题等。地理科学的综合性、交叉性和应用广泛性决定了"地理大数据"成为融合、连接其他学科的重要桥梁。对人文要素、自然要素、交通道路、城市的布局和演变、土地利用、地形地貌、生态环境等专题要素进行监测的地理大数据，能够为国土空间规划、城乡规划、智慧城市建设等方面提供丰富的地理信息，推动国家战略、城市治理等工作科学有效的开展。

"地理大数据分析"课程作为地理学专业选修课，目的是向学生普及地理大数据的基本概念、基本技术和应用场景，空间数据采集与处理、大数据下的统计新思维、典型的数据分析算法与技术应用，使学生能够应用地理大数据思维和分析方法解决城市交通、城市规划、历史文化、疾病免疫、地质灾

害、地理数据平台服务等相关问题。鉴于地理大数据的特点和课程教学内容的学科交叉性强,"地理大数据分析"课程要让学生了解地理大数据的典型应用和未来发展趋势,课程教学内容必须贴近时代脉搏,特别是应用地理大数据分析问题,更要聚焦国家战略需求和社会发展热点问题,增强学生的社会责任感,使知识传授与价值引领有机结合,课程教学要与民族复兴同向同行,与时代发展同频共振。

而地理大数据作为复杂的信息载体多数是动态实时的,诸如文字、图片、视频、音频等种类繁多、形式多样的地理大数据不断积累,特别是非结构化的空间数据积累,导致地理大数据处理与分析的技术和方法十分复杂,与传统的数据分析方法之间难以有效对接。这就给"地理大数据分析"课程教学带来了不确定性,也使学生掌握地理大数据处理与分析方法有了一定难度,这要求教师不断丰富课程教学资源、完善教学手段,更重要的是鼓励学生树立发现、创新地理大数据采集和分析方法的理念,培养学生研究性学习意识、创新意识、科学精神和实践创新能力。

二、课程思政教学融入设计

(一)教学内容的思政融入设计

"地理大数据分析"课程围绕不断提高学生思想水平、政治觉悟、道德品质、文化素养进行思想政治教育的教学设计,课程思政的主题是应用地理大数据思维方式分析、解决社会热点问题来彰显地理学人的使命与责任担当。在课程的六个单元中,根据各单元主要教学内容有机融入思政元素,如表1所示。

表1 各单元主要教学内容与融入的思政元素

章节	主要教学内容	思政元素
第一单元 地理大数据概述	地理大数据的基本概念、大数据的价值和作用、大数据时代的思维变革	聚焦国家战略需求和社会发展热点问题,强化地理大数据的应用价值和责任担当

续表

章节	主要教学内容	思政元素
第二单元 大数据采集	地理大数据的结构与特征、多源数据的采集方式、大数据采集工具、Python网络爬虫技术	感悟中国数字技术发展迅猛，体验地理大数据采集技术，树立科学精神、数据采集的法治意识和实践创新意识
第三单元 时空大数据探索与可视化	数据预处理、数据清洗、数据集成与可视化、图像处理、图像数据标注	通过地理大数据处理实践，培养学生脚踏实地、耐心细致、勇于克服困难的工作作风和工匠精神
第四单元 文本数据分析	文本数据分词、文本数据分类模型、机器学习与文本分类、机器学习与主题模型、情感分析等	以新冠肺炎疫情防控期间社交媒体情感分析中充满的正能量，鼓励学生共克时艰，认同我国采取的措施和人类命运共同体理念，增强道路自信和制度自信
第五单元 图像数据分析	图像目标检测、图像语义分割、机器学习与图像情感计算	通过图像数据处理与分析方法实践，培养学生勇于探索、锐意进取的科学素养和实践创新能力
第六单元 大数据分析案例	交通大数据分析、北京城市文化感知案例、北京历史文化街区保护大数据分析、城市土地利用大数据分析等	以北京历史文化大数据分析案例体现"+文化"教育特色，通过研究北京、服务北京的科研项目驱动，体现北京味道

专业课的课程思政重点在知识传授中强调价值观的同频共振，在"地理大数据概述"单元的教学中，通过介绍地理大数据应用领域，引导学生关注社会热点问题，学以致用，强化地理大数据的应用价值和责任担当，增强学生的社会责任感。在"大数据采集"单元，一方面引导学生从地理大数据角度来分析新冠肺炎疫情时空传播轨迹、空间分布和社会影响，彰显地理学人在特殊时期的使命与责任担当；另一方面，引导学生正确使用各类大数据采集工具，注重原始数据的真实性、实事求是和数据采集的法治意识，在地理大数据采集实践中树立科学精神和实践创新意识。在"时空大数据探索与可视化"单元，通过地理大数据处理实践，培养学生脚踏实地、耐心细致、勇于克服困难的工作作风和工匠精神。在讲授"文本数据分析"单元时，以新冠肺炎疫情防控、"两会"的舆情分析来设计思政融入点，一方面通过社交媒体情感分析中充满的正能量，来鼓励学生共克时艰；另一方面引导学生从全球视野角度来看待疫情防控，对我国采取的措施和人类命运共同体理念产生

认同，增强道路自信和制度自信。在"图像数据分析"单元，通过图像目标检测、图像语义分割、机器学习与图像情感计算实践，掌握地理大数据处理与分析方法的难点，培养学生勇于探索、锐意进取的科学素养和实践创新能力。在"大数据分析案例"单元，带领学生讨论北京历史文化街区保护、北京城市文化感知、城市土地利用变迁、北京交通问题等大数据分析案例。在讨论北京城市文化感知的大数据分析案例时，引入北京全国文化中心建设的重点任务——"一核""一城""三带""两区"，以社会主义核心价值观为引领，建设社会主义先进文化之都；在讨论北京交通问题的大数据分析案例时，从"促进国家治理体系和治理能力现代化"和"推进城市治理体系和治理能力现代化"，到智慧交通、智慧城市，引导学生探索符合超大型城市特点和规律的治理新路径；在讨论城市土地利用变迁的大数据分析案例时，引入"十三五"时期的土地资源整合利用规划和土地利用总规划，引导学生在"十三五"收官之年分析北京城市土地利用的目标达成情况及"十四五"生态文明建设的目标和路径。

（二）教学方法与举措

1.大数据时代社会热点问题驱动，递进启发式教学实现价值引领

当代大学生成长于大数据、"互联网+"时代，充斥在网络中的各种信息、知识和价值观念具有开放性、多元化和传播广泛性等特点，"地理大数据分析"课程的教学内容又必须运用大数据、人工智能、云计算等数字技术，学生学习过程中会比其他课程更多地接触和运用网络信息，需要教师帮助学生筛选信息、认同地理大数据知识体系和价值观念。在"地理大数据分析"课程的教学过程中，紧密结合教学内容抛出大数据时代社会热点问题，启发学生思考诸如利用卫星遥感、移动通信、社交媒体等大数据如何有效提升自然灾害监测预警、应急反应、综合评估等环节的准确性？如何对山、水、林、田和矿产等自然资源的使用、变化及生态保护情况监测数据进行分析？哪些地理大数据能够灵敏感知社会经济发展态势？怎样应用社交地理大数据分析挖掘城市热点区域？如何提升政府社会精细化管理与公共服务能力？怎样应用地理大数据培育和发展智慧旅游、文化、医疗、教育，等等。始终将社会热点问题贯穿整个教学过程，以递进方式启发学生思考、认同地理大数据资源的深远价值，提高学生对地理大数据处理算法的直观分析和应用能力，在培养学生解决问题和主动探寻知识的能力的同时，增强其社会责任感。

2.附加创新维度的案例教学法,体现"+文化"的教育特色和北京文化内涵

案例教学法是从解决实际问题的典型案例出发,引导、启发学生在分析解决问题的过程中所用的原理和方法,不是单纯向学生传授知识,有利于培养学生创新思维能力。在使用包含林地、耕地、草地、建设用地、水域等多种地物资源和行政区划、空间范围、时间范围的时空大数据分析案例时,引导学生上升到地理国情、国家治理体系与治理能力的国家战略思考层面。例如,在讨论城市土地利用大数据分析案例时,引用了王伟等用大数据对京津冀城市群功能区的精细识别案例,在带领学生通过案例展开思维训练时,不仅要让学生被动观察模仿土地利用大数据分析原理和方法,还要引导学生结合京津冀区域空间整体规划进一步思考"十四五"时期京津冀一体化发展如何与时俱进?使案例教学法附加创新维度。案例教学法重在精选案例,一方面注意选取能够吸引学生、激发学习兴趣的典型案例,另一方面要有意识地选取能够提高理工科学生文化素养的典型案例。例如,在讨论北京城市文化感知案例时,引入了廖嘉妍等用大数据对北京市中心城区全部文化设施冷热点区域的分析案例,结合知网上关于北京历史文化街区保护、城市文化活力的文献主题分析等,启发学生围绕北京全国文化中心建设的重点任务进行城市文化感知的地理大数据采集、分析和研究,感悟北京历史文化名城的文化内涵,鼓励学生发现问题、分析问题、解决问题,激发学生自主创新意识,增强"立足北京、研究北京、服务北京"的责任感。

3."翻转课堂"等互动式课程教学,利用深度学习的项目实践培养科研创新能力

"地理大数据分析"课程内容中的"机器学习"算法是课堂教学的难点,面对不断膨胀的空间数据信息和复杂多样的应用场景,"机器学习"算法存在训练数据少、训练时间长、泛化能力有限、适应性差等问题,教学过程采用了以项目实践为主线的"翻转课堂"互动教学模式,如图1所示。项目实践对学生创新能力的培养至关重要,基于项目实践的"翻转课堂"充分渗透翻转课堂深度学习理念。教师课前将开发的课程资源上传到网络学堂,给学生布置自主学习任务;学生通过阅读文献、观看在线视频或微课、课件等进行自主探究性学习,从教师项目库中选题并制定解决问题的方案;在第一轮"翻转课堂"中,首先由学生进行文献综述,这是梳理背景知识、关键知识点、基本方法、相关研究现状的探究性学习过程,教师对学生选题和解决问题的方案设计进行意见反馈,并通过社会热点问题的典型案例分析提升课堂知识

地方高校地理学的学科专业思政建设探索与实践

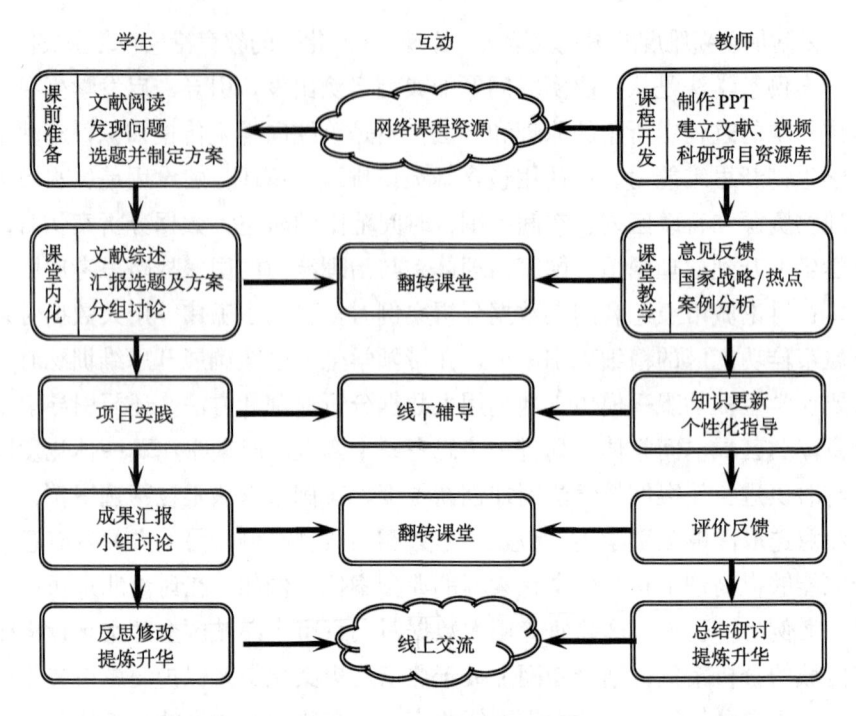

```
学生                    互动                    教师

┌──────┬────────┐                          ┌──────┬────────┐
│课前  │文献阅读│   ╭──────────╮           │课程  │制作PPT │
│准备  │发现问题│◄──│网络课程资源│◄──────────│开发  │建立文献、视频│
│      │选题并制定方案│   ╰──────────╯           │      │科研项目资源库│
└──────┴────────┘                          └──────┴────────┘
    │                                                │
┌──────┬────────┐                          ┌──────┬────────┐
│课堂  │文献综述│                          │课堂  │意见反馈│
│内化  │汇报选题及方案│──►│翻转课堂│◄──────│教学  │国家战略/热点│
│      │分组讨论│                          │      │案例分析│
└──────┴────────┘                          └──────┴────────┘
    │                                                │
┌──────────┐                               ┌──────────┐
│项目实践  │──────►│线下辅导│◄─────────────│知识更新  │
│          │                               │个性化指导│
└──────────┘                               └──────────┘
    │                                                │
┌──────────┐                               ┌──────────┐
│成果汇报  │──────►│翻转课堂│◄─────────────│评价反馈  │
│小组讨论  │                               │          │
└──────────┘                               └──────────┘
    │                                                │
┌──────────┐       ╭──────────╮            ┌──────────┐
│反思修改  │──────►│线上交流  │◄───────────│总结研讨  │
│提炼升华  │       ╰──────────╯            │提炼升华  │
└──────────┘                               └──────────┘
```

图1 以项目实践为主线的"翻转课堂"互动教学模式（作者自绘）

内化效果；在整个项目实践过程中，教师对各小组进行个性化指导，并不断进行知识更新；第二轮"翻转课堂"主要是各组学生进行项目实践成果汇报，在教师和其他学生进行评价反馈后，各小组再进行讨论、反思和修改，在总结研讨的基础上提炼升华。

深度学习算法是"机器学习"领域中一个新的研究方向，更接近于人工智能最初的目标，作为深度学习算法之一的卷积神经网络成功实现了多层神经网络结构，适用于处理具有时空特性的地理大数据，也一直是图像识别领域的核心算法之一。而在教育领域中也有深度学习的概念，即从学习者认知维度的层次特性看待学习，认为学习知识就要对知识有深层次了解，属于学习者思维的高层次认知。参照包含数据输入层、卷积计算层、池化层、激励层、全连接层5层结构的卷积神经网络，构建由5个卷积模块组成深度学习模型，如图2所示。数据输入层除了文献资料、教师开发的课程资源、科研资源，也包含充斥在网络中的各种信息、知识和地理大数据；卷积计算层包含文献检索阅读、发现问题、选题立项并制定解决问题的方案、研究方法；池化层是对学生以教师科研资源构建实践项目的培养训练过程，包含调研能力评价、逻辑思维能力评价、科研项目实践能力评价、自主判断与纠错能力评价；激励层将反馈被训练学生的调研能力评价、逻辑思维能力评价、自主判断与纠错能力评价，对项目实践进行个性化指导，并不断进行知识更新，以社会热点问题典型案例引导项目实践服务社会；全连接层实际就是深度学习的输出层，在项目实践过程中经过若干次卷积与池化，不断激励学生参加各项竞赛项目，如挑战杯大赛、"互联网+"大赛等比赛，或者发表学术论文，最终深度学习模型输出的是一个高质量的学生实践创新成果。

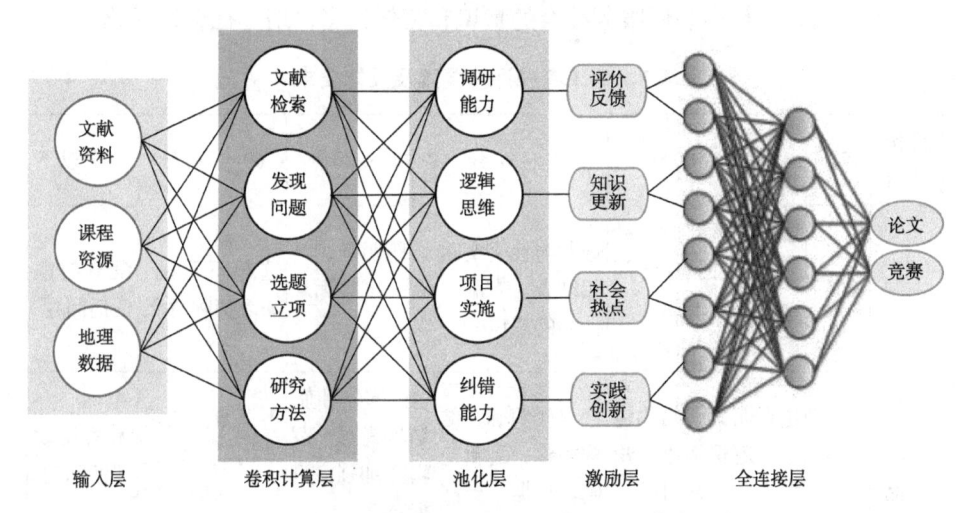

图2 卷积神经网络深度学习模型（作者自绘）

（三）课程考核评价设计

课程考核评价立足学生的知识掌握、实践能力、科学态度、创新精神、价值观方面的发展情况，突出过程性评价、价值目标评价、实践创新评价，综合评价包括平时过程性评价和期末成果输出评价两部分，所占比例均为50%。

1.平时过程性评价考核

过程性评价贯穿于平时学习和教学过程的始终，包括学习态度与习惯、课堂讨论的积极性、项目实践任务完成情况、实践创新能力等，既考察独立思考能力，又关注团队协作能力。在课堂讨论、翻转课堂、项目实践等各个教学环节，以多种互动方式不断反馈相关评价信息，促使学生及时发现自身存在的问题，积极进行反思和持续改进。过程性评价既有教师的评价，也包括学生的相互评价，这也是对学习效果的自我诊断和改进学习的途径，培养学生严谨求实的科学精神和终身学习的可持续发展观。

2. 期末考核评价

期末考核要求学生以地理大数据分析方法解决实际问题，考核方式为研究论文、研究报告、创新作品以及成果展示答辩，成果展示答辩以小组为单位，在课上进行展示交流，回答教师及其他组学生的提问，完成自评和互评，满分100分，评价要素的具体要求如表2所示。在期末考核评价中，首先考虑选题是否贴近新时代社会关注的热点问题，或者是否研究北京、服务北京，且教师在选题过程中强调服务社会的意识和责任担当，培养社会责任感。

表2 期末考核评价要素及具体要求

评价要素	权重	90~100分	80~90分	70~80分	60~70分	60分以下
选题	10%	选题贴近新时代社会关注的热点问题，研究北京、服务北京	选题与社会实际相结合，有服务社会的意识	选题明确，具有一定实际意义	选题不明确，缺乏实际意义	没有解决任何问题
论文/报告/作品	50%	论点明确，结构完整，逻辑清晰，论据丰富，有创新	论点较明确，结构完整，逻辑正确，论据较丰富	论点部分明确，结构尚可，逻辑需加强，论据一般	不清晰，缺乏架构，逻辑欠佳，论据一般	无法说明任何问题
PPT	10%	契合讲述内容，形象生动，制作精美	能呼应讲述内容，清晰易懂	能够呼应讲述内容，逻辑关系尚可	无法呼应讲述内容，编辑欠佳	无任何编辑
沟通表达	10%	表达流畅，用词准确，有逻辑性，速度适宜	表达通畅，用词较准确，较有逻辑性，速度较适宜	表达较通畅，用词需斟酌，逻辑需加强，速度较适宜	表达不够流利，用词不够准确，逻辑性较差	没有清楚表达
回答问题	10%	时间控制适宜，着装正确，仪态自如	时间控制紧凑，着装规范，仪态较好	时间分配不合理，着装较规范，仪态一般	时间分配混乱，着装不规范，仪态有误	基本无时间分配，礼仪不合理
提出问题	10%	认真倾听和思考他组展示，提问质量高	认真倾听和思考他组展示，提问有建设性	注意倾听和思考他组展示，积极提问	较注意倾听和思考他组展示，提问少	无提问

三、结语

从传统教书育人到新时代立德树人，教师不仅是为人师表，潜移默化地使学生懂得做人做事的基本道理，更要明大理、立大德，引导学生树立高远的理想追求和深沉的家国情怀，这就要求教师首先养成理论学习的自觉性，提高课程思政意识。地理大数据分析可以在国家战略、城市治理、北京全国文化中心建设等方面运用，不断深入挖掘课程蕴含的思想政治教育元素并有机融入，以科研课题引导学生应用地理大数据分析、解决实际问题，使学生增强了实现民族复兴的理想和责任担当。另外，课程思政不能只停留在课上，在课下指导学生申报各类研究课题、参加学科竞赛，课上、课下带领学生开展生动的实践，让知识在实践中入脑入心。

参考文献

[1] 罗名海. 大数据在地理国情监测中的应用探索[J]. 地理空间信息，2018（11）：1-6，10.

[2] 王洪海. 地理信息大数据在国土空间规划中的应用分析[J]. 工程技术研究，2020（10）：277-278.

[3] 郝蕊芳，史明昌，齐元静，等. "地理大数据"课程教学改革初探[J]. 中国林业教育，2019，37（03）：70-72.

[4] 高德毅，宗爱东. 从思政课程到课程思政：从战略高度构建高校思想政治教育课程体系[J]. 中国高等教育，2017（1）：43-46.

[5] 王伟，巩淑敏，李牧耘，等. 大数据支持下京津冀城市群功能区精细识别与治理[J]. 北京规划建设，2020（05）：67-72.

[6] 廖嘉妍，张景秋. 基于POI数据的北京城市文化设施空间分布特征研究[J]. 北京联合大学学报，2020，34（1）：23-33.

[7] 布卢姆. 教育目标分类学[M]. 蒋小平，等译. 上海：华东师范大学出版社，1986.

[8] 陆道坤. 论课程思政的教学设计与实施[J]. 思想理论教育，2020（10）：16-22.

"城乡要素调研与分析"综合实践课程思政设计

——南新仓古建筑测绘实践育人模式*

刘剑刚 李 琛 李雪妍

摘 要：人文地理与城乡规划专业的城市要素调研与分析综合实践属于生产实习，长期坚持以实际城市与区域调研项目为载体，综合运用城市要素调研方法、信息处理与分析等专业知识解决实际问题，服务于京津冀一体化建设和北京全国文化中心建设。以古建筑测绘实际工程研究项目开展综合实践是城市要素调研与分析综合实践课程教学环节改革中的新尝试，也是科教融合的实践育人的教学尝试。论文根据北京官仓古建筑的性质和特点，分析了古建筑测绘中存在的困难和解决措施，从培养专业综合能力的角度，调整和完善了古建筑测绘的内容，拓宽了教学的广度与深度，探讨了以文化人、科研反哺教学的实践育人教学模式和方法。

关键词：古建筑测绘；仓廒建筑；实践育人；教学模式

城市要素调研与分析综合实践是人文地理与城乡规划专业集中实践教学的城乡规划管理综合实践——模块2，属于生产实习。实践课程的教学目标是锻炼学生问卷设计与调查、空间数据统计分析、手工或计算机辅助制图以及文案写作的基本技能和方法；培养学生城市与区域要素调研的专业核心应用能力、科学思维方法及综合分析能力；了解与本专业相关的职业和行业的方

---

* 项目来源：北京联合大学2020年度校级科研项目立项课程思政专项"地理学课程思政、专业思政、学科思政体系研究"（SK20202001）；北京市属高校高水平教师队伍建设支持计划高水平创新团队建设计划项目（IDHT20180515）；北京联合大学应用文理学院2020年教学研究与改革项目"文化涵养，特色实践：人文地理与城乡规划专业规划设计能力培养体系构建"的研究成果。

第一作者简介：刘剑刚（1972—），男，河北昌黎人，硕士，北京联合大学应用文理学院城市科学系副教授，主要讲授建筑学基础、城市设计、中国古代建筑等课程，主要研究方向：城市设计与历史城市保护、建筑历史与理论。

针、政策和法律、法规，培育社会主义核心价值观，增强实现民族复兴的责任感。实践教学长期坚持以实际城市与区域调研项目为载体，服务于京津冀一体化建设和北京全国文化中心建设。

古建筑测绘是人文地理与城乡规划专业在集中实践课程教学改革中的新尝试，是专业知识与技能在文化遗产保护领域的建筑遗产记录、监测以及保护工程实施等方面的直接应用。古建筑测绘可理解为测量建筑物的形状、大小和空间位置，并在此基础上绘制相应的平面、立面、剖面图纸。古建筑测绘从技术上可归入测绘学科分支中的工程测量，是对古建筑的相关几何、物理和人文信息的采集、测量、处理、管理、更新和利用的技术和活动，是建立建筑遗产记录档案工作的重要组成部分。其成果主要用于建筑遗产的研究评估、管理维护、保护规划与设计、保护工程实施、周边环境的建设控制以及教育、展示和宣传等诸多方面。

一、古建筑测绘实践教学的背景与目的

北京作为金、元、明、清的都城，根据相关统计，历史上曾建有数百座官仓建筑，作为都城供应的仓储场所。官仓古建筑是北京建筑遗产不可或缺的特殊类型，也是大运河世界文化遗产和北京大运河文化带的重要遗产点。北京现存官仓廒房建筑约20座，有些已经列入文物保护单位名录，有些仅存遗址或地名，分布在东城、朝阳、通州等区域，亟待整理研究。为了对北京官仓文化和官仓建筑进行系统梳理，进一步挖掘北京官仓建筑的文化内涵，深入了解北京官仓建筑的建筑特征，北京市古代建筑研究所与北京联合大学应用文理学院城市科学系合作，选取南新仓仓廒建筑进行测绘。所以，本次测绘实践是依托实际工程研究项目进行的，也是一次科教融合的实践育人的教学尝试。

二、北京官仓建筑特征与南新仓测绘基地概况

（一）官仓建筑基本特征

明代北京共有7座官仓，它们均集中在东城朝阳门附近。北部有海运仓和北新仓；中部有南新仓、旧太仓、兴平仓和富新仓；南部有禄米仓。它们

共同担负着京师储粮的重任,在南粮北运的过程中起着重要的作用。

到了清乾隆年间,北京官仓在明代7座官仓的基础上,又增建了万安仓(位于朝阳门外北护城河边)、太平仓(位于朝阳门外南护城河边)、裕丰仓和储济仓(位于东便门外通惠河北岸)、本裕仓和丰益仓(位于德胜门外)6座官仓,使京师官仓在数量上达到13座,被称为"京师十三仓"。另外,通州还有中仓(位于通州旧城南门内)、西仓(位于通州新城南门内)两座仓。因此,京、通二地的官仓总数达到了15座。清代北京与通州的官仓是我国封建社会京师太仓制度最为成熟的典型,在规模上、技术上和制度上都达到了顶峰。

在古代,"仓"是总称,是管理单位;贮粮的库房称为"廒"。明朝时期的廒房,在构造组成上以廒为贮藏单位,每三间为一廒,后来改为五间一廒,每仓50~100廒不等。现在北京仅存禄米仓5廒,北新仓9廒,南新仓9廒。

清代北京和通州的仓廒建筑作为中央储备的皇家粮仓,建筑及其设施十分讲究,按照城墙的军事标准建造,其技术较之元、明有较大改进。

1.防水淹措施

为了防止水淹,每座仓廒所选地址都比较高,四周筑有高大围墙,地下埋设排水管道。

2.防潮措施

为了防潮,每座仓廒的基础都用三合土夯筑,然后均匀铺撒一层白灰,再用砖铺地面,上加楞木,满铺松木板,四面墙壁有护墙板,大门设门罩。

3.通风措施

为了通风以透泻汗蒸郁热之气,标准的廒房都设有高出屋顶类似天窗的"气楼",气楼上有便于随时通风的活动闸板,同时用竹篾编成细罩钉在气楼窗棂之上,以防飞鸟进入啄食。

4.保持温度恒定措施

廒房的墙体很厚,底部厚约1.5米,顶部厚约1米,墙体收分明显,砌筑如此厚的墙体,可以使建筑物内部温度保持相对恒定。以上的建筑方法和措施,既防潮又保证通风,使所储仓粮历久不坏。

(二)测绘基地建筑概况

南新仓是明、清两代北京粮仓之一,俗称东门仓,于明永乐七年(1409)在元代北太仓的基础上建成。清初时南新仓为30廒,到乾隆时期增至76廒。现在南新仓保留廒房7座,共9廒,其中2座为两廒联排式,其余5座均为一廒。南新仓为北京现存规模最大、保存最为完好的皇家仓廒之一。

南新仓廒房，每廒面阔五间，明间开门，次间、稍间设高窗，面阔约23.8米，进深约17.6米，高约7.5米。屋顶采用悬山屋顶，前檐明间出面阔4.4米、进深2米的悬山式披檐门罩，并于明间屋顶中心位置开气楼，即天窗。廒房山墙采用五花山墙形式。建筑内部结构为抬梁式木构架。

南新仓仓廒的空间容量极为可观，鼎盛时期可储存近1亿斤的粮谷，如果折算成基本储量为10吨的集装箱，南新仓的总储量就相当于5000个左右的集装箱。

三、测绘任务与组织实施

（一）测绘地点

北京市东城区南新仓。结合现场实际情况，选取典型实例测量南新仓仓廒建筑物的形状、大小和空间位置。

（二）测绘对象

经过考察确认，主要选取南新仓2号仓、6号仓及仓墙，对南新仓现存廒房建筑总体布局以及单体建筑进行测绘，并绘制相应的总平面图和单体建筑的平面、立面、剖面图。同时根据现场条件，选取其他仓房，测绘其外观立面，绘制相应的建筑立面图。

（三）分组测绘

（1）本次官仓古建筑测绘以小组为单位，对测绘对象进行调研测绘，每组设指导教师，以指导示范测绘工作。

（2）分组尽量按照优势互补、男女生合作原则。每个小组设组长1人，负责组织、协调现场工作。

（3）各组、各工作单元之间应经常主动沟通，交流经验，互相提醒，使大家少走弯路，以提高效率，必要时互相支援。各工作单元每天在测绘现场的草图绘制，都要经过互相检查和研究讨论。

（4）各工作单元分工协作的原则和方法是按所绘视图分工并负责到底，如学生甲负责绘制横剖面图和侧立面图，则从勾画草图、测量记录直至完成计算机图样均由其本人负责;在测量、数据整理和制图阶段,小组成员必须通力合作,特别是不同视图由不同学生完成时,投影关系必须一致。

(5)工作日程与测绘计划如表1所示。

表1 工作日程与测绘计划

工作环节		工作内容	工作要求	备注
预备期	教师准备	了解所测对象历史背景及特征;踏勘现场,确认工作条件,制定测量方案,明确工作重点、所需人数、设备、分工	所有教师应熟悉测绘工作整体特点及各阶段的工作重点,分析可能出现的问题,准备应对方案	
	课堂讲授	讲解测绘基本知识及应用,讲授测绘工作程序及要点	学生应熟悉测绘工作程序,初步了解测量学相关知识及操作方法	
	测绘设备准备	准备测量工具及仪器	检查维护测量工具,及时处理相关问题	
	后勤保障	落实现场作业期间的生活保障		先期落实
现场操作1	现场调研	在教师引导下实地参观拟测建筑,了解其历史背景及周边环境,采访所住居民、使用单位,落实测绘任务	充分了解建筑的相关背景及周边建筑环境及其历史变迁,熟悉现场条件,丰富中国古建筑知识	
	安全教育	对学生进行安全教育,明确安全规程和责任	树立安全第一的意识,牢记安全守则,能对突发情况做出正确反应和处理	
	现场集中授课	讲解测绘操作各环节的方法和技巧	掌握测量方法和技巧,正确处理相关问题	
现场操作2	勾画草图	分组绘制草图,总图组绘制院落总平面草图,单体建筑组绘制建筑平面、立面、剖面草图	投影正确,细节交代清楚,便于标注测量数据	

— 160 —

续表

工作环节		工作内容	工作要求	备注
现场操作3	测量操作	分组测量，记录数据	安全第一，细心绘制，认真测量，随时整理数据，团队协作	
	摄影摄像	拍摄照片、录像，以记录测量对象	全面反映建筑环境、空间、造型、色彩、结构、装饰等信息	与测量工作同步进行
现场操作4	仪器草图绘制（尺规图、板作图）	依据数据整理结果绘制仪器草图，验证数据	仪器草图须标注尺寸，并随时核对实物，及时发现问题，随时复测、补测	必要时部分图纸可与测量工作穿插进行
现场操作5	仪器草图校核及改正	教师现场比照实物校核，发现错误，发回改正	不同视图对应无误，并与实物核对，全部无误才能结束	一部分穿插在仪器草图绘制阶段进行
计算机绘图阶段	上机制图	根据现场工作相关成果上机制图	严谨认真，符合制图规范和要求，保证组内协调一致	
	图纸成果整理与验收	打印制作，教师验收	发现问题及时调整，修正制图错误，直至达标	
	成果存档	包括最终图纸及测稿	加强管理	

四、测绘难点与解决措施

（一）历史沿革的探究与建筑空间格局的演变

由于城市的发展变迁，被测绘古建筑的室内外高差发生了较大的变化，现状的室外标高均高于室内标高，已不同于历史上的情况。还有部分建筑的功能发生了转变，使建筑内部的空间格局发生了变化。如6号仓的室内空间增加了夹层和楼梯，还有的增加了吊顶。因为仓廒建筑普遍缺乏详细的历史文献及文字记载，学生需要通过与管理方及使用方的交谈和现场房屋结构构造的变动痕迹来推测建筑原状。部分仓廒建筑由于局部变动较大，已不可考，或本体结构构件被新附加物遮盖，这种情况需要参照其他仓廒的相同部位的做法来推测建筑原状。

（二）测绘的方法与方式

官仓建筑是一种特殊的古代建筑类型，作为文化遗产被保存下来，具有适合功能要求的特有的构造做法和独特的文化内涵。比如墙体加厚以利于保持室内温度恒定，屋顶设气窗以保持室内自然通风，测绘中应将其独具匠心的构造做法细致、准确地表达出来。由于测绘实习时间短暂，加之建筑本身为全国重点文物保护单位，致使测绘手段与方法受到限制，故部分测绘成果的图纸深度细节表达不够。原因有以下几点：（1）测量工具的制约。每组学生仅靠卷尺、手持式激光测距仪和卡尺进行测量，学生在操作时会产生不可避免的测量误差。（2）测量方式的制约。鉴于文物建筑保护的要求，本次测绘古建筑屋顶的梁架、檩椽以及屋脊瓦饰等细部不能抵近测量，学生需靠目测，或拍照再"依葫芦画瓢"，精确的技术数据等方面不得不被忽视。

（三）测绘成果的表达

由于同学现场手绘图纸的技巧和后期计算机制图的能力差异，以及对古建筑构造知识的不足，致使在图纸表达时要反复修改，影响了测绘效率。建筑表达能力与制图能力的提高依然是建筑测绘及规划设计的基础。在今后的古建筑测绘实习中还应引进并采取一些现代化的测量工具和测量手段。这样可以大大提高古建筑的测量精度和测量效率。比如GPS技术、数字图像与近景摄影测量技术等先进测量技术和手段，可以为古建筑测绘提供有效的技术支持。

（四）测绘工作的流程

利用传统手工测量手段，对一座单体建筑进行测绘，大体经历准备、勾画草图、测量、整理数据、制图、校核、成图、存档等阶段。现场工作应完成仪器草图，并对照实物严格校核，以保证测绘质量。参加测绘的学生禁止在勾画草图阶段使用计算机制图。现场工作阶段应当把主要精力集中在体验建筑、熟悉构造、掌握测量技巧和处理数据上，要求能够按投影法正确表达所测对象。这些工作已经达到一般学生现场工作阶段能力、体力和精力的极限。

五、结论

（一）古建筑测绘是综合实践教学训练

测量技术只是手段，并非古建筑测绘的全部。作为对历史建筑的记录，古建筑测绘不同于一般的工程测量。它包含对建筑遗产在科学与人文、技术与艺术方面的体验、认知、理解乃至探究、甄别、发现和评价，也包含对建筑实体、空间及其精神意蕴的理解、再现和表达。它不是完全被动地描摹，而是融会了价值判断和信息取舍。它要求测绘者具有一定的建筑学综合素养，熟悉测绘对象的相关形式特征、语汇和历史、结构及构造知识；反过来，它又能使参与者得到各方面的综合训练，在认知、技能和综合修养上得到提升。

（二）古建筑测绘拓展了实践教学的广度和深度

古建筑测绘作为古建筑价值信息采集的实践环节，在全社会不断加强文化遗产保护的大背景下，拉近了"学与用"之间的距离，贴近工程实际，提升了实践育人教学效果。古建筑测绘实践教学，将传统的实践教学模式与实际工程项目有机融合，通过与文化遗产保护相关的实际项目对接，掌握相关专业技能，不仅贴近了文化遗产保护的实际需求，更调动了学生学习与实践的主动性。古建筑测绘实践教学，让学生既重视学习的过程，也重视实践结果的意义，全面提高了学生的能力与自信心。在此视角下，古建筑测绘不仅延展为古建筑及其环境的全信息采集，同时也拓展了实践教学的广度与深度。

（三）古建筑测绘注重培养学生的综合能力

测绘的目的不仅仅是关注学生专业技能的培养，还应加强自学能力、语言表达能力、团队协作能力和多学科综合能力。培养学生自己发现问题、分析问题、解决问题的能力。如测绘以小组为单位，每天晚上开例会，由各组组长汇报各自的工作进度并提出问题，共同寻求解决问题的方法。在调研过程中，与古建筑管理人员、使用人员、当地居民进行交流，了解地域的传统文化、建筑历史、特殊的工艺技术，锻炼了语言表达能力和沟通技巧。测绘过程注重团队协作精神和社会责任感的树立，刚开始各组成员会因为数据不统一、测量方法不一致等问题产生矛盾，经过一段时间的磨合最终基本完成了测绘实习的要求。建筑是涉及多个学科的专业，学生做课程设计时，不能很好地结合相关知识，而通过古建筑测绘实践中身临其境的感受可以认识和了解建筑的材料、结构、构造及装饰的相互关系。

　　实践教学是提高学生规划设计能力的重要途径，积极探索、寻求合适的教学方法，引导学生拓展课堂知识，提高学生对城市历史和历史建筑的兴趣和文物保护的意识，这也是古建筑测绘实践教学的最终目的，值得教师认真思考和探索。古建筑测绘实践的形式不断多元化、新方法不断涌现，对于测绘教学改革的研究而言仍任重而道远。在教学中，如果能不断融入一些新的思路，那么就能使古建筑测绘教学始终保持实用性和前沿性，也就能使测绘实践在文化遗产保护工作中发挥更加重要的作用，从而更好地培养应用型人才。

参考文献

[1] 王其亨主编，吴葱，白成军编著. 古建筑测绘[M]. 北京：中国建筑工业出版社，2006.

[2] 杨菁，李江. 地域性建筑测绘中的教学探索[J]. 高等建筑教育，2014（3）：58-61.

[3] 王磊，王卓男. 古建筑测绘教学工作现状与改革方法探讨[J]. 经济·管理·综述，2018（11）：149-150.

"城市与区域综合实习"课程实践育人模式探索*

董恒年　安　帅　刘小茜

摘　要：分析人文地理与城乡规划和地理信息科学专业"城市与区域综合实习"课程建设现状和问题，深入探讨思想政治教育内容与专业实习内容的有机融合，探索过程化实践教学管理模式，培养既有家国情怀与文化自信、又有责任担当与优良学识品格的社会主义事业建设者和接班人。

关键词：课程思政；专业思政；立德树人

一、引言

"城市与区域综合实习"课程是人文地理与城乡规划专业和地理信息科学专业集中实践教学的第一个模块，属于认知实习，旨在通过不同野外实习基地、实习观测区及教学观测点教学内容的现场感知与观测实习，培养学生对城市与区域的感知观测及调研能力。在培养学生运用地理学与相关学科理论知识与方法能力的同时，注重培养学生热爱祖国大好河山、感悟中华文明及其辉煌历史与成就等家国情怀，增强学生对中国特色社会主义道路、理论、制度和文化的坚定信念。

学生通过本课程的学习能够达到以下目标：

---

* 项目来源：北京联合大学2018—2019年度校级专业核心课"经济地理学"课程建设阶段性成果；北京联合大学2020年度校级科研项目立项课程思政专项"地理学课程思政、专业思政、学科思政体系研究"（SK20202001）；北京市属高校高水平教师队伍建设支持计划高水平创新团队建设计划项目（IDHT20180515）。

第一作者简介：董恒年（1962—），男，博士，北京联合大学应用文理学院城市科学系副教授，研究方向：区域经济、旅游规划与管理研究等。

1.知识层面

掌握地理学基本原理与规律和区域性、综合性、系统性及社会时代性等学科特征。

2.应用层面

能运用地理学理论解释各种地理现象，同时运用地理学方法解决各种地理实践问题。

3.整合层面

能将资料收集与资料分析法、实地观察法、访谈与访问调查法、地理系统分析与结构分析方法、区位分析与区域综合分析方法以及实证研究与规范研究方法等用于专业设计。

4.情感层面

积极参与协作学习，具有团队合作意识，能够合作完成综合设计项目，并进行成果展示和有效沟通与交流。

5.价值层面

培养学生严谨科学的求实作风，提高科学素养，能在解决规划和地理信息问题中，具有社会责任感，在实践中理解并遵守职业道德和规范，践行社会主义价值观。

6.学习层面

形成课前和课后利用各种线上、线下资源自主学习的意识，养成在地理学实践中学习的习惯。

二、课程建设现状

（一）实习内容与方法

1.野外实习准备

通过集中实习动员与讲座，让学生明确实习任务和目标，了解实习区域环境基本状况，训练学生使用野外实习观测仪器，了解需要准备的学习用具、生活用品及野外实习注意事项。

2.考察自然地理结构与特征

通过实地考察和观测，结合现场讲解，让学生识别自然地理各要素及其景观特征与成因，能运用自然地理专业术语解释所观测到的各种自然地理现象及自然条件，阐述各自然地理要素相互作用机制。同时，引导学生欣赏祖国大好河山，激发爱国热情。

3. 考察区域人文地理结构与特征

通过实地考察和观测，结合现场讲解，让学生了解各类人文地理要素及其景观特征与成因，能运用人文地理专业术语解释所观测到的人文地理事物与现象及人文地理条件，阐述各人文地理要素相互作用机制。同时，引导学生感悟中华文明及其辉煌成就，增强民族自豪感。

4. 考察区域经济发展条件及现状

通过实地考察和观测，结合现场讲解，让学生识别经济地理要素及其景观构成与特征，能运用经济地理专业术语解释所观测的经济地理现象，阐述各经济地理要素之间的相互作用机制。结合改革开放四十多年所取得的伟大成就，增强学生对中国特色社会主义的道路自信和制度自信。

5. 考察区域城镇化与城镇发展

通过实地考察和观测，结合现场讲解，让学生识别区域城镇化的空间特征、形态与结构、历史演变和成因等，运用地理学及相关专业术语解释所观测到的各种城镇化现象，阐述区域城镇化与人口、要素及产业集聚间的作用机制，进而启发学生思考区域发展问题及其解决途径，增强学生的社会责任感和历史使命感。

6. 实习总结与撰写实习报告

在整个实习过程中，教师以身作则，率先垂范，自觉践行社会主义核心价值观。学生通过小组配合完成实习作业，独立撰写实习报告，培养团队协作和集体主义精神。

（二）存在的问题与解决方法

城市与区域综合实习可以有效增强学生对所学自然地理、人文地理、经济地理和城市地理等理论知识的实践应用认知。但是，野外实践不同于室内课堂教学，既要顺利完成专业实践教学任务，同时还要管理和协调好整个实习团队在野外期间的教学、安全、生活及休息等。从过去野外实践教学实施情况看，存在着一些突出问题需要解决：一是如何建立有效的野外实践教学组织体系，才能保证实践教学任务顺利完成；二是应该制定哪些操作性实践教学规范，才能有效保证学生在野外实习过程中遵循行动依据和约束规范；三是学校教学管理部门如何加强对野外实习团队的有效监管；四是由于野外教学观测区及相应教学观测点的教学资源不可能像教科书那样系统化和富有逻辑性，如何规避野外实习流于形式和随意性强等问题。

在总结长期野外实践教学经验的基础上，通过设计和制定实习过程化管理组织流程及标准，加强实习团队野外组织体系建设，同时加强院、系两级监管，顺利解决野外实习过程中存在的各种问题，具体做法主要包括以下三方面。

（1）每年在"城市与区域综合实习"实施前两个月组建由实习队长、实习指导教师、实习班主任、财务管理人员、实习班长与团支书、实习小组长及实习小组成员组成的野外实习团队，并明确实习团队实行队长负责制，实习指导教师、实习班主任和财务管理人员对实习队长负责，实习班长与团支书对实习班主任负责，实习小组长对班长和团支书负责，整个实习团队按照实习过程化管理组织流程及相应标准组织野外实习等实践教学活动。

（2）为加强学校教学管理部门对野外实践教学的有效监管，实习过程化管理组织流程规定，在实习动员阶段，实习团队邀请学院教务处领导及系领导参加实习动员；在野外实习阶段，每天由实习队长或队长指定的成员向系领导和学院相关部门及主管领导报告实习进程；在实习结束后，由实习团队向系里提交实习总结报告。这样，既使野外实践教学流程实现了规范化，也有效加强了教学主管部门与系里对野外实践教学活动的监管。

（3）实习队长及实习指导教师根据实习管理组织流程与标准以及各实习基地相应实习观测区及教学观测点教学内容和要求编制各年份所用的《实习指导书》，并在实习动员时分发给参加实习的全体学生，作为学生整个野外实习教学过程中进行实习准备、了解实习行程安排、参考实习观测区基本情况、学习教学观测内容、掌握实习观测方法、填写实习观测记录、撰写实习报告及考核学生学习情况等的指导手册。

三、过程化管理组织流程及标准

在2012年校级教改项目"应用型大学综合实践类课程教学过程优化和目标管理模式研究"基础上，围绕加强实践教学过程化管理与标准化建设进一步研究探索，制定了过程化管理标准，包括"城市与区域综合实习"教程和"城市与区域综合实习报告"，课程教学大纲、实施流程、实践教学管理规定、致家长信、实习动员、野外教学活动管理、现场总结会、实习报告与考核、先进班组及个人评选与奖励、安全管理、实习守则11件规范化教学管理文件，以及由北京、西安、烟台周边地区的3个野外实习基地、20多个野外实习教学观测区及近100个教学观测点的教学案例。

（1）通过"城市与区域综合实习"教学大纲、实施流程、实践教学管理规定、致家长信、实习动员、野外教学活动管理、现场总结会、实习报告与考核、先进班组及个人评选与奖励、安全管理、实习守则等过程化管理组织流程与教学标准的编制，解决了过去实践教学过程中缺乏行动依据和规范约束等问题，为学校教学管理部门有效监管实习实施过程提供了依据，实现了实践教学管理组织流程与标准的系统化创新。

（2）通过"城市与区域综合实习"教程的编写和以实习指导书形式对不同实习基地野外实习观测区及相应教学观测点教学案例的研制与编写，使实习现场教学过程有了重要的资料依托和具体内容与要求，解决了过去野外实习缺乏现场教学资料和具体教学观测内容与要求，以及野外实习流于形式、随意性强等问题，同时也解决了自然、人文、经济和城市地理等理论课程教学与其实践应用相脱节等问题，实现了地理学理论课程在实践应用上的现场化与在地化创新，以及地理学理论课程与实践应用有机结合的创新。

（3）表格式"城市与区域综合野外实习报告"的编写，既方便了学生在实习过程中对实习教学内容的记录与填写，又有效缩短了实习结束后学生撰写文本式报告的时间，同时也延长了野外教学时间，提高了野外实习整体效率。

（4）在野外实习基地的建立及野外实习观测区和教学观测点的选择上，尽可能将有效凸显祖国大好河山和弘扬中华文明及中华优秀传统文化的典型地理教学观测区及教学观测点纳入其中，实现了利用野外教学优势，进行爱国主义和优秀传统文化传承教育的课程思政创新教育目标。

四、建设成果推广应用

（1）过程化管理组织流程与教学标准的建立，及在此基础上进行的"城市与区域综合实习"野外教学过程优化和目标管理模式的探索，在指导本实践课程和其他实践教学实施与应用上发挥了重要作用，自人文地理与城乡规划专业本科班2015级起至2018级，连续四年实习都进行得有条不紊，有效规避了教学过程中各种不规范行为和事件的发生，教学效果良好，四年来，每年都有不同的班级、班组及个人获得校团委优秀社会实践集体与个人奖励。这四年中参加实习的学生给实习指导教师团队的教学评价均为优秀。

（2）推动城市科学系及实践教学团队（课程负责人及实习指导教师）顺利完成了北京周边（含河北）地区实习基地的建设，并完成了北京周边地区6个实习观测区概况和30个实践教学观测点教学观测内容与要求等的编写，为在北京周边地区开展实习创造了有利条件。

（3）进一步推动了实践教学团队在2015年之后的几年间，对"城市与区域综合实习"过程化管理继续进行深度创新，具体体现在两个方面。一是将实习报告格式由原来的文稿模式改变为表格模式，这样更便于学生在实习基地现场完成实习报告，减轻了学生在实习结束后撰写长篇文稿式实习报告的负担，大大缩短了校内作业时间，有效延长了野外实习时间，同时也规避了学生互相抄袭实习报告的弊端。二是推动实践教学团队将"城市与区域综合实习"教学过程化管理标准，由原来的各主要组织流程环节向各实习基地的具体实习观测区及实习观测点教学标准的研究与编制转化，使实习过程化管理组织标准体系更加完善。

（4）推动城市科学系市级精品建设课程"城乡规划管理综合实践"的其他三个实践教学模块（"城市要素基础调研"模块、"城乡规划管理高级调研"模块和"毕业实习"模块）的教学团队，按照项目成果模板完成各自模块教学过程化管理组织流程与标准的编写，同时也要求各个教学团队编写实践教学指导书及教程等。

（5）激励实践教学团队的多位教师获得了双师教师资格，并申报多项校级和院级教学研究项目，发表了多篇教学研究论文，指导学生申请并完成多项启明星项目等。

参考文献

[1] 董恒年，等. 城乡规划综合实践教学过程化管理组织流程及标准研究报告[R]. 北京联合大学校级教改项目，2015.

[2] 董恒年，等."城市与区域综合野外实习"指导用书（2005—2018）[M]. 北京联合大学应用文理学院城市科学系城市与区域教研室.

[3] 熊黑钢，陈西玫. 自然地理学野外实习指导：方法与实践能力[M]. 北京：科学出版社，2010.

"地理信息系统技术与应用"课程思政教学设计*

陈 静

摘 要: "地理信息系统技术与应用"课程从六维目标强化培养地理人的科学精神、创新意识、空间思维和实践创新能力,在小组实践过程中渗透做人做事的基本道理,培养团队意识和协作能力。

关键词: 课程思政;地理信息系统技术;空间思维;科学精神

一、课程思政的教学设计思路

(一)课程基本信息

"地理信息系统技术与应用"课程为地理信息科学专业的必修实践课程,修读对象为地理信息科学专业三年级学生。教学内容主要包括以下三个方面:从存储角度实现地理数据库(Geodatabase)设计及实践;从数据分析角度进行地理处理(Geoprocess)实践,实现空间分析自动化;从表达角度进行三维可视化技术的实践与应用。本课程和相关课程共同培养和提高学生专业学习兴趣和空间思维能力,使学生所学专业基础知识、基本理论知识更加扎实,能根据项目及用户需求提出GIS解决方案,培养创新意识、空间思维和实践创新能力。

---

* 项目来源:北京联合大学2020年度校级科研项目立项课程思政专项"地理学课程思政、专业思政、学科思政体系研究"(SK20202001);北京市属高校高水平教师队伍建设支持计划高水平创新团队建设计划项目(IDHT20180515)。

作者简介:陈静(1977—),女,硕士,北京联合大学应用文理学院城市科学系讲师,主要研究方向:地理信息系统技术应用研究等。

（二）课程目标

通过本课程的学习，学生能够达到以下目标：

1. 知识层面

学生能够准确描述和界定GIS技术与应用研究对象、地理建模方法，辨别GIS技术相关因素。

2. 应用层面

学生能够运用GIS工具及相关知识，输入、存储、分析和描述地理问题和现象，获得有效结论。

3. 整合层面

学生能够描述GIS技术与应用在地理信息科学学科体系中的地位，梳理地理信息科学前沿发展现状和趋势。

4. 情感层面

认识到同学之间相互学习、团队合作的重要性，能够参与协作学习，培养团队意识。

5. 价值层面

学生能够列举GIS技术对社会、健康、安全、法律以及文化的影响，并理解应承担的责任。

6. 学习层面

学生能够认识不断探索和学习的必要性，具有自主学习和终身学习的意识；掌握自主学习的方法，了解拓展知识和能力的途径；能针对自身特点或职业发展需求，设计个人大学学习计划。

（三）课程思政融入设计

1. 思想政治教育的融入点

"科学精神"——作为地理人，进行地理建模、空间分析等过程中需要明确目标、选取方法、设定方案；模型需要反复推敲、调试，严谨、科学的态度和精神是实践结果合理、有效的保证。

"团队意识"——课程实践过程以小组讨论、小组合作方式为主，增强团队意识，在这个过程中让大家明白做人做事的基本道理。

"创新精神"——小组作业、课程汇报及三维显示设计部分鼓励创新、作品风格化。

"提升自信"——课上讨论，鼓励独立思考，培养批判性思维，提升自主学习能力、自主分析和解决问题能力，进而提升个人自信。

2.教学方法与举措

（1）采用任务导入、多媒体导入等方式激发学生学习兴趣，提升代入感。

（2）采用案例教学、上机实践等方式强化地理建模过程是逻辑过程，强化目标导向，过程需反复推敲和探索，提升学生严谨、科学的态度和精神。

（3）课堂讨论过程中不回避错误、"鼓励"错误，鼓励独立思考，提升自主学习能力、自主分析和解决问题能力，进而提升个人自信。

（4）以小组作业、课程展示等方式鼓励创新、鼓励展示结果的多样化。课程实践过程以小组讨论方式为主，增强团队意识，在这个过程中让大家明白做人做事的基本道理。

二、课程思政融入案例

在第三单元"地理数据分析与建模"中的"地理处理应用实例"部分，教学目的在于通过计算道路密度的案例实现地理处理可视化建模过程。要求学生通过分组讨论的方式，确定道路密度地理处理过程，实现地理建模。通过2020年度《中国主要城市道路网密度检测报告》引入新课，道路密度是评价城市道路网是否合理的基本指标之一，让学生了解中国城市道路密度情况，启发学生进一步思考如何推动城市交通基础设施建设，提高城市道路网通行效率，深入贯彻党的十九大和中央城市工作会议精神，积极响应《交通强国建设纲要》的战略部署。

道路密度如何量算？通过讲授的方式介绍计算道路密度常见的两种方法，并以小组讨论方式设计地理处理流程，以小组合作方式完成地理建模上机实践。通过对小组建模结果进行点评的方式强调本部分内容及思政元素，通过讨论总结模型成功因素：专业知识是模型成功的基础；而目标明确、反复推敲，是科学精神的体现；团队合作精神也不可忽视。启发学生思考：调整道路密度能解决城市病问题吗？是否密度越高可达性越强？

"山路难行日易斜，烟村霜树欲栖鸦。"（白居易《冬日平泉路晚归》）古人已经解答了高层对道路可达性的影响，由此引出后面要进行的道路网络分析，看看高层对路网效率的影响。让学生利用Model Builder计算北京市海淀区、西城区道路密度，进一步思考道路密度对两个区域经济、文化活力的影响。

三、课程思政建设成效

关于本课程,学生的反馈良好,评教成绩多次被评为优秀。学生小组作业选题涉及社会热点问题,学生自己动手实践形成的成果在课堂上进行展示、汇报,从中可以看出学生有发自肺腑的、深刻的内在体验,学生自己总结收获与不足时,包含了他们对团队意识的认可、对数据处理过程中科学精神的感悟。

四、收获与体会

习近平总书记在全国高校思想政治工作会议上强调"要守好一段渠、种好责任田"。如何做一个优秀的守渠人、负责任的种田人呢?经过三年的课程思政建设,笔者的体会分为两方面:一是教师作为授课主体,若想立德树人,要先育己。而育己过程是对课程本身再思考、再统筹的过程,是课程的重塑过程;也是对课程体系、课程群再认知、再思考的过程。二是关于育人,如何激发学生的自我认识是核心。学生作为客体,若想真正达到育人效果,关键在于学生内因驱动。教师不仅要看清不同"渠和田",更要拉近和学生之间的距离,因材施教、引发学习兴趣、激发深入思考,通过"有效外力"对内因产生作用,方可达到育人、树人目的。"路漫漫其修远兮,吾将上下而求索。"尽管过程不易,但我们深耕细作、砥砺前行,一定能做好守渠人、种田人!

应用型本科院校增强"区域+"理念下课程建设改革的必要性及对策研究*

刘小茜　闫晓霞　黄晓东

摘　要：加强地方高等院校在专业人才培养中的"区域实践"能力的培养，以适应所在地方可持续发展的新需求和新形势，是应用型本科院校课程体系改革的重要内容。本研究从改革必要性和需求角度进行了分析。

关键词：应用型本科院校；区域；课程改革

一、引言

我国正处在全面建成小康社会的决战期，习近平总书记在党的十九大报告中，5次提到"可持续"一词，他强调说："统筹推进区域协调发展战略、可持续发展战略，突出抓重点、补短板、强弱项。"同时也在报告中强调："要以培养担当民族复兴大任的时代新人为着眼点，强化教育引导、实践养成、制度保障。"高等教育则要着力于"实现高等教育内涵式发展"。在我国社会发展和经济转型的关键时期，在产业升级和教育改革的大背景下，如何培养高素质的应用型人才和创新型人才，需要地方本科院校充分发挥其优势和职能。对于应用型本科院校来说，"内涵式发展"则必须着眼于国家和社会的需求和人才诉求。应用型本科院校往往具有城市和区域性特色，应用型专业的办学水平和服务能力影响着地方城市经济社会的发展进度。

---

*　项目来源：北京市教育委员会科研一般项目（KM202011407008；KM202011417013）；北京联合大学人才强校优选计划百杰项目（BPHR2020CZ01）；北京联合大学人才强校优选计划百优项目（BPHR2020DZ01）。

第一作者简介：刘小茜（1984—），女，博士，北京联合大学应用文理学院城市科学系副教授，主要研究方向：系统动力学仿真和景观生态评价研究等。

笔者认为，要想培养出面向区域可持续发展需求的应用型人才，应用型本科院校的专业教育实践中，必须建立紧密围绕"区域社会发展需求"的产教沟通渠道，不仅要引导就业需求让学生走出课堂，还要引导"区域+"实践需求与问题进入课堂，实现理论与实践的双向对接。"区域+"课程理念的内涵即突出专业课程中促进"服务区域特色经济社会发展"的理念，突出地方本科高校的课程设置，在实践和理论教学中增加有关地方和区域的相关教学内容，推进产教融合、校地共同发展的课程建设思路。

自大学产生之初，大学与所在地区的关系就极为密切，大学在促进城市和区域发展方面发挥了重要作用。中国很多大学以所在城市冠名，而王清远等指出，以所在城市冠名，以服务地方为办学宗旨的城市型大学与城市发展存在着"互动发展、相互促进"的关系。基于地方本科院校科学发展的需要与诉求，分析大学与城市的互动关系，地方本科院校在区域和城市发展中一直起着重要的推动作用。例如，北京市市属高校中就有多个围绕"城市"需求和北京市发展的专业。而且，随着高等教育的发展，城市型大学与城市已朝着更深层次的"校城互动、融合发展"关系发展。另外，城市的发展程度决定着城市型大学的办学水平和服务能力。城市和区域的可持续发展对大学的生源、实力、就业都会产生系列影响。因此，面向城市或者区域可持续发展的教育理念成为必然。应用型本科院校和区域经济建立良好互动的发展关系，是促进两者共同发展的必由之路。

为此，我们将系统阐述以"区域特色实践"类课程建设为突破面向区域可持续发展人才资源支撑的重要性、紧迫性和途径及具体方案。从分析应用型本科院校人才需求和人才培养目标的契合度出发，阐述可持续发展理念在应用型专业人才培养体系中落实的必要性和紧迫性。

二、必要性和紧迫性

加强地方高等院校在专业人才培养中的"区域实践能力"的培养，以适应所在地方可持续发展的新需求和新形势，是实现这种有效结合的关键。因此，在地方高等院校中，实施"区域+"课程模式具有必要性和紧迫性。

第一，教育的大众化和国际化，促进了很多学科理论课程的同质化和综合化。综合理科课程有利于学生兴趣的培养，与分科课程相比较而言，综合理科课程的内容更容易与现实问题相联系，是以探究过程、应用问题和专题对象为中心的综合理科课程。但存在难以落地的问题。同时，西方发达国家在从工业化社会向后工业知识社会发展的过程中，地方性本科院校在推动区域发展和促进成果转化等方面的作用越来越强，以德国为代表的发达国家的应用型人才培养模式也产生了巨大的社会生产力和经济效益。

第二，从特点上来讲，我国应用型本科院校往往具有地方性、区域性服务角色的社会特色。这与我国高等教育的体制有关，也与区域发展的差异性有关。那么，如何在教育的国际化和大众化背景下，强化应用型高等院校对地方特色和区域发展的需求和支撑作用，促进教育的人才培养的区域性服务能力，则是当前应用型高等本科院校面临的一个重要问题。因此，应当在遵循高等教育规律的前提下，与时俱进、因势而变、顺势而为、积极作为，关注并主动追踪产业技术进步、社会变革和市场需求及其带来的就业领域的变化，关注区域和社会转型对应用型人才培养的需求和模式的影响。美国高等教育理念中的威斯康星思想强调大学必须与所在州密切合作，建立人才培养和人才输送的对接，实现互惠互利。这些思想对我国应用型本科高校的转型与发展具有重要的借鉴意义。

第三，推进"区域"类专业人才培养目标是实现高等院校产教研一体化转型的有效方法。人才培养、科学研究、社会服务和文化传承与创新是本科院校的主要办学任务。而这几项任务是通过学科建设和专业建设来实现的，体现高校办学质量的标准是学科的建设水平，而体现高校人才培养质量的是专业的建设水平。二者密切相关。实证型研究，无论是自然科学还是社会科学，都起到重要作用；理论和知识来源于实践，加强区域地理教育和区域发展、区域转型需求的能力培养，能够反哺已有的通识性学科教育。应用型本科院校和区域经济建立良好互动的发展关系，是促进两者共同发展的必由之路。加强应用型专业的"区域性/地方性"人才能力培养，是实现这种有效结合的关键。为此，应该着力研究"双主体"产教融合下的学科建设路径、应用技术性专业结构构建、以人为本的课程建设模式和相应的教学督导工作的转型与创新。

三、基于文献计量学的培养理念及实现途径研究

运用文献计量学方法，在CNKI数据库中检索"应用型人才"及"高等理科教育"等关键词，列举了102篇相关文献的关键词频次，并在Cite Space软

件中制作相关图鉴进行分析，关键词共现关系图谱的分析结果如图1所示。检索得到的相关关键词的词频、爆发度指数、中心度指数和首次出现的年份等信息如表1所示。其中，爆发度指数越高则可以指示该关键词在某一时刻受到关注显著增多。中心度指数越高则可以指示该关键词与其他关键词在共现关系上存在更高的相关性。

（一）国外应用型专业人才培养模式研究

西方发达国家从工业化社会向后工业知识社会发展的过程中，地方高校依托区域经济发展的平台越来越强化、越来越重要，可以为我们提供重要的借鉴。而高等教育的国际化也为我们提供了学习的途径和平台。

分析发现，国内外地方性本科院校在推动区域发展和促进成果转化等方面的作用越来越强，以德国为代表的发达国家的应用型人才培养模式产生了巨大的社会生产力和经济效益。发达国家的教育理念也对地方性的实践需求的理解更加深入，进而形成了颇具代表性的STEM科学发展思路和威斯康星思想。

1.美国在STEM[科学（Science）、技术（Technology）、工程（Engineering）、数学（Mathematics）]领域，极力推崇理科教育与实践需求的相互促进，也取得了巨大的经济和社会效益。美国将STEM领域的发展与变革视为国家战略发展与保持全球领导地位的重要支撑。

2.美国高等教育理念中，颇具代表性的是威斯康星思想。该思想是美国威斯康星大学倡导的关于大学服务社会的思想观念，在高校职能的发展史上是一个重要的里程碑，它强调大学必须参与所在州的具体社会事务，将全州作为自己的教学场所，应与州政府密切合作，建立良好合作的伙伴关系，互惠互利。这对我国应用型本科高校的转型与发展具有重要的借鉴意义。

这些思想在多国高等教育的人才培养方案和课程体系中都有体现，也是我们进一步研究和对比的重点。

（二）国内应用型专业人才培养模式研究

从文献计量学分析结果可以看出（见表1、图1），2010年前后"转型发展"在我国地方本科院校人才培养模式中的关注是显著增加，共出现151次；以"产教融合"为代表的概念在2014年前后被提出，近些年来也涌现了多种实现转型的措施和对策，包括"创新创业教育"和"校企合作"，涉及"办学定位""培养模式""实践教学"和"课程体系"等多种环节。这些改革内容和对策都在一定程度上体现了应用型本科院校在人才培养中如何强化应用性和实践等教学改革,也在一定程度上为我们开展"区域+"理念下的课程建设提供了参考。

表1 文献检索的高频关键词的信息列表

关键词出现频次统计	是否存在爆发式增长	中心度指数	关键词	首次出现的年份
380		0	地方高校	1993
175		0.02	地方本科院校	2003
151	15.26	0	转型发展	2010
107		0.01	人才培养	2006
105		0.18	应用型人才	1993
85	8.02	0.02	地方本科高校	2011
68	16.99	0.01	应用技术大学	2013
65		0.02	人才培养模式	2004
59		0.01	应用型	2002
58	10.18	0.04	转型	2008
54		0.01	应用型本科	2009
50		0.74	新建本科院校	2004
46		0.03	应用型人才培养	2007
45		0.02	培养模式	2006
41	6.5	0	学校	1999
41		0.02	课程体系	2007
40		0.01	实践教学	2008
39	6.55	0.01	应用型高校	2008
38		0.01	新建地方本科院校	2005
36		0.02	教学改革	2000
35		0.08	地方院校	2006
30	5.51	0.01	产教融合	2014

续表

关键词出现频次统计	是否存在爆发式增长	中心度指数	关键词	首次出现的年份
30		0.92	办学定位	2004
29		0.01	对策	2006
29		0.09	应用型大学	2008
28		0.03	应用型本科院校	2009
26		0.01	创业教育	2006
25	5.17	0	创新创业教育	2011
25		0.01	课程设置	1998
25		0.02	校企合作	2009
24		0	问题	2006
24		0.03	高校	2000
23	4.9	0.01	学堂	2002
23		0.08	区域经济	2004
22		0.12	高等教育	2004
21		0.05	创新	2003

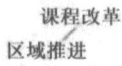

图1 应用型人才培养途径的文献计量学关键词共现关系图

四、对策与建议

综上,本文分别就建设"区域+"课程的内涵、必要性、紧迫性和基本途径等几个方面,系统探讨了应用型本科院校在应用型人才培养中,进行课程结合"地方"需求,深化"区域类"实践课程建设的基本思路。分析得知,基于地方本科院校科学发展的需要与诉求,从产教融合下的学科建设路径与创新方式进行文献分析,发现实践类课程建设、开拓产教研融合方式是当前对接"区域+"理念的课程建设的基本途径。

1.实践类课程体系建设与转型

实践类课程的目的是培养学生在实践中发现问题、分析问题和解决问题的能力。我国区域发展的差异性显著,对不同区域的高等院校实践课程的设置方向,应有所导向。当前,综合实践类课程在某些地域难以实施,其中一个重要原因就是与"区域"的差异属性特征结合不够。在实践教学中,也可以充分调动社会资源进入教学,以教学反哺实践的模式,开展"校企合作"和"创业教育"等。当前此类研究中提到的具体措施包括:根据社会实际需求调整教学方案,强化理论教学及专业软实力建设;积极利用社会资源,建立校外实习基地(场地),鼓励并组织学生参加生产实践,了解行业热点和行业前沿,进而反馈到教学中,形成理论教学与生产实践的良性循环,提升学生专业素养。

2.开拓产学研融合方式

当前应用型人才培养中,主要通过开设应用型课程(包括大量计算机类信息化课程)、科研项目推进教学、校本课程建设等分流培养模式来实现。例如,对城市型的应用型高等院校,紧密结合城市地区发展的人口特征、资源问题、生态环境问题、社会管理、居民福利等问题,开展实践类教学,不仅是课堂的形式走出去,课堂的内容也跟学生的生活直接挂钩。转型发展的实现,要面向"地方"与"应用",构建专业学习、就业、科学研究的产学研链条的对接机制,创办互补共赢的多主体办学模式,形成校地、校企良性互动发展载体。

参考文献

[1] 高林，等. 应用性本科教育导论[M]. 北京：科学出版社，2006.

[2] 张宝秀，张景秋. 应用理科、应用文科本科人才培养目标及其实现路径[J]. 中国高教研究，2008（5）：51-53.

[3] 鲍洁，梁燕. 应用性本科教育人才培养模式的探索与研究[J]. 中国高教研究，2008（05）：47-50.

[4] 鲍威，黄月，刘乃嘉. 中美高等理科教育课程设置的比较研究[J]. 中国大学教学，2016（5）：47-54.

[5] 陶岩平. 发达国家培养应用型本科人才的实践[J]. 世界教育信息，2005（01）：14.

[6] Donald J G. Learning to think: Disciplinary perspectives[M]. Jossey-Bass, 2002.Cited in: Lattuca L R,Stark J S. Shaping the college curriculum: Academic plansin context[M]. Hoboken：John Wiley & Sons, 2011.

[7] 朱健. 论高等学校应用性课程体系建设[J]. 高等理科教育，2011（04）：39-41.

[8] 冷疏影，等. 地理科学三十年：从经典到前沿[M]. 北京：商务印书馆，2016.

[9] 吕浩雪. 调整培养目标 适应社会需要——理科本科教育培养应用性人才的实践与探讨[J]. 高等师范教育研究，1993（03）：61-64.

[10] 常连. 坚持内涵发展 坚定走应用性地方高等教育发展之路——安徽省高校教学工作会议综述[J]. 中国高等教育，2012（Z2）：48-49，68.

[11] 陈悦，陈超美，胡志刚，等. 引文空间分析原理与应用：CiteSpace实用指南[M]. 北京：科学出版社，2014.

基于OBE理念的实践课程"计量地理学"的改革探索*

李艳涛　付　晓　黄建毅　陈　静

摘　要：从OBE理念出发，基于地理信息科学专业的实践课程"计量地理学"改革探索的意义，阐明了OBE理念和教学模式，剖析课程改革过程中存在的问题并提出改革建议。

关键词：OBE理念；课程改革；教学模式；过程教学

一、引言

OBE（Outcome-based Education）即"成果导向教育理念"，是20世纪90年代兴起于美国的一种突破传统的教育模式。传统教育的课程教学严格遵守规定的进程，统一的教学时间、内容、方式等，而OBE的目标、课程、教材、评价、毕业要求等均聚焦于成果，而不是过程。OBE强调学生从开始就有明确的目标和预期表现，学生清楚所期待的学习内涵，教师更清楚如何协助学生实现学习目标。传统教育的学生考核是完成统一的教学过程和测试标准（试题、流程和时间都是统一安排）而获得学分，OBE教育是以成果进行测评，学生展现已达到了规定的绩效指标就能获得学分。考核方式多样，考核标准多样，考核评价指标也多样化。

鉴于OBE教学模式的这些优势，为了顺应时代的需求，我国各高校坚持

---

* 项目来源：2019年度院级教育教学改革项目："三全育人"模式下的实践课程考核方式研究的阶段性成果。校级人才项目：运用网络分析法提高公共交通换乘效率的研究（BPHR2019CZ02）。

第一作者简介：李艳涛,（1981—），女，博士，北京联合大学应用文理学院城市科学系副教授，研究方向：地理信息科学。

推动深化教育教学改革，提高教学水平，广泛实施OBE教学理念并得到较好的反馈。北京联合大学的办学宗旨是打造城市型、应用型大学。地理信息科学专业的培养目标是面向国家和首都经济社会发展需要，培养可以从事空间数据处理与分析、GIS应用技术支持、应用系统技术开发及其他与地理信息科学有关的应用研究、技术开发或生产管理等工作的复合型应用人才。"计量地理学"作为地理信息科学的专业必修课，具有很强的综合性和实践性，在地理信息科学专业属于基础性的课程，具有重要的地位。为了更好地设计课程，坚持进行课程改革，本文基于OBE理念对"计量地理学"的实践教学改革内容进行了总结和梳理。

二、基于OBE理念的"计量地理学"课程改革

（一）明确课程的预期成果，确立课程目标

北京联合大学应用学院地理信息科学专业是以面向首都经济社会发展需要，培养具有地理信息综合应用和空间数据分析与处理的专业技能的复合型人才。"计量地理学"作为专业必修课，安排在第5学期，前期预修课程为线性代数、概率论与数理统计、地理信息系统。通过本课程的学习，使学生了解在专业分析中常用的数量方法及其基本原理；熟悉这些数量方法的实际应用范围，即某一定量方法主要可以用来解决什么样的具体问题；掌握在遇到实际问题时，如何灵活运用一种或多种定量方法去解决并对计算机结果进行深入分析的能力，同时能够熟练进行上机操作；具备地理空间数据的基本分析能力。通过本课程的学习，学生能够从全局和多方面分析问题，具有一定的创新意识。通过数据的多种处理、分析方法的对比，学生形成了自主学习和终身学习的意识。

OBE教学模式要求所有课程的教学活动都以学习成果为目标进行反向设计，即首先要确认课程的学习成果，由学习成果确定课程的人才培养目标，再由课程的培养目标决定课程的教学内容。教学主体由传统的以"内容为本"向以"学生为本"转变，教学的重点不再是"课堂上讲什么"，而是"学生可以学到什么"。改革的第一步就是重新设计课程大纲，明确学生的学习成果。

计量地理学课程预期学习成果与专业关系如表1所示。

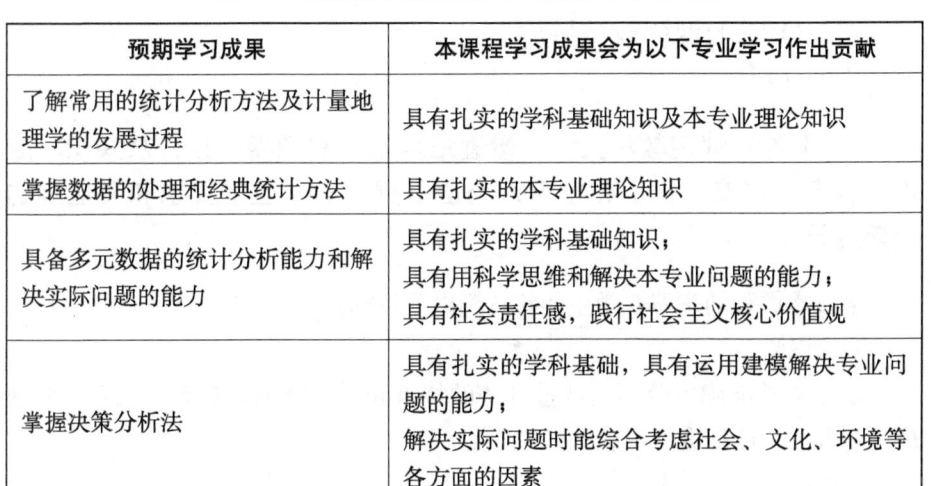

表1 计量地理学课程预期学习成果与专业关系

预期学习成果	本课程学习成果会为以下专业学习作出贡献
了解常用的统计分析方法及计量地理学的发展过程	具有扎实的学科基础知识及本专业理论知识
掌握数据的处理和经典统计方法	具有扎实的本专业理论知识
具备多元数据的统计分析能力和解决实际问题的能力	具有扎实的学科基础知识；具有用科学思维和解决本专业问题的能力；具有社会责任感，践行社会主义核心价值观
掌握决策分析法	具有扎实的学科基础，具有运用建模解决专业问题的能力；解决实际问题时能综合考虑社会、文化、环境等各方面的因素

（二）"计量地理学"课程教学中目前存在的问题

课程案例老旧，缺少北京方面的案例。《计量地理学》教材是由徐建华于2006年1月编写的第一版，2014年8月发行了第二版，自2006年1月出版以来，被国内绝大多数高校的地理学专业普遍使用，第二版修改增加了很多内容，比如地理模型和地理建模概述的内容、Mann-kendall检验、非线性方法简介等。在章节和结构内容上有些调整，但是书中的案例并没有进行修改。这本教材侧重的是理论教学，每个章节的统计方法都会有对应的案例，但是缺少综合案例，比如一个具体的项目案例，或者就实验数据进行统计分析。这与我们学校的定位和专业的培养目标都是不匹配的。北京联合大学的办学定位是培养应用型人才，因此我们更要注重课程的实践性和应用性，一直以来在坚持理论和实践并重的准则下进行授课和实践。课程的实践是18学时，占总学时的1/3以上。地理信息科学专业培养的是为首都服务的具有地理信息综合应用和空间数据分析与处理的专业技能复合型人才。为了更好地调动学生课堂学习的积极性，也为了更好地与实际结合，案例教学自然要与时俱进，特别是要突出北京学特色，才能具备为北京地方服务的能力。

考核方式和内容单一化。"计量地理学"是必修课程，一直采用闭卷考核，其中大部分是上机操作，平时作业也是传统的形式，考题和作业是依据知识点单独设计，形式单一，考核无法全面反映学生的综合能力。

三、OBE的课程改革措施

（一）重新制定教学大纲，梳理培养目标和预期结果，从知识、应用、整合、情感、价值和学习六个层面提出对学生的要求和要达到的预期结果

通过本课程的学习，学生能够达到以下目标：

1.知识层面

学生能够准确区分不同计量方法的特点和应用范围，具有选取合适的地理计量方法和模型进行正确计算的能力。

2.应用层面

能根据研究和实际问题的需求，进行相关分析、回归分析、时间序列分析、主成分分析、聚类分析、趋势面分析、空间分析和层次决策分析模型等计量方法解决常见的地理学问题。

3.整合层面

学生能够灵活应用各种统计方法，并能针对地理学的复杂问题进行系统性分析，同时能够了解计量运动的起源与发展，梳理计量地理学前沿发展现状和趋势。

4.情感层面

认识到同学之间相互学习和合作的重要性，能够参与协作学习，具有团队意识，能够相互配合进行成果展示，能够恰当地表达支持和感谢。

5.价值层面

学生能够认识到科学范式下，计量地理学对地理学发展的推动作用，以及其为地理学相关社会、健康、安全等问题的解决提供了科学工具，提高了学生对地理学的兴趣。

6.学习层面

学生能够认识到不断探索和学习的必要性，具有自主学习和终身学习的意识；掌握自主学习的方法，了解拓展知识和能力的途径；能针对自身特点或职业发展需求，设计个人学习计划。

梳理课程目标和毕业要求之间的关系，如表2所示。

表2 课程目标与毕业要求的关系

课程目标	支撑的毕业要求	支撑的毕业要求指标点
知识：学生能够准确区分不同计量方法的特点和应用范围，具有选取合适的地理计量方法和正确计算的能力	具备扎实的地理学学科基础知识及地理信息科学专业基本理论知识，了解本专业前沿发展现状和趋势	列举地理信息科学前沿发展现状和趋势
应用：能根据研究和实际问题的需求，进行相关分析、回归分析、时间序列分析、主成分分析、聚类分析、趋势面分析、空间分析和层次决策分析模型等计量方法解决常见的地理学问题	能够设计针对地理信息科学专业问题的解决方案，并能够掌握基本的创新方法，具有一定的创新意识和创新思维，在解决专业问题时考虑可能涉及的社会、健康、安全、法律、伦理、文化以及环境等因素	应用GIS专业知识，设计（选择）满足特定需求的数据采集与处理的生产流程或地理信息工程解决方案
整合：学生能够灵活应用各种统计方法，并能针对地理学的复杂问题进行系统性分析，同时能够了解计量运动的起源与发展，梳理计量地理学前沿发展现状和趋势	能够基于科学原理并采用科学方法对专业问题进行研究，包括实验设计、分析与解释数据，并通过信息综合得到合理有效的结论	能够基于地理学及地理信息科学原理，采用科学方法对地理信息系统实践的问题进行研究方案设计
价值：学生能够认识到科学范式下，计量地理学对地理学发展的推动作用，以及其为地理学相关社会、健康、安全等问题的解决提供了科学工具，提高了学生对地理学的兴趣	能够基于学科专业相关背景知识进行合理分析，评价专业实践和专业问题的解决方案对社会、健康、安全、法律、伦理以及文化的影响，并理解应承担的责任	在地理信息系统方案设计中具备综合考虑多种制约因素的意识，能够合理分析和评价工程实践对社会、健康、安全、法律以及文化的影响

（二）注重过程教学，形式多样化

首先教材要改革，丰富实践案例，结合多本教材完成教学目标，徐建华版《计量地理学》注重理论体系的阐述，缺少实践案例，建议结合实践性强的教材一起使用，比如陈彦光的《地理数学方法：基础和应用》，其中有很多地理案例和实践操作。其次是增加北京学方面的综合案例，使学生将计量地理学应用于北京建设和发展中。上机操作的实践案例，基于北京的气候、北京的地貌、北京的人文、北京的经济、北京的文化和北京的交通出行等问题背景，利用所学的方法进行分析和统计处理。让学生更好地了解北京，从而服务北京。

  课堂的教学形式也要多样化，除了讲授法，可以增设翻转课堂，组织学生来汇报，提出问题和小组讨论等形式，老师负责指导和引导。从经验中得出，学生为主导的课堂，不仅可以调动学生的学习积极性，也能加深和巩固学生对知识的理解和掌握，同时能使学生养成独立思考和学习的习惯。

  考核方式也要多样化。可以采用多样化的指标进行考核，比如设计一个具体的案例作为大作业，学生可以综合利用所学方法给出具体方案。布置精读文献作业，查找前沿论文，探究其中具体的方法，进行汇报评分。阅读文献可以将方法的应用落在实处，从而让学生理解统计方法在地理学中应用的广度和深度。还可以通过参加学生竞赛项目获得平时成绩的加分指标项，如果参加竞赛并有成果，可以加分。这样既可以激发大家参赛的热情，还可以锻炼学生综合运用所学知识的能力。

四、结语

  "计量地理学"是重要的专业课程，是很多后续专业课程的基础课。深入学习和应用其方法对其他专业知识的学习意义重大。因此要坚持课程改革，不断提升教学效果。从成果导向出发，梳理学生的需求和培养目标，从目标出发，进行一系列的过程改革，从而实现更好的教学效果。

参考文献

[1] 吴秋凤，李洪侠，沈杨. 基于OBE视角的高等工程类专业教学改革研究[J]. 教育探索，2016（05）：97-100.

[2] 郑东霞，黄璟皓. 应用型高校OBE导向的课堂教学模式改革探索[J]. 软件工程，2018，21（12）：47-49.

[3] 温晓娟，梁彦清. 基于OBE理念的混合式教学模式研究——以《管理学》课程为例[J]. 高等财经教育研究，2018，21（01）：45-49，55.

[4] 凤权. OBE教育模式下应用型人才培养的研究[J]. 安徽工程大学学报，2016，31（03）：81-85，95.

第四部分 "三全育人"篇

在地理信息科学专业野外实践教学中强化"三全育人"*

付 晓 周爱华 逯燕玲 孟 斌

摘 要： 地理信息科学在野外实践教学中，以科研项目为驱动，以长城文化遗产保护为主线，精心设计野外实践教学内容，厚植家国情怀与GIS专业技能相结合，推动思想政治教育和专业技能实践的融合发展。

关键词： "三全育人"；专业思政；立德树人；科研反哺教学；地理信息科学

习近平总书记在全国高校思想政治工作会议上指出，要坚持把立德树人作为中心环节，把思想政治工作贯穿教育教学全过程，实现全程育人、全方位育人，努力开创我国高等教育事业发展新局面。在党的十九大报告中，习近平总书记又指出，"建设教育强国是中华民族伟大复兴的基础工程"。在全国教育大会上，习近平总书记进一步提出了"加快推进教育现代化、建设教育强国"的新要求。关于教育强国的论述是习近平新时代教育新理念、新思想、新观点的重要组成部分，是新时代建设教育强国的行动指南。习近平总书记为新时期做好学生思想政治工作提出了新要求、新方法。习近平总书记的重要讲话，让广大教师备受鼓舞和鞭策。大家一致认为，要用好课堂教学这个主渠道，使思想政治理论课坚持在改进中加强，提升思想政治教育的亲和力和针对性。

---

* 项目来源：北京联合大学人才强校优选计划（BPHR2019CZ01）；北京学课题（BJXJD-KT2018-YB06）；北京联合大学2020年度校级科研项目立德树人专项（SK10202001）；北京联合大学教育教学研究与改革项目《遥感概论》课程探究性实验项目设计与实践"。

第一作者简介：付晓（1977—），女，博士，北京联合大学应用文理学院城市科学系副教授，研究方向：3S技术在资源环境中的应用。

一、当前理科"专业思政"建设的现实问题

地理信息科学专业属于理工科专业，理科生有较强的逻辑思维能力和推理能力。长期以来，我国的理工科专业教育着重于训练理工科思维，重技术、重逻辑，缺少人文关怀。

当前理工科"专业思政"建设主要存在以下几方面的问题：

1. 思想上不重视

部分教师对课程思政存在一定的抵触情绪，认为理工科的专业内容与思政教育是两条平行线，文理不相融。有的教师甚至认为，思政教育会占用课堂上专业技能教育的时间，会影响专业教学的进度。

2. 理论学习的深度不够

多数高校教师教学和科研任务重，平时忙于教学检查、科研申报等各项事务，没有时间进行系统的思想理论学习，缺少自发性学习，虽有拳拳爱国之心，但无思政深度，理论认知不足。

3. 缺少适当的方法

大多数理工科教师都精通专业知识，擅长系统教授专业理论知识或技术方法，根据授课内容穿插实验上机等多元化的教学方式，但对于思政教育，缺少适当的方法，在课堂讲授时以叙述诵读为主，显得生硬，缺少逻辑，教学效果远不如专业知识的教授。

二、在野外实践教学中探索"三全育人"

野外实践教学是本科教育中的重要一环，是平时课堂教育的延伸。地理信息科学的专业技能主要是收集、处理和分析地理信息，野外实践直接面对的是祖国的大好河山，绿水青山是很好的思政教育课堂。

以教师主持和指导学生的三个项目进行具体说明：教师主持北京联合大学校级课题"基于无人机技术的明长城遗址三维重建与情景展示"，指导学生申报两项课题，北京联合大学应用文科综合实验教学中心创新性实验项目"基于无人机技术的明长城遗址三维重建"及市级"启明星"大学生科技创新项目"北京长城文化带深度游App设计与开发"。以长城文化带研究为主线，先后带领地理信息科学专业的研究生、本科生共计24人次实地考察居庸关长城、

黄花城水长城、神堂峪长城等重要关口及周边传统村落，以科研项目为驱动，将无人机倾斜摄影技术的实现与长城的文化意义研究相结合，推动思政教育和专业知识的融合发展。

（一）加强自身理论学习，努力提高思想教育水平

"师者，传道受业解惑者也。"打铁还需自身硬，作为教学的主导者，教师需要加强自身理论学习，关注国内外最新形势。因此，笔者花了大量时间系统地学习和研究自十八大以来党的思想方针政策，特别是习近平总书记关于教育的重要论述，围绕培养什么样的人、如何培养人以及为谁培养人这个根本问题展开了深入的思考，大学教师在专业课程内容讲授之外，更应该传播正确的思想理论，言传身教。我们的高校是党领导下的高校，是中国特色社会主义高校，必须坚持以马克思主义为指导，全面贯彻党的教育方针。要坚持不懈传播马克思主义科学理论，抓好马克思主义理论教育，为学生的成长奠定科学的思想基础。要坚持不懈培育和弘扬社会主义核心价值观，做社会主义核心价值观的坚定信仰者、积极传播者、模范践行者。

（二）内容上找准切入点，做到家国情怀与GIS专业技能的结合

野外实践教学的内容要精心设计，以科研项目研究为主导的野外实践教学，突出了两大核心内容："长城+无人机"。对于学生来说，长城是著名旅游胜地，除此之外，知之甚少，要挖掘长城背后的故事，例如，站在居庸关长城的城墙上，引导学生观察关口所在地关沟的地形地貌，结合历史，讲授"西山八陉"的由来，分析居庸关的战略地位，通过实地观察居庸关关口的设计，切身感受古代长城的防御功能，通过观察长城的破损情况，引出长城文化遗产保护的意义、长城三维虚拟建模对长城文化保护的意义，以及长城文化带的概念，使学生深刻体会科学研究的意义。对于无人机倾斜摄影技术的研究，大疆是目前世界上占有率最高的无人机厂商，通过介绍深圳大疆无人机的研发过程，凸显我国改革开放以来的知识创新与技术进步，学生在飞行基地进行实地操控，进一步夯实了专业知识，提升了专业技能，激发了科技创新的使命感。

（三）形式上多元化，结合培训、实验、考察、调研等多种形式

传统的课堂教学，主要以教师教授为主，学生被动学习，接受程度低。

野外实践教学可以采用多种教学方式,在昌平区虎峪村蓝天飞扬飞行基地,进行无人机飞行培训,学生在教官的指导下,熟悉无人机Djigo软件系统,进行起飞前校正、不同模式起飞、飞行姿态调节、安全降落等操作。经过理论培训和实操环节,学生基本掌握了无人机的基本理论和操作要领。(见图1)培训结束后,项目组成员前往居庸关长城进行实地调研,教师介绍了长城的历史背景、地理环境、建筑形制等,分析了倾斜摄影在实际操作中可能遇到的问题及解决方案。(见图2)

图1 无人机试飞

图2 居庸关长城调研

在黄花城水长城,开展长城及周边村落实地查勘与无人机倾斜摄影测量试飞工作。本次重点考察了黄花城水长城的地理环境,长城边墙及敌楼的建筑结构等,并选择周边的西水峪特色旅游村作为实验区,进行无人机试飞,通过实地考察与无人机操作实践,进一步夯实了专业知识,借助课题研究契机,推进"三全育人"教育实践。(见图3)

图3 黄花城水长城调研与无人机实验

在神堂峪村，进行传统村落的调研，通过走访当地的村委会干部及村民，了解村落的发展历史和当前特色文化旅游发展面临的具体问题。对长城遗址进行了实地考察，重点是长城文化遗址保护与价值评估。经过这次的调研，学生无论在知识上还是在友情与团队协作方面都收获了很多。（见图4）

（四）注重宣传教育，起到模范带头作用

在专业知识的传授与专业技能掌握的基础上，大力开展思想政治教育，以长城文化遗产保护为主线，结合教师的专项课题、学生项目及社会实践要求，取得了不错的效果。组织学生撰写新闻稿，进行课题汇报，绘制宣传展板等，吸引了一大批学生积极参与，自主思考与学习，发挥了一定的宣传作用。

图4　神堂峪长城传统村落调研

三、几点启发

"珍惜韶华、脚踏实地，把远大抱负落实到实际行动中。"习近平总书记的号召，激发了广大青年学生自觉把个人的理想追求融入国家和民族的事业中，勇做走在时代前列的奋进者、开拓者。

大学教育中的"三全育人"，是一个需要长期坚持的过程，润物细无声，要在育人内容、方法、途径、载体上进行探索和实践。以教师及学生的科研项目为抓手，在野外实践中精心设计教研过程，突出实践环节，让学生全程参与，注重背景知识介绍，能够进一步增强学生对专业的热爱，而通过对项目研究意义的理解，能够进一步激发学生的爱国热情，提高思想认识水平。

野外实践教学的内容要以小见大，方法要新颖，形式要多样化，传播要广。通过开展野外实践教学，教师和学生都得到了锻炼，既有专业知识和技能上的，更有精神追求和思想认识上的，真正实现了全员育人、全程育人、全方位育人。思政教育成为专业研究领域中的"盐"，让学生认识到长城对我国历史文化的意义，利用无人机倾斜摄影技术获取长城影像，获取长城及周边传统村落基础数据的意义，以及在保护长城的基础上，合理地进行传统村落的开发与利用，才能使乡村发展的更好。

基于"三全育人"理念的大学生专业实践课程教学改革探索*

李雪妍　张景秋　李　琛　刘剑刚

摘　要：地方高等院校作为推动地方经济发展、社会进步的中坚力量，在大学本科教育中发挥着重要作用，北京联合大学人文地理与城乡规划专业以应用型、复合型、外向型人才为培养目标，多年来为服务首都经济、繁荣首都文化做出了重要贡献。近年来，该校一直在不断探索人才培养的新模式、新路径，本文以"城市要素调研与分析"实践课程为例，总结在"三全育人"理念下，围绕人才培养所做的实践探索。

关键词：三全育人；实践类课程；教学改革；课程思政

一、引言

2018年教育部在《关于开展"三全育人"综合改革试点工作的通知》中提出了"三全育人"的概念，即"全员育人、全程育人、全方位育人"。党的十八大以来，以习近平同志为核心的党中央不断加强对教育工作的领导，在全国高校思想政治工作会议上，习近平总书记指出："要坚持把立德树人作为中心环节，把思想政治工作贯穿教育教学全过程，实现全员育人、全过程育人、全方位育人，努力开创我国高等教育事业发展新局面。"

---

* 项目来源：北京联合大学2020年度教学创新课程建设项目"城乡规划管理综合实践模块2：城市要素调研与分析"；北京联合大学应用文理学院2020年度教育教学改革项目"基于OBE教育理念的应用型大学实践教学环节课程思政创新研究"；北京联合大学2020年度校级科研项目立德树人专项"'思政引领，文化培元，科研支撑'三全育人'机制研究"（SK10202001）。

第一作者简介：李雪妍（1969—），女，硕士，北京联合大学应用文理学院城市科学系副教授，研究方向：老龄问题、宜居问题及城市与区域经济等。

地方高校地理学的学科专业思政建设探索与实践

北京联合大学建校40多年来始终坚持立足北京，以首善标准推进应用型大学建设，深刻践行习近平总书记关于教育的重要论述和对北京发展的重要指示精神。围绕北京"四个中心"新定位，明确提出"建设高水平、有特色、北京人民满意的城市型、应用型大学"的发展目标，多年来为北京经济社会发展提供了重要人才和智力支撑。

北京联合大学人文地理与城乡规划专业是北京市特色专业，多年来致力于"依托学科，面向应用"的课程体系改革，以成果导向和能力培养为主线，将实践环节纳入课程体系，"城乡规划管理综合实践"就是一门特色鲜明的实习课程，并于2010年获批北京市精品课程。"城乡规划管理综合实践"共有4个模块，其中"城市要素调研与分析"是这门课程的第2个模块，这个模块的教学对象是本专业大二本科生，实习内容是对选定实习区域城乡要素进行数据采集、调查分析及对策研究等。

本年度我们针对这个实习模块进行了更加深入的改革，以任务成果为导向，同时结合"三全育人"课程思政内容，取得了很好的教学效果，学生反映收获很大。

二、基于"三全育人"的课程改革

"三全育人"的基本任务是"三全"，即全员、全程、全方位。因此，"三全"也涉及高等教育的方方面面。"全员"指育人主体，既包括学校的教学、科研和管理人员，也包括学生自身，还包括家庭、社会等各方面的育人主体，具体到实习课程，则包括学生、教师以及实习地的各类社会人员；"全程"则是完整的育人过程，具体到实习课程，不仅包括实习过程，也包括实习之前的准备和之后的总结；"全方位"涵盖高校育人的各种途径和载体，具体到实习课程，则包括线上、线下各种资源和校内校外等各方面的空间或场域。基于"三全育人"理念，对"城市要素调研与分析"实习模块进行了全面的改进和提升。

（一）课程内容的改进与提升

立足北京，以北京市新版城市总体规划和北京市乡村振兴战略为指导，根据新形势、新需求调整实习内容。新规划强化"四个中心"的城市战略定位，从空间布局、要素配置、城乡统筹、疏解整治提升等方面做了具体安排。

同时，新规划构建全覆盖、更完善的历史文化名城保护体系，积极推进大运河文化带、长城文化带、西山永定河文化带的保护利用。北京乡村振兴战略要求统筹推进农村经济建设、政治建设、文化建设、社会建设、生态文明建设和党的建设，加快推进乡村治理体系和治理能力现代化，加快推进农业农村现代化，走中国特色社会主义乡村振兴道路，让农业成为有奔头的产业，让农民成为有吸引力的职业，让农村成为安居乐业的美丽家园。

"城市要素调研与分析"作为人文地理与城乡规划专业的综合实践环节，根据新形势、新规划、新要求及时调整实习内容和实习区域，把实习任务调整为"北京西山永定河文化带传统村落建设现状调查"，要求学生针对给定调查区域的调查对象进行数据采集和资料收集，分析调查要素的现状特点及存在的主要问题，并根据之前所学专业知识提出建设性的规划建议，为传统村落的乡村振兴献计献策。

通过两周室内外相结合的实习，学生将专业一、二年级所学的相关理论和实践相结合，充分认识并理解各种城乡要素在城乡规划与发展中的地位与作用，更好地掌握了城市与区域要素调研、空间分析这两项专业核心应用能力，落实了成果导向教育理念。

（二）实习地点的调整与改进

在北京市新版城市总体规划和北京市乡村振兴战略的指导下，"城市要素调研与分析"的实习地点也根据需求进行了调整，经过教师团队前期调研，最终选择了北京市门头沟区沿河城村。

沿河城村是北京市门头沟区斋堂镇辖村，位于门头沟区政府西北35千米、斋堂镇政府东北15千米，永定河南岸。海拔高度384米。2018年3月，沿河城村入选北京首批市级传统村落名录。

沿河城村历史悠久、文化底蕴深厚，"沿河城"是明代修筑的边塞城堡，用于屯兵防御，还辖有分布于沿河口、龙门口、黄草梁、洪水口一线长达40千米的山巅或险隘，其中的15座敌台是明长城防御体系的一个重要组成部分。"沿河城"这座古城堡依南山而建，永定河从城北流过，是真正的依山傍水的古关城，既是长城文化带的重要组成部分，也是西山永定河文化带重要的传统村落。

人文地理与城乡规划专业的学生选择这里作为实习地点，一方面能够对北京新规划提到的北京市历史文化名城保护体系有一个更清晰、更感性的认识，另一方面也能亲历北京市乡村振兴的第一线，并把所学知识与首都建设紧密相连，为成为高水平应用型人才打下坚实的基础。

（三）实习方法的改革与提升

"城乡规划管理综合实践"是北京市精品课程，"城市要素调研与分析"作为其中的一个实习模块，多年来已经探索出一套行之有效的实习方法。此次根据新的内容，进一步优化实习方法，使学生能够更有效地完成任务并取得更大收获。

首先，把实习任务与科研项目相结合。实习课程的教师团队，受北京市门头沟区相关部门委托，正在编制《门头沟区西山永定河文化带保护发展规划》，本次实习任务与科研项目结合，使学生更有真实感、使命感和责任感。

其次，教、学、做三个环节紧密结合在一起。本次实习的教师团队都是双师型教师，具有丰富的教学、科研和实践经验。实习过程中，教师与学生朝夕相处，紧密互动，教师全程指导，学生边学边做，共同调研、讨论以形成成果，使学生真正能够学以致用。

再次，优化实习组织管理模式，采取教师、研究生和学生共同组织管理的模式。本次实习配备2名专业教师和2名研究生，主要负责专业指导。参与实习的学生划分为多个实习小组，每个小组3～4人，由组长负责小组任务的分配与执行。小组人员自由组合，男女搭配，充分尊重学生个人意愿，小组内部配合默契，任务完成效果好。

最后，具体调研方法多样化。本次实习充分发挥学生的主观能动性，在利用之前所学知识和方法的基础上，鼓励学生采用更多更新的方法和工具进行调研。在方法上，学生用到了文献检索法、田野调查法、问卷调查法、访谈法、GIS数据采集法、绘图法等多种方法；在工具上用到了电脑、手机、照相机、录音笔、手持GPS、速写本等多种工具，并利用了GPS工具箱、六只脚、问卷星等App来辅助完成数据采集。

（四）考核方式的改革与优化

"城市要素调研与分析"实习在考核方式方面，也进行了改革和优化，淡化了终结性考核的作用，强调过程性考核的重要性，使学生更加重视过程性结果和实际操作，让学生在整个实习期间都处于积极忙碌的状态中。

不仅如此，与以往考核最大的不同在于把考核内容与课程目标对应起来，每个考核内容都对应着不同的课程目标。"城市要素调研与分析"这门实习课程，共有6大培养目标，即知识、应用、整合、情感、价值和学习。

具体考核方式分为过程性考核和终结性考核，其中过程性考核占总评成绩的40%，终结性考核占总评成绩的60%。过程性考核包括综合实习表现和实习汇报两项，终结性考核成绩根据实习报告和实习日志综合评定。

其中，"综合实习表现"对应着"知识"和"情感"两个课程目标，其中，"知识"目标要求学生具有扎实的自然地理与人文地理基础知识，并掌握城市要素调研的基本方法；"情感"目标要求学生在实习中设计调研方案并以调研小组的形式组织实施，使学生具有较强的表达能力和人际交往能力以及根据实习任务在团队中发挥作用的能力。"实习汇报"对应着"整合"和"价值"两个课程目标，其中，"整合"目标要求学生能够独立进行问卷调查与实地调查，通过整合数据处理与分析、手工制图或计算机辅助制图完成调研任务，并撰写调研报告；"价值"目标要求学生能够在实习中理解并遵循城乡规划的相关法规，履行责任，践行社会主义核心价值观。而实习报告和实习日志则对应着"应用"和"学习"两个课程目标，"应用"目标要求学生在实习中获取各种城市要素信息并进行分析处理，运用专业常用方法和手段完成调研方案，使学生具备城市与区域调研及分析评价的思维和能力；"学习"目标要求学生在实习中了解与城乡规划相关的政策和法规，通过自主学习完善知识体系，为后续集中实践教学模块的学习奠定基础。

三、基于"三全育人"的课程思政

习近平总书记在全国高校思想政治工作会议上强调指出："做好高校思想政治工作，要用好课堂教学这个主渠道。"因此，我们每一门课，每一个环节都是"思政"的主渠道。基于"三全育人"的课程思政就是指发挥高校所有课程的思想政治教育作用，实现全员、全过程、全方位的育人格局。北京联合大学非常重视课程思政工作，坚持理论与实践同行、传承与创新并重，在实践中求真知，在探索中找规律，不断深化对"课程思政"的认识，制定了《关于推进"课程思政"建设的实施意见》，把"课程思政"建设作为学校立德树人的根本性举措，全方位推进，有步骤实施。

在本次实习过程中，教师团队对课程进行了改革，同时积极探索基于"三全育人"的课程思政建设，用社会主义核心价值观教育学生，着力探索构建价值塑造、能力培养、知识传授"三位一体"的人才培养模式。

（一）培养爱国情怀和民族自豪感

在实习中，通过对北京传统村落现代生活的调研与考察，培养学生的爱国情怀和民族自豪感。坚定"四个自信"，即中国特色社会主义文化自信、理论自信、道路自信、制度自信。首先，通过教师在实习中的讲解以及潜移默化的引导，学生深刻认识到中国特色社会主义理论体系的科学性、真理性、正确性，从而增强理论自信。其次，学生通过对沿河城村古村新貌的调研以及对村民的访谈，感受到新时代新农村的美好生活，从而增强对中国特色社会主义制度具有优势的制度自信；另外，在实习中，通过让学生调研沿河城村的资源特点和优势，并为沿河城村乡村振兴建设做规划，增强了学生的道路自信，即对国家发展方向和未来命运的自信。最后，带领学生考察古关城、古城墙、古敌台、古院落，使学生对祖国传统建筑、传统文化有了一个感性认识，从而增强学生的文化自信。

（二）与村民党员及退伍军人座谈

在沿河城村实习过程中，教师和学生代表还到村中的退伍军人和军烈属家中进行了走访，一位退役军人与大家分享了他在部队的成长经历。这位老大爷已经六十多岁了，对于在部队的经历还是记忆犹新，并深感自豪。一位老奶奶满头银发，他的老伴是退伍军人，退伍回来后带领全村人建设家乡，几十年保持军人本色，为村民谋福利，从不考虑个人利益，而今虽然已经去世了，但是村民提起老村长还是赞不绝口。通过访谈，学生深受感动，亲身感受到老一辈为祖国国防事业作出的贡献。实习中，不仅走访座谈能"思政"，学生在村中的所见所闻也能"思政"，例如，教师和学生在村中看到家家户户都在院墙外加固水泥勒脚，就和村民攀谈起来，得知这是村里的党员干部把获得的三万元奖金全部拿出来给村民谋的福利。这些实习中的点点滴滴"润物细无声"，在培养学生爱国主义情怀，引导学生树立正确的人生观、价值观、世界观上具有重要的意义。

（三）党支部红色"1+1"共建活动

为了更好地开展"三全育人"工作，在实习期间，北京联合大学应用文理学院城市科学系党支部的教工党员、学生党员与沿河城村党支部还开展了"不忘初心、牢记使命"红色"1+1"共建活动。共建活动包括一系列活动，例如支部座谈会、为革命烈士纪念碑清理杂草、在纪念碑前重温入党誓词、在明代古关城永胜门前合影留念等，最后，在双方党支部的共同组织下，实习的大学生与沿河城村的村民开了一次别开生面的联欢会，大家载歌载舞，一起歌唱今天的美好生活。这次活动不仅增进了师生之间、村民之间以及师生与村民之间的情谊，也使学生进一步了解长城、关塞、古村的历史与文化，也更加了解今天党员与群众携手奋进振兴乡村的热情与使命，激发了所有参与者的爱国主义热情，在感叹前人智慧、勇气和能力的同时，铭记历史，不忘初心，坚定信念，勇担责任，牢记使命，砥砺前行。

四、收获与思考

城乡规划管理综合实践模块2——"城市要素调研与分析"课程改革收获巨大，感受颇深，不仅在"教书"方面取得很好的效果，而且在"育人"方面更是成效突出，真正实现全员、全过程、全方位育人，不断拓宽育人思路，引导大学生在实习活动中"受教育、增自信、长才干、作贡献"，充分发挥了实习课程的育人功能。

暑期实习活动是开展"三全育人"和进行课程改革的一次有益尝试，也是一个良好开端，今后的实习活动和教学活动仍将紧紧围绕"课程思政"要求，进一步贯彻落实立德树人的根本任务，用实际行动践行"三全育人"，为建设高水平一流大学献计出力。

参考文献

[1] 韩宪洲. 以首善标准推进一流城市型、应用型大学建设[J]. 北京教育（高教），2018（10）：22-25.

[2] 李学伟. 以产教融合培养高水平应用型人才[J]. 北京教育（高教），2018（05）：12-15.

[3] 刘承功. 高校"三全育人"的核心要求、目标任务和实现路径[J]. 思想理论教育，2019（11）：92-95，111.

[4] 北京市城市规划设计院. 北京市城市总体规划（2016年—2035年）[R]. 北京市城市规划设计院，2017.

[5] 北京市委市政府. 北京市乡村振兴战略规划（2018—2022年）[EB/OL]. （2019-01-25）[2019-05-22]. http://www.h2o-china.com/news/286817.html.

[6] 钱欣, 曾宁. 高校推进"课程思政"研究述评[J]. 思想理论教育导刊, 2019（06）：155-157.

[7] 韩宪洲. 以"课程思政"推进中国特色社会主义一流大学建设[J]. 中国高等教育, 2018（23）：4-6.

"以学为中心"理念下"城市规划原理"课程的教学改革*

杜姗姗 余 煌

摘 要：目前，我国教育界正面临一场由"以教为中心"向"以学为中心"教学模式转变的改革，对于调动学生学习主动性、提升教学质量、落实教书育人主体责任，确保实现"三全育人"目标具有一定的推动作用。作为人文地理与城乡规划专业的核心课程，"城市规划原理"具有较强的实践性、协作性、创新性等特点，传统的"以教为中心"教学模式难以满足人才培养的需要。在"以学为中心"的改革背景下，"城市规划原理"课程进行了一系列的教学改革，有助于培养学生学习兴趣、职业自豪感和社会责任感。

关键词：以学为中心；城市规划原理；课程思政；教学改革

为培养出更多更优秀的应用型专业人才，国内应用型本科专业核心课程教育教学领域持续进行教学改革研究，如针对创新实践性教学体系、信息化在核心课程教学实践中的应用；专业核心课程与思政教育、结合市场需求、"项目嵌入式"相结合的教学工作；将OBE理念、研究性教学运用于专业核心课程教学之中等。国外研究主要集中在专业核心课程的混合式组织模式、提升教师教学素养等方面。但受传统教学观念、实验设备、教学经费、学时安排等方面因素限制，许多应用型高校的本科专业核心课程仍沿用传统的课堂讲授方法，以教师为中心，课程教学重理论、轻实践，学生实际操作和应用

---

* 项目来源：北京联合大学2020年度教育教学研究与改革项目立项"'以学为中心'的应用型本科专业核心课程教学改革——以城市规划原理课程为例"（JJ2020Y003）；北京联合大学2020年度校级科研项目立项课程思政专项"地理学课程思政、专业思政、学科思政体系研究"（SK20202001）；北京市属高校高水平教师队伍建设支持计划高水平创新团队建设计划项目（IDHT20180515）。

第一作者简介：杜姗姗（1978—），博士，北京联合大学应用文理学院城市科学系副教授，主要研究方向：城乡发展与规划、都市农业、休闲农业与乡村旅游。

能力得不到提升，学习效果不理想。

随着我国素质教育改革不断深化，"以学为中心"的本科教学范式改革正席卷而来。2018年的新时代全国高等学校本科教育工作会议中，陈宝生部长提出，高校要以学生为中心办教育，以学生的学习结果为中心评价教育，以学生学到了什么、学会了什么评判教育的成效。在"以学为中心"教学模式中，学生是信息加工的主体，教师只是课堂教学的组织者、指导者，是学生建构意义的帮助者、促进者。"以学为中心"的教育理念符合应用型专业核心课程教育改革和应用型人才的培养要求，对我国当代教育，特别是高等教育的改革实践具有重要的指导意义。因此，推进"以学为中心"的应用型本科专业教学模式改革刻不容缓。

本研究以人文地理与城乡规划专业核心课程《城市规划原理》为例，探讨了"以学为中心"理念下的应用型本科专业核心课程教学改革，以期为全面推动城市型、应用型城乡规划专业人才培养改革贡献力量，为应用型高校专业核心课程建设与教学改革提供一定借鉴。

一、"以学为中心"教育理念的内涵

1993年，美国学者巴尔和塔格首次提出，以教授为中心和以学习为中心是两种不同范式，之后，Huba&Freed提出教育质量观念要从教为中心转向以学为中心才能实现卓越的教育，国内外教育界展开了"以学为中心"教学改革的相关研究。"以学为中心"的教学理念是针对教师"以教为中心"的传统教学模式提出的，契合"树立终身学习目标、培养自主学习能力"的教育理念，是目前高校课程改革，尤其是课堂教学改革的新方向。

以"学为中心"包含"学生"和"学习"两个重要维度，认为教育应以学生为中心来展开，能动、自主、合作、探究的学习活动应占据主要的教学时间和空间。在"以学为中心"教学模式中，大学生是能动的学习主体，是教学质量和效果的最终体现者。只有提高学生的学习性投入和参与度，关注学生在课程教学过程中的学习体验和知识、能力获得，才能真正实现高水平本科教育的人才培养目标。

二、"城市规划原理"课程教学现状

作为培养城乡规划专业本科职业能力重要环节的课程——《城市规划原理》，是北京联合大学国家级特色专业建设点人文地理与城乡规划专业的核心课程，是地理学思想与城市规划理论联系实践重要的教学环节，具有很强的综合性和实践性，该课程能促进学生树立全面正确的城市观念，了解并初步掌握城市规划基本理论、原理和方法，并能在实践中运用所学的规划思想和知识分析解决城市问题。自2000年开设以来，该课程历经多轮课程内容的改革与实践，如2015—2016年联合中国城市规划设计研究院村镇规划研究所进行了校企共建/产学合作教学改革，2017—2018进行了网络学堂建设、核心课程建设教学改革，2018—2020进行了"课程思政"教学改革，不断推进教学方式方法改革，提升学生获得感，改善教学质量。

但从现实来看，由于课程自身的一些特点和外在限制因素的影响，《城市规划原理》课程仍沿用传统的课堂讲授方法，以教师为中心，课程教学重理论、轻实践，学生的实际规划设计和应用能力得不到提升，学习效果不理想，在建设过程中存在如下问题。

（一）理论教学仍以教师讲授为主，学生被动接受，参与度低

在传统教学中，教师扮演着至关重要的角色，是教学实践的主导者、掌控者和决定者。而现代应用型专业人才培养要求教师改变角色，成为指导者、帮助者、协作者和督促者。现在"城市规划原理"课程仍然以教师讲授为主，学生被动接受知识却未能真正掌握。

（二）实践教学流于形式，学生未能主动建构课程知识体系

"城市规划原理"课程通常具有综合性和实践性特点，要求根据学生的态度、能力设定目标，开展针对性强的教学实践，采用以"校内实验室或模拟任务方式"实现实践教学。这种走马观花式的实践教学，并没有提供给学生真正的应用理论知识、建构课程知识体系的机会。

（三）现有教学资源、教学环境、教学情境偏向于以教师为中心

现有教学资源都是按照以教师为中心的准则构建的，无论是教学内容还

是教学设计，也无论是理论教学还是实践教学，大多体现"以教为中心"教学模式；其次，教学环境、教学情境受到传统教学模式的深度影响，很显然这种环境和情境都体现出教师的中心地位和学校的中心作用。

三、"以学为中心"理念下"城市规划原理"的课程教学改革实践

将"以学为中心"理念融入"城市规划原理"课程的课堂教学、实验教学及创新实践教学，本着教师为主导、学生为主体的原则，基于项目、问题的探究式教学模式进行课堂教学及实践教学。学生分成若干小组，分工协作，有步骤有计划地共同完成课程学习的项目。

首先，撰写"城市规划原理"授课计划，做好课题参与人员的项目分工，并组织学习有关"以学为中心"建设技术要求。借鉴与学习科学合理的课程设计方法和教学资源开发方法，从而提高课程开发能力和资源开发水平。

其次，进行"以学为中心"的系统化设计。基于"以学为中心"进行系统化的设计，确定课程基本信息、教学单元授课形式及课程基本资源，将具体任务以模块的形式分配给项目组成员。

再次，进行"以学为中心"的教学活动。采用以教师为主导、学生为主体，多种教学方法与多媒体技术相结合，基于项目、问题的探究式教学模式进行课堂教学及实验教学。制作"城市规划原理"教学课件和《城市规划原理实验指导书》。

最后，定期召开课题研讨会，及时交流阶段性成果。不定期交流并及时互通信息及反馈意见，推广课题成果并收集评价反馈建议，在使用中进一步修改完善，逐步建立评价—修正—再评价—再修正的更新机制。

四、"以学为中心"理念下"城市规划原理"的课程教学改革经验

2020年开展"以学为中心"理念下"城市规划原理"教学改革，初步获得如下的经验：

（一）构建"练习—项目—竞赛"三位一体的多元化互动教学模式

"练习"环节以教师为主导，认真分析教材和参考资料，把教学内容分解

为若干个任务模块作为教学过程开展的主线,依据岗位需求为学生安排工作任务。以学生为主体,通过小组合作剖析现实案例的方式进行专业理论教学,开展课程常规性问题和专业技能练习,将理论知识与实践进行有效结合,实现由小及大,由量变到质变的累积。

"项目"环节指导学生立足城市和学校办学宗旨开展社会综合实践调查,学会从日常生活中观察城市、发现研究课题,设计成为调研题目;用"调查—分析"的思路帮助学生学会将专业核心课程所需掌握的原理结合日常生活,并将原理应用于解决城市发展中存在的问题。

"竞赛"环节将学科竞赛与实践教学环节紧密结合,完善教学和竞赛管理体制,强化应用型院校实践教学的实践性和创新性。在学生小组进行社会综合实践调查项目的基础上,以培养专业领域高级别大赛校内选拔赛的形式组织进行课程大作业集中展示。从多方面对学生小组研究项目进行评选,优胜队伍代表学校参加全国赛区竞赛。

(二)构建"教师—研究生—本科生"多层次教学实践指导体系

教师选拔成绩优异的研究生或具备科研潜力的高年级本科生组成教学实践指导小组,实行课程导师制。让接受科研培训的研究生担任本科生专业核心课程学习与实践项目的第二教师,在平时学习与项目研究过程中提供帮助和指导,既有效地解决了本科生的学习困惑,引导其接触科研活动,为学生解决问题能力奠定了基础,又提高了研究生的管理能力。

(三)以师生转变观念为基础、以相关配套教学资源等调整为保障,持续推进改革

观念转变是一个过程,需要师生持续的共同努力。教师要转变教学理念,重新定位自身角色,由"传授者"转为"引导者",鼓励学生思考、发现和解决问题,并及时提供指导;学生要转变学习观念,改变被动接收知识的传统学习方式,由被动接受者变为主动建构者,通过项目完成和综合实习体验城市规划编制的全部流程,真正消化、吸收所学知识,融会贯通,提高实践能力,培养协作精神。此外必须配套调整课程教学大纲和考核大纲乃至专业培养计划,为持续改革提供保障。

四、结语

课程建设与改革是当前我国高校教育质量提升的重要内容，也是应用型高校改革过程中迫切需要解决和面对的核心问题。本文通过以人文地理与城乡规划专业核心课程《城市规划原理》为例，探讨"以学为中心"理念下的应用型本科专业核心课程教学改革实践，发现在提升学生主动性、促进学生主动建构课程知识体系、提升综合能力等方面收效甚佳，尤其适用于城市规划这类实操性强的专业的教学工作，对全面推动城市型、应用型城乡规划专业人才培养改革，应用型高校专业核心课程建设与教学改革具有一定借鉴意义。

"以学为中心"的教学改革是一个系统工程，本文只是对一门课程的初步尝试，有待未来更充分的实践和教学研究来补充完善。

参考文献

[1] 王帅，姜涛，杨阳．应用型本科高校环境工程专业核心课程的改革与探索[J]．黑龙江教育（理论与实践），2019（11）：64-65．

[2] 龚素霞．实践性教学环境下《国际货物运输与保险》课程的设计与教学组织[J]．教育教学论坛，2016（35）：206-207．

[3] 师婷，陈英，王楠楠，等．高校教师信息化教学理念、教学能力的研究——以模具专业核心课程《冷冲压工艺与模具设计》为例[J]．卫星电视与宽带多媒体，2019（19）：86，88．

[4] 颜小华．历史学专业核心课程思政教学改革与思考[J]．教育现代化，2019，6（51）：47-50．

[5] 刘蕊，雷搏．项目实践教学法在应用型人才培养中的应用——以环境设计专业核心课程为例[J]．艺术科技，2016，29（06）：371．

[6] 谢新颖，蔡婧娓，朱春凤．OBE理念在密西根州立大学专业核心课程中的实践[J]．教育现代化，2019，6（A2）：112-113．

[7] 於祥，王建科，胡成刚，等．中药学专业核心课程研究性教学模式的实施与总结[J]．时珍国医国药，2019，30（03）：679-680．

[8] 张华．论核心课程[J]．外国教育资料，2000（05）：9，15-20．

[9] 曾颖，阿呷热哈莫.芬兰核心课程改革中的教师素养及其启示[J].教学与管理，2020（05）：73-75.

[10] 陈宝生.坚持以本为本，推进四个回归，建设中国特色、世界水平的一流本科教育[EB/OL].（2018-06-21）[2019-01-20].http://news.sina.com.cn/c/2018-06-21/cloc-ihef-phqm1465559.shtrnl.

[11] Huba，M.E.，&Freed，J.E. Learner-Centered Assessment on College Campuses：Shifting the Focus from Teaching to Learning[M].Needham Heights，MA：Allyn&Bacon，2000.

[12] 朱元秀."以学为中心"理念下《旅游规划与开发》课程教学改革探索[J].旅游纵览（下半月），2019：190-191.

在班主任工作中落实"三全育人"理念的几点体会*

孙 颖

摘 要:根据全员育人、全程育人、全方位育人的理念,总结在高校班主任工作中如何把思想政治工作落实到每一个环节中去,特别是在了解和理解学生、班会、学业关键点、干部队伍的构建、班级风气的营造、入党积极分子遴选、实习就业等环节发挥传播知识、传播思想、传播真理、塑造灵魂、塑造生命、塑造新人的作用,为完成以人为本、立德树人的时代重任贡献力量。

关键词:"三全育人";班主任;思想政治工作

2016年12月7日至8日,全国高校思想政治工作会议召开,习近平总书记发表重要讲话。他强调,高校思想政治工作关系高校培养什么样的人、如何培养人以及为谁培养人这个根本问题。"要坚持把立德树人作为中心环节,把思想政治工作贯穿教育教学全过程,实现全员育人、全程育人、全方位育人,努力开创我国高等教育事业发展新局面"。2018年9月,习近平总书记出席全国教育大会,在会上发表重要讲话,强调指出,培养什么人,是教育的首要问题。教师是人类灵魂的工程师,是人类文明的传承者,承载着传播知识、传播思想、传播真理,塑造灵魂、塑造生命、塑造新人的时代重任。

高校思想政治工作,必须围绕人这个中心,做到以人为本、立德树人,

---

* 项目来源:北京联合大学2019年度校级教育教学研究与改革项目"'三全育人'思想指导下的本科实践教学体系改革创新研究——以国家级特色专业人文地理与城乡规划为例"(JJ2019Y004)阶段性成果;北京联合大学2020年度校级科研项目立德树人专项"'思政引领,文化培元,科研支撑''三全育人'机制研究"(SK10202001)。

作者简介:孙颖(1971—),女,硕士,北京联合大学应用文理学院城市科学系讲师,研究方向:人文地理、房地产法规。

而高校的班主任直接面对全班学生、陪伴学生四年大学生活、见证学生成长的每一步,是思想政治工作、"三全育人"工作体系的重要组成部分。2016年7月,按照城市科学系的安排,笔者开始担任人文地理与城乡规划专业2016级1班的班主任,在三年多的时间里,深刻体会到在班主任工作中落实"三全育人"理念的重要性。

一、要培养学生、传播思想、塑造新人,首先要了解和理解学生

教师要培养学生,做学生的思想工作,首先要尊重学生、了解学生。在确定担任班主任之后,为了更好地与学生沟通交流,在与学生见面、召开第一次班会前,笔者认真查阅了每个学生的入学档案,准备了专门的班主任工作手册,为每位新生建立了个人情况记录页,记录学生的生源地、毕业学校、家庭状况、高考成绩、爱好特长、获奖和在中学担任的班级职务等情况,目的是全面了解每个学生的特点,以便于因材施教和帮助学生,对家庭困难和身体健康状况不太好的学生,尽量给予照顾,也为推荐班干部打下基础,在之后的四年里可以不断补充学生的个人情况记录。同时,为了更好地帮助学生做好学业规划,在学生入学后进行了报考志愿及求学意愿的问卷调查,并尽量利用班会、课余时间加深对学生的了解,询问学生为何选择这个专业,是出于兴趣还是从就业的角度考虑,四年学习之后的打算是什么。根据不同的报考动机、学习目的,引导学生做好自己的学业规划。通过微信朋友圈,随时关注学生的动态,体会学生的所思所想,必要时给予回应和帮助。对于学生提出的问题尽量做到"首问负责制",第一时间给予回答,如果涉及其他职能部门,也要咨询后告诉学生,与学生保持沟通顺畅。

班主任的任务在于关心学生,让每一个学生顺利成长。班级内可能有身体不好的学生,有个性突出的学生,也有存在心理问题的学生。班主任可以通过细心关照,尽量不留痕迹地关注和照顾,让同学身心愉快地完成学业,并在成长过程中着力给予学生多样化的选择。

二、高度重视新生的第一次班会,为学生划定四年清晰笔直的跑道

第一次班会非常重要,班主任可以通过第一次班会帮助学生了解大学学习与中学的不同,尽量帮助新生顺利完成从中学到大学的学习方式的转变。

在这次班会上，除了让学生自我介绍、相互认识以外，教师要着重向新生介绍专业的特色和四年要完成的学习任务、各个阶段的学习重点，告诫学生不能在考上大学后松懈下来，而要更为积极主动地学习，提高自律意识和自主学习能力。根据二十年的教学经验和以往学生的经验教训，强调学业的难度，要求学生端正学习态度，对课业给予足够的重视，认真听讲，跟上老师的教学进度，避免学生因为没有思想准备而在英语、高等数学、线性代数和Visual Basic程序设计等有难度的课程方面掉队。鼓励中学学文科的学生不要有畏难情绪，鼓励英语基础不好的学生也不要放弃，要迎难而上，用以往毕业生的成功范例激励大家。还要强调纪律的重要性和违反纪律的严重后果，特别是考试纪律，在第一次班会上向学生提出最低要求是四年的学习过程中不作弊、不挂科。作弊不仅会受到严厉处分，影响自己的档案和奖学金评定，还会影响班级的荣誉。而不及格会严重挫伤学生的积极性，影响后续的学习，甚至会影响正常毕业。

三、在四年的每个重要节点前警示学生，全过程帮助学生成就学业

四年学业的每个阶段有不同的侧重点。在每个重要的节点之前，教师需要明示学生需要完成的重点任务，如大学一年级完成高等数学、计算机、英语类课程的学习，一年级暑期进行野外实习，二年级进行大学英语四六级考试，三年级做考研准备和四年级做实习毕业论文等。在一年级第一学期期中考试之后，班主任向各个任课教师了解学生的考试成绩，发现有些学生高等数学、英语或自然地理课学习没有入门或比较吃力，就建议学习委员组织大家建立学习小组，让学有余力的学生和成绩不好的学生互助，避免部分学生因跟不上节奏而掉队。一年级末，高等数学、英语等课程通过率较高，绝大部分学生都能轻装前进，增强了信心，为后期的专业学习扫清了障碍。大学一年级末的暑期实习是学生四年学业中的重点和亮点，也是了解学生、提升学生对专业的兴趣、提高学生自我管理能力和集体归属感难得的机会。班主任不仅参加了实习的全过程，而且在实习之前对学生进行了动员，实习过程中随时给学生提供指导和建议，督促学生认真参与野外教学过程、在食宿等方面克服困难，培养学生乐观积极的精神风貌，同时也加深了师生之间的相互了解。

与任课老师不同的是，班主任需要更多地在课堂教学以外呵护和指导学生，对学生的求学过程进行扶助。了解到学生有不清楚的事项或难以解决的问题，班主任应第一时间联系学生处、教务处等职能部门，帮助学生解决问题，使学生的学习和生活更加顺畅。从2016级开始学院实行学分制，系里没有了专职教学秘书和专任主管学生工作的领导，同学对学分制不了解，选课系统也不完善，学生在选课过程中出现了很多问题，班主任在班级群发现问题后，应及时给予回应，必要时尽快与教务处沟通协调，解答学生疑问，为学生提供选课指导。

为了能够更准确地回答学生提出的问题，班主任应全面了解培养方案的课程设置和专业方向的要求，根据学生的特点和未来的职业生涯规划为学生提出选课建议，帮助学生按时高质量修满必要的学分。建议每位学生根据培养方案和兴趣爱好、职业发展规划提前制定大二、大三年级的选课计划，确保按时完成规定的学分。从大二开始，教师要提醒学生考虑是否读研，早做必要的准备以提高考研的成功率。为了让学生明确奋斗目标，班主任为愿意考外校研究生的学生联系以往考研成功的系友，帮助他们取经；给愿意考本校研究生的学生联系导师；给志在就业的学生联系实习单位，尽量助力他们成功。

四、班主任营造氛围，构建团结有力的班干部队伍，形成积极向上、发奋勤学的班风

班主任要参加每一次班会，在自荐团干部和班干部的过程中注重引导，鼓励肯奉献、爱学习、有能力的学生自荐，最终组建一支品学兼优、乐于奉献、团结有力的干部队伍。避免由于干部学习成绩不佳、纪律涣散对班级整体造成不良影响。

大一阶段，班主任鼓励学生承担学生会、团委的工作，参加学院为新生开展的各种健康向上的活动，如辩论赛、英语演讲比赛、人文知识竞赛、运动会等，用丰富的课余生活充实自己、培养才干。为了营造积极向上、热爱学习的班级氛围，2016年9月18日，班主任自己出题、自筹奖品，由新选出的班长和团支书组织了学院正式比赛前的班级人文知识竞赛初赛，通过比赛评出一等奖、二等奖，鼓励学生热爱学习、扩展知识面。在之后的"一二九"歌咏比赛准备过程中，班主任和班干部通力合作，借比赛的机会让大家熟悉

起来并形成班级的凝聚力,最终班级获得了歌咏比赛集体奖,提高了士气。

大学一年级对于养成严格遵守纪律的习惯很重要,各类参观等活动要严格考勤,对积极参加的学生也是一种鼓励。2016级入学后恰逢全校运动会,在观赛过程中有个别学生没有正当理由便提前退场,班主任在这个时候提示学生注意遵守纪律,集体活动不能提前退场,以此对学生进行思想教育和纪律教育。

评优评奖活动中尺度的把握对引导学生也很重要。学业是第一位,但思想品德、关心集体、积极参加班级以及学校的活动和对班级的贡献也很重要。班主任应该根据学生各方面表现情况对奖项进行把关,让学习认真、成绩优秀且对班集体贡献大的学生得到应有的褒奖,从而引导学生不仅要学好各门功课,还要对班级有责任感和使命感。在评优评奖过程中贯彻公平原则,打分透明,学生监督,根据成绩和表现排序,确定奖学金和荣誉称号的归属。在学生之间出现矛盾纠纷时,班主任能及时表态,分清是非,正确处理,把握公平公正原则,保证班级风清气正。

进入大学三年级,为了让学生更多锻炼自己,班主任鼓励学生参加启明星项目和中国高校地理科学展示大赛,全班25人,有5位同学代表本系参加了人文地理组和自然地理组的比赛,在指导教师帮助下最终取得了不错的成绩,激发了学生的学习热情,也给其他学生以很大的鼓舞。

五、重视学生入党积极分子的培养,在党组织审查前先严格把关

为了做好学生的思想政治工作,班主任要辅助党支部做好学生党员的发展工作,参加每一次入党积极分子推优活动,一方面起到监督作用,另一方面也能够了解学生在班级学生中的表现和群众关系。根据《学生手册》上的思想品德、学业、纪律等标准严格掌握推优条件,不符合条件的坚决不能参加评优;只重视学习成绩和个人发展,不关心集体、不参加集体活动、不为集体做贡献的学生不能发展为入党积极分子,给学生确立正确的导向。班主任关注学生的日常表现,特别是在实习实践和集体活动中的出勤纪律等情况,及时给予评价和引导。在"亚洲文化嘉年华"等活动中重视发挥入党积极分子的作用,倡导入党积极分子主动报名参加,以实际行动彰显入党的意愿和为党的事业奉献的精神。班主任作为每位学生党员的入党介绍人,要与学生沟通交流思想,

如实评价学生的表现。至2019年10月，班上已有五名同学加入党组织。

六、全过程为学生就业做好准备

就业问题，是贯穿学生求学生涯全过程的问题。就业准备，不应该是进入大四学年才开始，而是从学生入学之初就开始筹划。班主任应了解学生对就业问题的想法，在做好学业规划的同时，鼓励成绩较好、有深造潜力的学生报考研究生，为其联系往届已经考取的校友进行咨询；让愿意直接就业的学生尽早参加相关实习，积极为学生提供实习机会，鼓励学生在大二、大三的假期参加与专业相关的社会工作和实习实践。根据学生不同的职业规划和自身的能力，为其推荐较为合适的工作机会，如房地产评估、规划设计、机关事业单位等，提醒有意愿从事教育培训工作的学生尽早准备参加教师资格证考试。班主任应高度重视毕业实习工作，针对目前企业招聘有提前趋势的实际情况，建议学生在大三暑假即可进行以就业为目标的实习，准备简历。为了给学生提供更多选择，班主任保持着和往届毕业生的联系，以便利用系友资源为学生推荐专业符合度较高的工作。班主任基于对学生的了解，从学生的特点和需要出发，对接各位系友，结合单位的用人需求，为学生推荐银行、国企、事业单位、学校等工作机会。

进入大四学年，大多数学生理论课学分已经修满，为避免学生出现"放羊"的情况而荒废学业、耽误应聘最佳时机，班主任利用班会宣讲就业形势和尽早应聘的紧迫性，布置大四阶段的任务和推荐的时间安排，为学生提供就业政策、就业程序等信息咨询，解答学生提出的问题，鼓励学生积极尝试应聘。要求考研的学生积极备考和应考，不能临阵放弃；要求准备就业的学生关注学校提供和推荐的每一次双选会和校园招聘会，班主任收集汇总学生处、校友系友等各个渠道提供的就业信息，学生可以根据需要选择参加，而想选择公务员工作或教师工作的学生应积极备战资格考试。

在所有学生、老师的努力下，2016级规划1班在大学一年级获得校级优良学风班称号，大学二年级获得校级优秀班集体称号，有多名学生申请了启明星科研项目，志愿报考硕士研究生的学生超过了50%，最终有四名同学考取了硕士研究生。到毕业时，没有学生因学业问题而留级掉队。2018年11月，以2016规划1班学生为主力的代表队参加了第四届中国高校地理科学展示大赛，获得北方赛区自然地理组二等奖、人文地理组一等奖，全国总决赛自然地理组三等奖、人文地理组二等奖。班主任的工作收到了一定的成效。

教育工作的根本在于做人的工作，中心环节在于立德树人，核心在于提高人才培养能力。思想政治工作从根本上说是做人的工作，只有围绕学生、关照学生、服务学生，在答疑解惑、关心交流过程中不断给学生以温暖和帮助，才能让学生感受到正能量，激发学生的学习热情和成长动力。从这个意义上说，班主任工作是琐碎的，也是连续不断的，陪伴学生四年学习生涯，班主任工作充分体现了全过程、全方位育人的重要性，为助力学生成长做出了不可或缺的贡献。

参考文献

[1] 杨四海. 本科生班主任制的生存困境及发展出路[J]. 江苏高教，2008（05）：135-137.

[2] 马朝晖，刘宏伟. 基于"三全育人"理念的高校班主任育人工作战略定位研究[J]. 中国多媒体与网络教学学报（上旬刊），2019（05）：103-105.

[3] 杜天宝，于纯浩，王震. 以班主任工作导师化促进"三全育人"[J]. 农家参谋，2018（12）：265.

[4] 杨晓慧. 高等教育"三全育人"：理论意蕴、现实难题与实践路径[J]. 中国高等教育，2018（18）：4-8.

[5] 赵求勇，张会霞. 高校教师在加强和改进新形势下思想政治工作中的作用[J]. 教育教学论坛，2018（22）：38-39.

基于"三全育人"理念的大学班主任工作思考*

李 琛　刘剑刚　李雪妍　陈 靓　李浩楠

摘　要：高校班主任是高校教育思想和育人理念的贯彻者，是高校开展大学生思想政治教育的骨干力量，是大学生健康成长的指导者和引路人。本文结合笔者担任高校毕业班班主任的工作体会，探讨了高校班主任如何牢牢把握"三全育人"这一主旋律，贯彻和实施"三全育人"的教育理念，培养能够承担民族复兴大任的时代新人。

关键词："三全育人"；思政教育；班主任

一、引言

"三全育人"即全员育人、全程育人、全方位育人。全员育人，是指由学校、家庭、社会、学生组成的"四位一体"的育人机制。学校成员包括辅导员、班主任、党政管理干部、"两课"专业教师、图书馆工作人员、后勤服务人员等；家庭主要是指父母亲；社会主要是指校外知名人士、优秀校友等；学生主要是指学生中的先进分子。全程育人是指学生从进校门到毕业，从每个学期开学到结束，从双休日到寒暑假，学校都精心安排思想政治教育，贯穿始终。全方位育人是指充分利用各种教育载体，主要包括学生综合测评和奖学金评比、贫困生资助与勤工助学、学生组织建设与管理、校园文化建设、学风建设、诚信教育、社会实践等，将思想政治教育寓于其中。

---

* 项目来源：2020年北京联合大学教学创新课程建设项目——区域规划；北京联合大学科研项目"2020新冠肺炎疫情对北京市旅游市场的影响研究"（ZK30202004）。

第一作者简介：李琛（1974—），女，博士，北京联合大学应用文理学院城市科学系副教授，研究方向：旅游地理学、城市与区域发展等。

大学班主任工作是学生工作的重要组成部分，班主任对个体在学习、工作、生活方面潜移默化地进行引导，对学生优良品质的形成有着积极的导向和促进作用，从而直接影响学生的健康成长和发展。在毕业推进工作中，班主任作为第一责任人，对推动学生就业起着关键作用。

二、引导学生树立明确的目标，积极发展自我教育

学习是一个长期坚持积累的过程，在各种各样的日常活动中，给学生灌输一种自我学习、自我发展的教育理念，即大学的学习，大学的成功关键是靠自己的努力，学会学习，学会自我管理是关键。利用各种班会和课下时间，积极与学生交流，从最简单的一句话"最近在忙些什么"打开话题。聊学习，聊生活，聊以后的工作。在聊天的过程中强化学生的主体意识，使其知道自己想要什么，获得发展的基础动力，接着提出想要什么需要什么样的条件，然后再谈条件达成需要什么样的准备，进而提出具体的学习目标。鼓励学生在各种课程的学习中，提出"学习完这个我能做什么"，带着问题去思考学习的目的，从而保障个体按需发展。

大一时就要让学生树立目标。大一的学生刚入校，尚未完成中学生到大学生的转变，一脸懵懂，一片茫然，不知道人生方向在哪里。此时，班主任的引导就像一盏明灯，给他们指明方向。大一第一次班会时，笔者就鼓励学生要做一个对社会有贡献的人，要能通过大学四年的学习为今后踏入社会，实现自己的人生价值奠定基础，怎样才能对社会有贡献，实现自我价值呢？一是考研，二是找到理想的工作。让学生成为有价值的人，是班主任工作的核心思想，考研、找工作这条主线一直贯穿大学本科四年，前三年半的专业知识学习都是为最后半年做准备，所以，要给学生灌输这样的思想：只有平时认真努力，到大四才会更好地实现自己的目标。

三、强化服务意识，建立良好的师生关系

从做班主任的体会来说，要顺利地推进大四就业工作，首先要与学生建立良好的师生关系，让学生对班主任建立信任感，这样才有利于就业工作的顺利推进。信任感的建立从大一起就要着手进行，通过潜移默化的引导和灌输，让学生觉得班主任就是大学期间的人生导师，遇到困惑时要第一时间找

班主任倾诉。所以要求班主任工作必须细心、耐心，不辞辛劳，不厌其烦，兢兢业业。

从大一入学开始，为了营建良好班风，笔者要求学生每天晨读打卡，如果哪位学生晨读缺勤或迟到，笔者就单独找该学生询问缺勤或迟到的原因。这样坚持下来，大部分学生都能坚持晨读。那时候虽然很辛苦，尤其是开学2个月左右的时候，学生刚入大学的新鲜劲过了，对学习有所懈怠，这时对学生的引导更要加强。随时看微信、看学生朋友圈，了解学生动态，找学生谈话，成为低年级班主任工作的常态。通过两年辛勤不懈的努力，笔者带的班建立了良好的班风，获得了晨读优秀班级奖。良好的班风一旦建立，就会贯穿始终。2020年，人文地理与城乡规划专业评出7篇优秀论文，笔者带的班级占5个，其中第一名出自笔者所带的班。2020年疫情防控期间，学生在家学习全靠个人自觉，毕业论文也是如此，学生都很自觉，在家踏踏实实保质保量完成了毕业论文，笔者所带的班级优秀论文占本专业优秀论文的比例为70%以上，这与大一就建立起的良好学风密不可分。

四、重点培养，建立过硬的班干部团队

除了班主任的引导，一个好的学生干部团队也很重要。好的班干部团队可以带出一个好的班集体，班级干部团队是学生工作中的骨干和基石，同时也是学生工作的核心和灵魂，是班主任与学生的桥梁和纽带。对学生干部团队的要求必须严格，能者上，庸者下，要打造一支学习优秀、作风过硬的班级干部团队，凸显班级干部在学生工作中的强大作用，使班级有活力、有凝聚力。

为了做到这一点，平时，笔者会定期组织班干部会，每个月就会召开一次，如果有重要任务，还会临时召开班干部会，加强沟通。通过班干部会，有意识培养学生的自我管理能力，培养学生干部的独立工作能力。另外，作为班主任，笔者还经常和任课教师联系，了解和研究学生的思想及学习情况。

通过以上工作方式，班级工作有条不紊地展开，也取得了一些成绩，比如，本科学习期间，我们班学生代表城市系学生参加全国大学生地理展示大赛获得了一等奖，另外，还获得联大节能减排二等奖、致用杯二等奖、三等奖，活力团支部奖，大学生人文知识竞赛、全国大学生英语竞赛、北京市知识竞赛、地理知识竞赛等多项奖项。

五、多方引导，鼓励学生积极参加科研项目

为培养学生能力，为地方社会主义建设输送合格人才，要积极鼓励学生参与科研项目，培养学生的团队协作能力和独当一面的能力，提高学生科研素养和专业能力。

大一开始，作为班主任，笔者就积极组织学生参加启明星项目，并积极指导启明星项目。目前笔者指导学生完成了香山旅游形象感知研究、自媒体时代旅游负面新闻对旅游目的地的影响——以八达岭野生动物园为例、北京市外卖餐盒的使用与回收情况调查、基于网络文本对大运河形象感知研究、北京市新能源汽车充电桩的使用现状调查、北京市居民网购包装材料的使用与回收情况调查、西山永定河文化带红色旅游游客情感特征研究——以马栏村为例、北京城市夜间旅游品质与游客情感特征研究——以什刹海历史文化风景区为例等多项北京市级和北京联合大学校级启明星项目，通过这些项目，学生能力得到了很大的锻炼和提高。

六、强化个体服务意识，帮助学生树立正确的就业观念

大一到大三以培养学生能力为主，到了大四，使全体学生能找到好的工作或者考上研究生则是这一时期的工作要点。要积极开展思想工作，帮助学生树立正确的就业观念。

近年来，本科生扩招以及就业市场需求量的萎缩，以及2020年新冠肺炎疫情致使就业形势非常严峻。作为班主任，笔者定期逐个跟学生进行谈话，了解学生的求职意向，并及时向他们通报就业信息，解决他们在求职中的问题和困惑，让他们对就业充满信心。在这期间，要教育学生善于推荐自己、敢于表现自己优秀的一面。作为毕业班班主任，笔者积极浏览学校发布的招聘信息，关注各大招聘网站，将适合的岗位推荐给合适的学生，并指导他们写简历，鼓励他们有针对性地投简历。通过坚持不懈的努力，笔者带的毕业班学生都有了良好的归宿，如考取华东师范大学研究生、考取北京市公务员、西藏支边建设、中宣部机关服务中心等。

七、结语

大学班主任工作，其实是一项复杂的工作，基于个体发展的班主任管理，只是班主任工作的一个小的方面，从理论结合实践的应用方面，还有很多个案需要去进行研究与论证，如在个体发展中的一些评价指标体系、各种测量方法的验证等都还需要不断地摸索。大学班主任只要用心去培养每一个个体，若干年后，收获的将是桃李满天下。

"三全育人"背景下本科生导师制建设研究进展*

向小倩　邓思宇　张远索

摘　要:"三全育人"是近年来我国重要的教育理念,本科生导师制是落实"三全育人"工作的重要环节,研究本科生导师制建设是探索创新"三全育人"理论的重要部分。有鉴于此,本文梳理了近年来学者们关于本科生导师制建设研究的相关文献,发现现有研究主要聚焦在本科生导师制的创新模式、发展的现状及困境、完善本科生导师制的对策三个方面。

关键词:"三全育人";本科生导师制;创新模式;困境;对策

一、引言

党的十九大以来,党和政府聚焦"三全育人"工作建设,大力推进"三全育人"理论创新与实践探索,"三全育人"作为近年来我国重要的教育改革任务,在各院校的共同努力下取得了良好的进展。本科生导师制是专业教师参与"三全育人"工作的重要载体,是贯彻落实"三全育人"工作过程中不可或缺的部分。

本科生导师制最早于14世纪末在英国牛津大学开始实施,20世纪30年代,由竺可桢、费巩等人引进中国,并在浙江大学进行试点,2000年,浙江大学部分院系开始推行,2002年,北京大学开始全面推行,之后,本科生导

---

* 基金项目:北京市教育科学"十二五"规划2015年度课题"基于导师制的本科生科研能力培养模式研究"(课题批准号:DDB15183)。
　　作者简介:向小倩(1995—),女,四川成都人,北京联合大学应用文理学院文化遗产区域保护规划硕士研究生,研究方向:文化遗产区域保护规划土地制度政策;邓思宇(1997—),女,北京顺义人,北京联合大学应用文理学院地理学硕士研究生,研究方向:城市地理、土地利用等;张远索(1977—),男,山东济南人,博士,北京联合大学应用文理学院城市科学系教授,研究方向:土地管理、住房市场分析等。

师制在我国逐渐推广。从图1中可以看出，2001年以前，我国关于本科生导师制的研究较少，处于起步阶段；2001—2012年，我国关于本科生导师制的研究逐渐增多，处于发展阶段；2012—2019年，关于本科生导师制的研究处于鼎盛阶段，每年的发文量超过200篇，说明本科生导师制已成为近年来学者们研究的热点问题。从目前已有的文献来看，国内学者对本科生导师制的研究主要集中在本科生导师制的模式、本科生导师制的现状与困境、完善本科生导师制的对策三个方面。

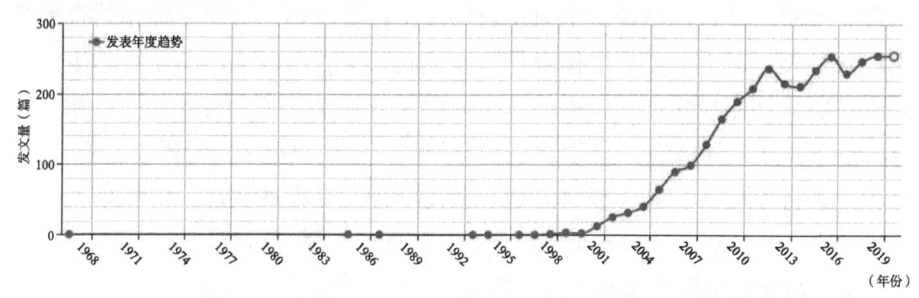

图1 中国知网统计的1967—2019年本科生导师制相关文献研究

二、本科生导师制创新模式研究

对于目前本科生导师制模式的研究，根据不同的分类方法可分为不同的模式，大致可概括为全员导师制、精英导师制、科研导师制、综合导师制、全程导师制、年级导师制等。一些高校会根据本校的实际状况创新出一些具体的培养模式。

1．"项目驱动+工作室"模式

湖南工商大学的彭文忠教授在项目驱动的基础上提出了"项目驱动+工作室"模式。该模式主要是以实战项目带动教学，搭建融实战性、互动性、专业化为一体的工作室作为导师制实施的载体，导师凭借自己的专业及资源优势设置工作室，按照学生自愿原则组建团队，以项目为媒介，对学生实际面临的问题进行指导。"项目驱动+工作室"模式在一定程度上调动了学生的积极性，提高了学生的科研能力及专业素质。

2．"双导师制"模式

夏元平等人以华东理工大学地理信息科学专业学生为研究对象，结合地理信息科学专业学科特点，提出了本科生"双导师制"培养模式。"双导师制"

模式主要是指为学生配备在校内的学科导师、在校外的实践导师，校内导师负责指导学生的专业学习，为学生未来发展规划提供相应建议与指导，校外导师为学生提供相应的实践平台，帮助学生提高专业技能，为学生的就业提供相应指导。双导师制有利于提高学生的实践能力，拓展校企合作，实现资源共享。

3."多层次全程导师制"模式

李军波等人以河南科技大学材料化学专业为试点，探索本科生"多层次全程导师制"模式。该模式采取德育导师、科研导师、摘牌导师相结合的模式，针对大一新生主要采取德育导师制模式，大二及以上的高年级学生主要采取科研导师制模式，毕业班的学生主要采取摘牌导师制模式，三者相互融合，形成多层次导师制。"多层次全程导师制"模式根据不同阶段学生的特点，对学生进行指导，有利于因材施教，激发学生对科研的兴趣，但该模式在实施过程中，要注意各阶段导师制的衔接，注重学生学习的深度。

4."融合大学生学术型社团"模式

张岩冲等人通过分析目前本科生导师制中存在的问题及其原因，提出了"融合大学生学术型社团"模式。该模式主要以学术型社团为载体，在专业导师的指导下，一群有共同专业爱好与学术兴趣的学生组成社团进行学术探讨及其他创新实践活动。"融合大学生学术型社团"模式在一定程度上调动了学生参与学术研究的积极性与主动性，但在社团文化发展滞后的本科院校中，要充分发挥教师的引导及带动作用。

三、本科生导师制实施现状及困境研究

学者们对于本科生导师制的实施现状及困境研究较为广泛，部分学者以本校为试点，总结本校在导师制模式实施中遇到的问题及困境；部分学者总结了目前本科生导师制实施中普遍存在的现状及问题。本文将目前学者们对本科生导师制实施现状及困境研究归纳为以下几个方面：

1.师生关系问题

首先，在本科生导师制实施的过程中，普遍存在师生间缺乏有效沟通的问题。一方面是因为师生见面机会少，缺乏交流的平台；另一方面是因为导师的工作主要面向教学与科研，而学生的主要工作是专业技能的学习，二者目标不同，导致导师容易出现应付心理，影响导师制的实施。其次，由于目

前很多高校处于师资队伍扩大和完善阶段，导致在高校导师分配中，普遍存在导师与所带学生比例不合理的问题，且导师平时的科研、教学等任务较重，使部分导师并未对学生进行全程化、个性化指导，制约了导师制的实施效果。再次，部分导师的指导方式有待改进，导师应当引导学生培养独立思考和理性思辨的能力，但目前，部分导师对学生的指导只是流于形式，并未与学生进行更深层次的交流，指导方式、方法与内容都应进行完善。最后，学生的态度和行为影响着导师制实施的效果，部分学生在导师制的实施过程中，缺乏主动性，有的甚至找各种理由逃避与导师的沟通，打击了导师的信心，严重制约了导师制效果的发挥。

2.制度建设问题

目前，本科生导师制还处于不断探索与完善状态，部分高校的导师制建设相对落后，在建设过程中存在一些问题。首先，部分高校的导师筛选机制建设不够完善，在导师的筛选过程中，忽略了教师的能力、素质、时间等问题，大量教师被动成为导师，导致导师的积极性不高，起到的作用也有限，部分导师在学生本科生涯中，仅仅起到了学分指导或学籍指导等辅助作用，就专业素养、学术研究等领域并未给予学生实际帮助。其次，部分高校的导师分配制度存在问题，在目前的导师分配中，大部分学生都被分配给同专业的导师，但同专业各个导师的研究方向有所不同，学生都希望能被分配给对自己感兴趣的研究方向比较擅长的导师，但往往分配的结果并不能如愿，导致学生参与的积极性不高，制约导师制的实施。再次，部分学校缺乏对导师制实施过程的监督机制。校领导对于导师制实施的重视程度影响着导师指导学生的积极性，由于部分学校本科生导师制实施中监督机制的不完善，降低了导师的积极性，影响了导师制效果的发挥。最后，部分学校对于导师制的实施没有相应的考核评价标准，对于导师的工作要求也无具体说明，使导师缺乏对导师制的认识，且部分高校也没有相应的奖励机制，导致导师缺乏动力。

3.导师职责与教育理念问题

本科生导师制源自西方，西方的自由教育及其个性化教育是其发展的基石，西方的教育注重因材施教，发掘学生潜能，培养学生批判意识与创新思维，为导师制的实施奠定了良好的基础。我国的教育理念受传统教育思想影响，师生关系不对等，学生更多的是被动接收知识，不利于培养学生的创新意识与批判性思维，阻碍了导师制的发展。此外，部分高校对于导师制的职责定位十分宽泛，有的甚至和班主任、辅导员等角色重合，但在具体的实施过程中，导师很难做到面面俱到，不能达到学生与校领导的期望值，制约了本科生导师制的实施效果。

四、完善本科生导师制对策研究

目前，学者们对于完善本科生导师制对策的研究非常广泛，绝大多数关于本科生导师制的文章最后都会落到对策完善上来。本文从本科生导师制的参与主体出发，将学者们对于完善本科生导师制对策研究归纳为以下几个方面。

1.学校层面

学校作为导师与学生沟通交流的平台，要发挥监督、引导、中介等作用，为导师制的实施营造良好的环境。首先，学校应为导师完善相关教学场所与实验设施，设置专项经费来满足本科生导师制实施过程中所产生的物质需求，为导师制的实施创造良好的物质条件。其次，学校应完善对教师的激励制度，细化本科生导师制的考核评价体系，提高科研经费支持力度，调动导师与学生参与科研的积极性。再次，学校应进一步完善导师的筛选制度，除了考察导师的科研能力与专业素养外，还要结合导师的责任心与耐心等综合素质来考评，在导师制的实施过程中，做好监督与考评工作，将导师工作的工作量、完成度和绩效、职称评审等利益挂钩，以此来激励导师认真落实导师制的相关工作。此外，学校还应因地制宜，完善和细化适合本校与本专业学生的本科生导师制细则，在充分借鉴其他学校本科生导师制经验教训的基础上，具体分析本校或本专业的特征，科学地制定相关细则，充分调动参与主体的积极性。最后，还应加强本科生导师制内涵建设，加强对导师的培训，促使导师能明确导师制建设的目标与内涵，为导师对学生的培养提供大致的方向指导。

2.导师层面

导师是本科生导师制的直接执行方，对本科生导师制的实施效果起着关键作用。首先，导师的主要职责是帮助学生养成良好的科研习惯，树立正确的学习目标，熟练地掌握与运用专业知识技能，合理规划自己的学业与职业方向等，导师一定要找准自己的定位，明确职责，与辅导员积极配合，共同完成好学生工作。其次，导师还要及时更新自己的指导方式与执教理念，提高自身科研能力与专业素养，发挥自身的特长，加强与学生的沟通交流，提高执教效率。此外，导师还应根据不同学生的专业、能力、兴趣等的差异，制定适合该学生的培养方案，充分发挥学生的特长，因材施教，对学生进行全方位、个性化培养。此外，导师还要积极发现与培养对科研工作感兴趣的学生，创新传统教育理念，充分利用已有的实验资源，引导学生积极加入科研团队，在实践中磨炼学生。

3.学生层面

在本科生导师制的研究中，从本科生视角出发的研究相对较少，但本科生也是本科生导师制的参与主体，本科生的行为直接影响到本科生导师制的实施效果，本科生作用的发挥在完善导师制的对策研究中不可忽视。本科生要充分发挥主观能动性，根据自身能力与兴趣找到合适的研究方向，积极发现问题，遇到不能解决的问题时，多与导师沟通，在导师协助解决问题的过程中，学习经验，不断成长。此外，本科生也要积极参与到培养方案的制定中，主动与导师沟通，反映自身的诉求，给导师一个了解自己的机会，与导师一起选择好更适合自己的发展方向。

参考文献

[1] 杨坦，高苏蒂，蒋亚龙．新时期高校"三全育人"运行机制研究[J]．淮南职业技术学院学报，2019，19（06）：59-61．

[2] 刘英，李波，杨佳妮．本科生导师制研究述评[J]．佳木斯职业学院学报，2018（11）：207-208，224．

[3] 单娟，王笑．本科生导师制实施中教师指导原则探究[J]．兰州教育学院学报，2019，35（12）：124-126．

[4] 刘梦玮，龚峰，汪小曼．高校本科生导师制各类模式比较研究[J]．物流工程与管理，2019，41（11）：192-194．

[5] 彭文忠．基于"项目驱动+工作室"模式的本科生导师制的实践[J]．西部素质教育，2019，5（19）：180-181．

[6] 夏元平，聂运菊，惠振阳．地方高校地理信息科学专业本科生"双导师制"人才培养模式的探索与实践[J]．高教学刊，2020（14）：133-136．

[7] 李军波，梁莉娟，赫玉欣．本科生多层次全程导师制的模式探索与研究[J]．科教导刊（上旬刊），2019（08）：58-59．

[8] 张岩冲，商希礼，贾冬梅．融合大学生学术型社团模式的新型本科生导师

制探讨[J]. 广东化工, 2019, 46（11）: 249, 224.

[9] 张远索, 崔娜, 周爱华, 等. 论本科生导师制与本科生科研能力培养模式研究现状[J]. 西部素质教育, 2015, 1（17）: 3-4.

[10] 孟欠欠. 本科生导师制研究现状及应对策略浅析[J]. 现代经济信息, 2019（23）: 473.

[11] 李青. 本科生导师制: 模式、问题及对策[J]. 现代教育管理, 2019（12）: 69-73.

[12] 张莉敏. 本科生导师制的发展及完善对策[J]. 科技创新导报, 2019, 16（31）: 207-208.

[13] 张健. 我国高校本科生导师制现状调查及改革研究[J]. 科学导报, 2015（17）: 12-13.

[14] 东珠加, 程嘉祥, 沈燕萍. 本科生学业导师制模式研究与实践[J]. 江苏商论, 2019（12）: 129-131.

[15] 安宇, 张国强, 罗茗. 本科生全程导师制实施现状分析[J]. 学校党建与思想教育, 2019（14）: 14-16.

[16] 王重庆. 中国高等学校本科生导师制的现状分析与改进[J]. 河南化工, 2019, 36（08）: 56-57.

[17] 张彦, 戴江巍, 郭飞. 高校本科生导师制的现存问题及改革思考[J]. 才智, 2019（22）: 200-201.

[18] 唐汉琦. 我国高校实施本科生导师制的成效、问题与出路[J]. 重庆高教研究, 2019, 7（04）: 98-109.

[19] 刘宿城, 刘晓东. 电气类专业本科导师制现状及培养标准初探[J]. 大学教育, 2020（05）: 93-95.

[20] 李欠, 马小乐. 本科生导师制在农业类院校实施存在的问题及对策研究[J]. 赤峰学院学报（自然科学版）, 2019, 35（12）: 133-134.

[21] 张松彪, 彭晓静. 本科生导师制下培养学术型人才存在的问题及对策研究[J]. 教育现代化, 2019, 6（27）: 4-6.

[22] 张利博. 地方高校本科生导师制的实践问题与对策研究[J]. 中国校外教育, 2019（15）: 34, 37.

[23] 彭波, 赵婷, 彭怡然, 等. 普通医学院校本科生导师制实施现状的调查与对策研究[J]. 中华医学教育杂志, 2014, 34（6）: 807-811.

城市科学系本科生导师制实施情况调查分析*

邓思宇　向小倩　张远索

摘　要：导师制成为浪潮进入中国高校，对学生的学业发展、思维培养与创新能力等综合素质的形成与提高有较大影响。通过调查城市科学系学生对导师制的反馈与导师制模式下的自我能力认知等，找出存在的问题，进而提出充分激发青年教师热情和激情、完善和建立奖励机制、提升学生科研内在动机等建议。

关键词：本科生导师制；教育模式；学生认知；城市科学系

一、引言

本科生导师制是培养创新型人才的有效教育模式，是指在本科阶段具有较高道德修养、丰富教育经验的导师具体且有针对性地指导几位本科生的学习与生活，培养学生的创新思维与能力，培养与锻炼学生独立思考与解决问题能力的一种教育模式。追溯本科生导师制的起源，其以牛津大学为开端，经过不断的改革与尝试，对学生的培养塑造起到关键作用。19世纪末20世纪初，部分美国高校也开始效仿牛津大学建立本科生导师制的教育方式。中国引入本科生导师制源于1937年，时任浙江大学校长的竺可桢受留学英国的费巩教授影响将本科生导师制正式引入本科教育中，后因教育改革被迫中断。

---

* 基金项目：北京市教育科学"十二五"规划2015年度课题"基于导师制的本科生科研能力培养模式研究"（课题批准号：DDB15183）。

作者简介：邓思宇（1997—），女，北京顺义人，北京联合大学应用文理学院2019级地理学研究生，研究方向：城市地理、土地利用等；向小倩（1995—），女，四川成都人，北京联合大学应用文理学院2018级文化遗产区域保护规划研究生，研究方向：文化遗产区域保护规划土地制度政策；张远索（1977—），男，山东济南人，博士，北京联合大学应用文理学院城市科学系教授，研究方向：土地管理、住房市场分析等。

21世纪初，又由浙江大学、北京大学、清华大学等高校牵头再次引入并发展成为浪潮，随后多所高校纷纷试行本科生导师制，其对中国高校的本科教育起到重要作用。

北京联合大学应用文理学院于2013年正式发布《北京联合大学应用文理学院全日制本科生导师制管理办法（试行）》，为落实以学生为本、人人成才的教育理念，突出学生个性发展，提高学生创新精神、实践能力和综合素质。城市科学系按照学院文件，特别明确要求导师作为人生导航，关注学生的个性健康发展与人文精神培养，推进学生的综合素质全面发展；导师进行专业指导，引导学生热爱专业与学习，根据学生特点进行引导性的教育，促使学生养成良好的学习习惯；注重科研指导，引导学生接触科研，促进学生科学素养、创新精神与实践能力的养成与提高。

二、相关研究借鉴与数据说明

（一）相关研究借鉴

根据中国知网相关研究，本科生导师制的文章主题大都与教学制度、学分制、人才培养模式及实践问题等研究较多。学者陈晓菲等人从学生体验感视角探讨牛津大学导师制的实施路径与目标内涵，提出在导师制下对学生的辅导分为前、中、后三个阶段，要建立平等包容与权责清晰的师生关系；有学者从不同专业角度研究本科生导师制下人才培养与创新创业能力培养模式的探讨；学者盛常青从"以本为本"视角解读本科生导师制的制度创新，分析导师制实施过程，提出创新导师制度设计，完善考评和激励机制；还有学者对本科生导师制的可行性进行分析，通过以学生为对象的调查问卷分析数据，了解导师制形式下的沟通方式、沟通频率及沟通障碍等问题，得到经验与启示；学者姚丽亚等人研究英美国家导师制对中国导师制的启示，提出要促进导师制专业化发展，规范发展进程；在本科生导师制研究中的实证研究较多，多以某学校或某专业为例，分析本科生导师制模式下的实践问题与建议措施等。

本研究以学生对导师制的反馈为研究视角，分析在学生眼中导师制的优缺点及学生对导师制的认知与自我状况认知，针对数据分析展示的问题进行探讨与改进，借鉴相关文章的经验启示，更好地服务本系学生。

（二）数据说明

本研究以北京联合大学应用文理学院城市科学系的本科学生为主要调查对象，旨在通过调查数据反馈学生对本科生导师制的认知及导师与学生之间的问题，进行及时调整，更好地服务于本系学生。调查人群面向城市系人文地理与城乡规划和地理信息科学两个专业大一至大四学生，发放问卷126份，回收有效问卷126份，问卷回收率为100%。

三、城市科学系本科生导师制调研状况

（一）学生认知中的导师制优缺点分析

1.导师制优点分析

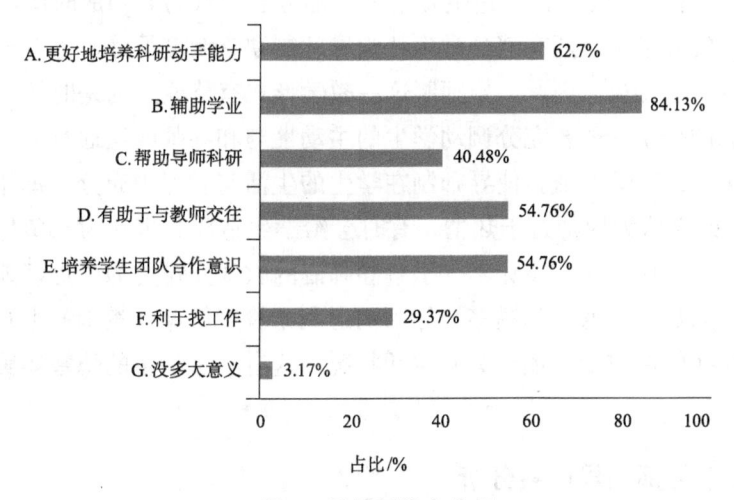

图1 导师制优点分析

如图1所示，受访的126名学生对本科生导师制的优点叙述中，84.13%的人认为导师制有助于辅助学业，利于导师对其进行学业指导；62.1%的人认为导师制有利于更好地培养学生的科研动手能力；54.76%的人认为导师制有助于与教师的沟通交流和培养学生团队合作意识。

2. 导师制不足分析

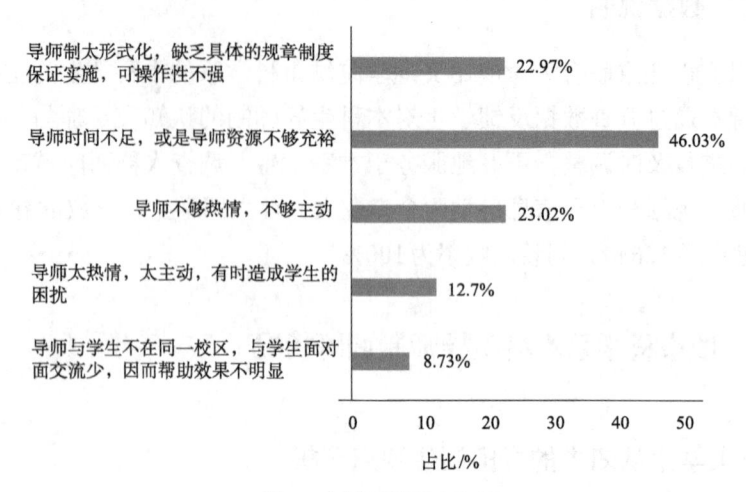

图2　导师制不足分析

选项	占比
导师制太形式化，缺乏具体的规章制度保证实施，可操作性不强	22.97%
导师时间不足，或是导师资源不够充裕	46.03%
导师不够热情，不够主动	23.02%
导师太热情，太主动，有时造成学生的困扰	12.7%
导师与学生不在同一校区，与学生面对面交流少，因而帮助效果不明显	8.73%

从图2中我们发现，问题主要集中于部分学生认为导师的时间不足，或是导师的资源不足。还有部分学生认为导师制缺乏制度保障，也有部分学生认为导师不够热情。因此，导师制这一教学形式有待改进的是时间的分配和自身资源的分享。还要充分调动学生的主动性与和导师的沟通行为，加强导师与学生间的有效交流，使导师制在学生的生活与学习中充分发挥作用；还有12.7%的人认为导师过于热情，有时会给学生造成心理压力与负担，面临这一情况的反应，应初步让学生了解导师制的教学安排是为了更好地指导学生的学习与成长，遇到问题多与导师沟通利于答疑解惑，教师教书育人，除了关心学生学习方面，还要关心生活状况，这有利于学生的德智体美劳全面健康发展。

（二）导师指导内容分析

1.学生期望导师的指导方式调查

如图3所示，在学生期待的导师指导方式的调查中，有51%的人希望以不定期集体约见的方式获得导师的指导；还有40%的人希望导师能够以定期集体约见的方式进行学习生活指导；较少部分学生有自己主动寻求导师帮助的倾向。

导师制的教学形式是为了更好地教育学生，定期关注学生的生活学习状况有助于对学生的了解，但会存在导师与学生时间资源浪费现象；定期集体

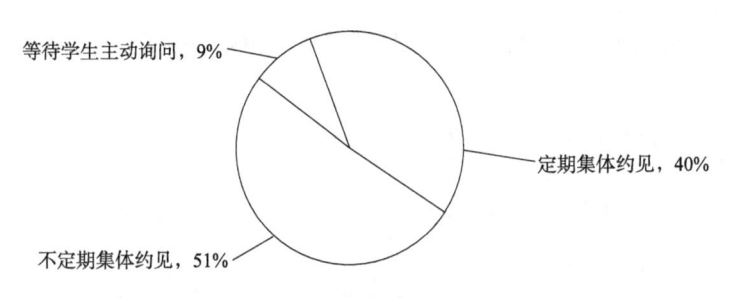

等待学生主动询问，9%
定期集体约见，40%
不定期集体约见，51%

图3　指导方式分析

约见可以较好地反映学生状况，但是对于部分生活学习短期内无问题的学生进行定期集体约见，会压缩学生的自由支配时间，因部分学生问题耗费集体时间，导师的问题解决效率也并不高，因此在导师制模式下，导师的指导方式以不定期集体约见为主，该方式既能高效及时地解决学生问题，也给学生一定的自由思考与支配时间，是众多学生的选择；还有较少部分同学希望通过自己主动寻求教师帮助的方式获取指导，这就弥补了不定期集体约见的不足。

2.学生期待得到指导的有效途径调查

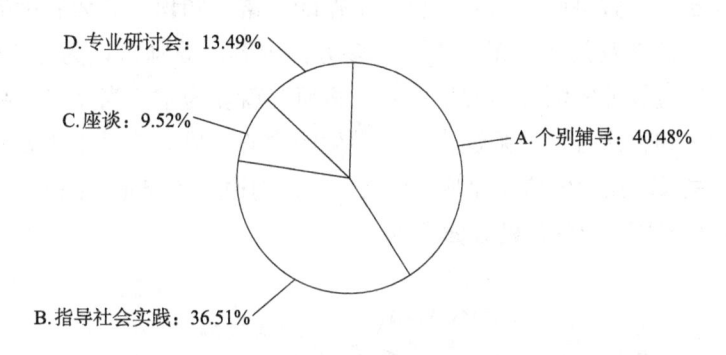

D.专业研讨会：13.49%
C.座谈：9.52%
A.个别辅导：40.48%
B.指导社会实践：36.51%

图4　指导途径分析

如图4所示，在指导途径的调查中，指导途径分别是个别辅导（占40.48%）、指导社会实践（占36.51%），专业研讨会（占13.49%）和座谈（占9.52%）。在个别辅导为主，座谈形式的途径认可度较低，这一结果与期待导师的指导方式调查的结果相互验证。期望个别辅导为主要指导形式节约了没问题反馈的学生不定期集体约见的时间，也解决了需要指导的学生主动寻求导师帮助的状况。较少人选择座谈形式作为导师有效的指导途径，座谈为主的指导途径需要学生集体进行情况反映，有问题的学生反映问题，没问题的学生预防问题发生，虽有好处，但存在学生时间利用效率低的情况，因而并不受学生欢迎。

3. 与导师主动沟通状况调查

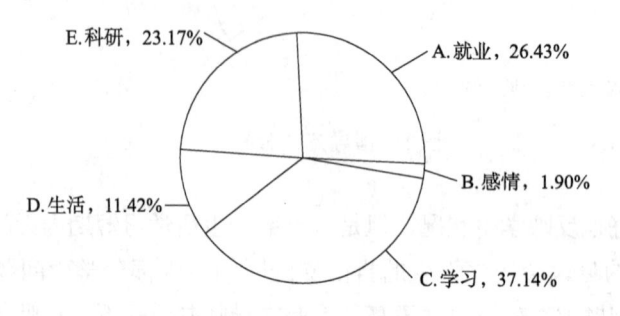

图5　沟通状况分析

如图5所示，从学生主动与导师沟通状况的调查中发现，沟通较多的前三项内容分别是学习、就业和科研方面，学生的主要任务便是学习，因此在学习中导师可以为学生答疑解惑，随着知识的积累与自身能力的提升，学生有能力跟随老师做科研，而参与科研工作既丰富了知识，又为后续的就业打好基础。就业涉及简历、工作推荐等多方面内容，导师可以为之提供帮助，因此，学生与导师的沟通内容以学习、科研和就业为主。当然在本科生活中不仅有学习和科研等，导师还应关注学生的内心世界，与学生相处融洽，亦师亦友的关系能让学生信赖导师，也会与导师沟通生活与感情问题。

4. 最期望得到导师帮助方面调查

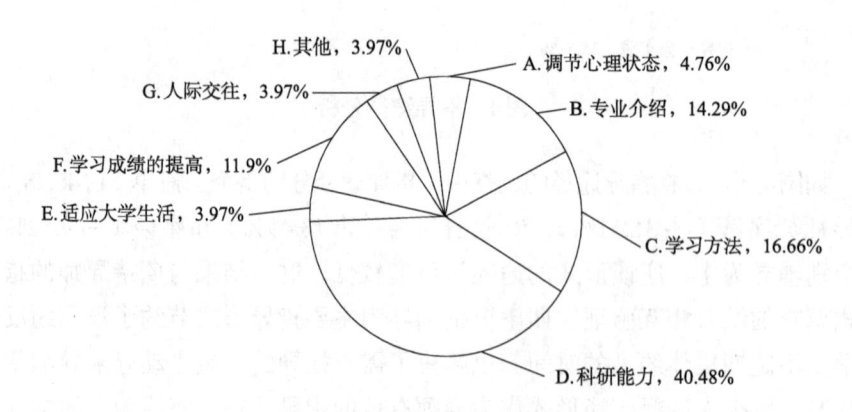

图6　主要沟通方面分析

如图6所示，在学生期望得到导师帮助的主要方面调查中，有40.48%的人希望通过导师的帮助可以在科研能力上有所提升；其次便是在学习方法、专业介绍与学习成绩的提高方面希望得到导师的帮助，在导师制形式下，学生大多期望在学习方法、专业、科研等方面得到导师的帮助。

5.最期望得到导师帮助的其他方面调查

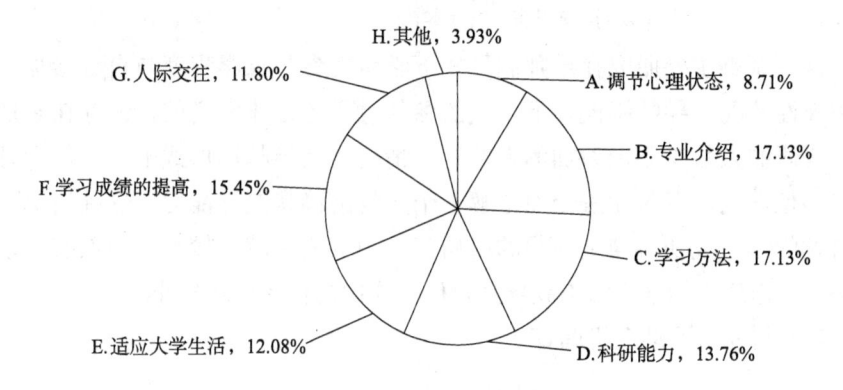

图7　次要沟通方面分析

如图7所示，在学生期望得到导师帮助的其他方面调查中，除上述中提到的学习方法、专业与科研三方面外，人际交往、适应大学生活方面和调节心理状态是学生最希望得到导师帮助的方面。导师对学生的帮助不仅限于学习，更多的要关心学生的生活，关注学生的心理、精神状况，引导学生全面、综合发展。

（三）学生参加科研活动状况分析

1.参加或主动要求参加科研活动状况调查

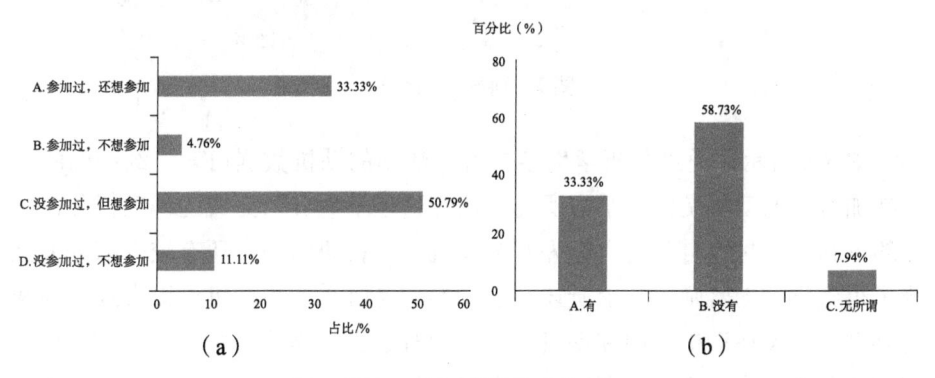

图8　参加科研状况分析

如图8所示，在学生参与导师的科研活动调查中，约84%的人有意愿加入导师的科研工作中；约62%的人没参加过导师的科研活动，但约51%的同学有意愿参加；约38%的人参加过导师的科研活动，其中约33%的人还有继续参加的意愿；在对参加科研活动的积极性调查中，约33%的学生主动要求参加导师的科研项目，约59%的人并没有主动要求参加导师科研工作，另有极少数人对参加导师科研持无所谓的态度。

这一调查主要研究在导师制形式下学生的参与意愿程度与自身参加科研的积极性情况，导师制模式下学生的参与意愿还是非常高的，但存在参加过导师科研的人数少于未参加的人数这一情况，在导师制形式下，一位导师会面临多位学生，有时无法全面了解一个人的准确状况与能力，这种情况下毛遂自荐的学生成功参与到导师的科研工作中的概率就比较大，而没有主动参加科研工作意识的学生参与到导师科研工作中的概率就比较小。

2.参与科研活动动机调查

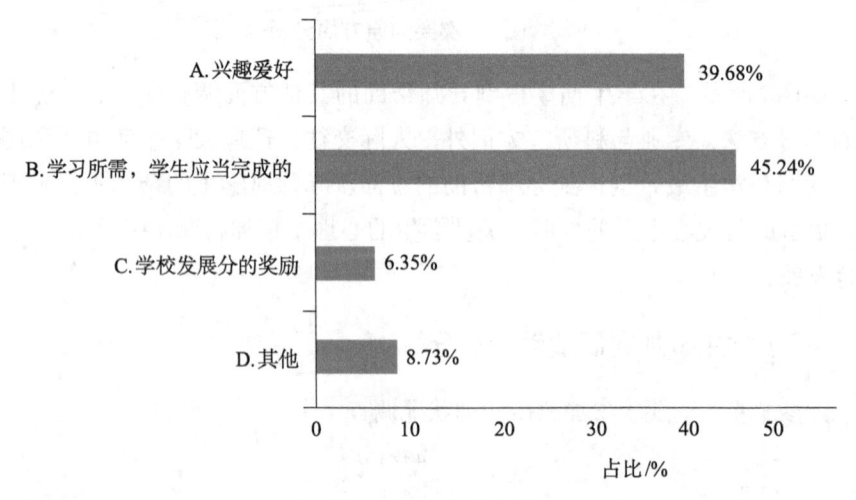

图9 科研动机分析

如图9所示，通过分析学生参与科研活动的动机数据可知，约45%的学生参加科研的动机是由于学习所需，认为这是学生应当完成的一项任务，另有约40%的人是以自身的兴趣爱好为动机参加科研活动，还有较少部分人是为了得到学校的奖励。综上所述，学生参与科研活动的动机可以大致分为两种类型——外在动机与内在动机。外在动机是通过学校奖励、奖金、荣誉等放方式刺激行为的产生，调查中的学习所需与学校奖励就是外在动机，因为自身的兴趣爱好而参与科研活动则是内在动机的体现。

3.参与创新活动前是否有清晰的思路、计划和目标调查

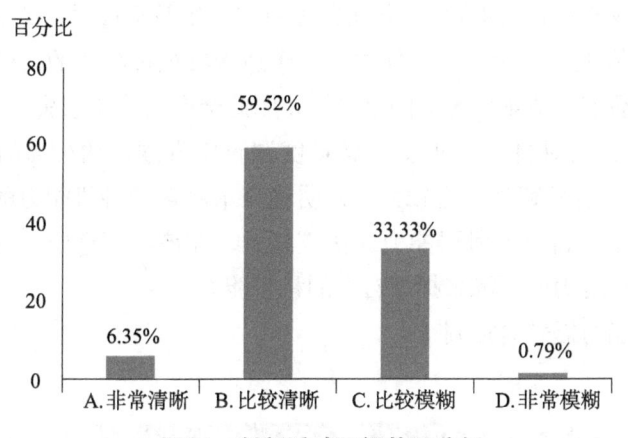

图10 创新活动了解状况分析

如图10所示，分析在导师制形式下参加创新活动前的思路、计划目标清晰状况数据可知，约60%的人目标比较清晰，但仅有约6%的人非常清楚自己的目标、思路；约34%的人不大清楚自己参加创新活动的思路、计划与目标。在调查中有非常清晰的思路的人在少数，导师制形式下的教学可以引导学生在学习过程中逐渐理解活动的过程与目标，也会辅助学生在创新活动中纠正自身的错误想法，提高学习效率。

（四）导师制下的学生自我认知分析

1.科研能力重要性认知与自我科研能力满意度调查

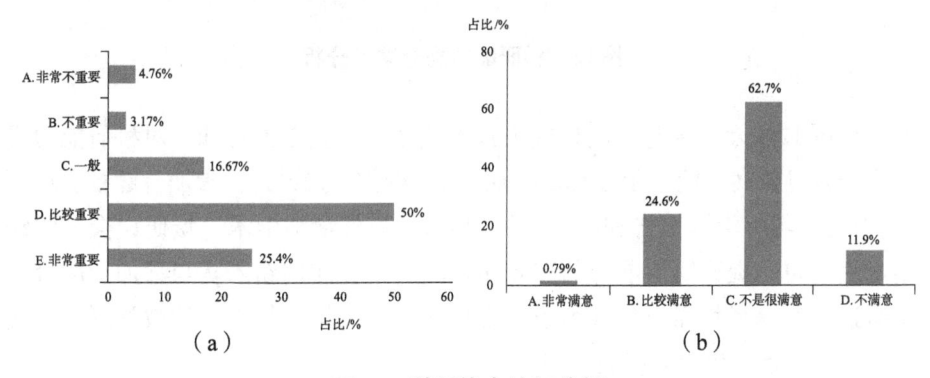

图11 科研能力认知分析

如图11所示，在调查科研能力对本科生的重要程度认知状况中，约75%的人持科研能力对本科生重要的观点；约17%的人对这个问题无感，认为重要性一般；仅有约8%的人认为科研能力对本科生并不重要，产生该类想法的学生多有可能是刚入学的大一新生，由于还未参加过相关的科研研究，还没有体会到科研能力对本科生活的重要性，因此会产生此类想法。

在研究学生对自身科研能力满意度调查中发现，约63%的人对自身的科研能力还不是很满意，约12%的人明确表示对自身科研能力的不满意；约25%的人表示对自己的科研能力还比较满意。在该项调查中，约75%的学生需要加强科研能力的锻炼来提高自身的科研能力。

2.科研能力提升途径调查

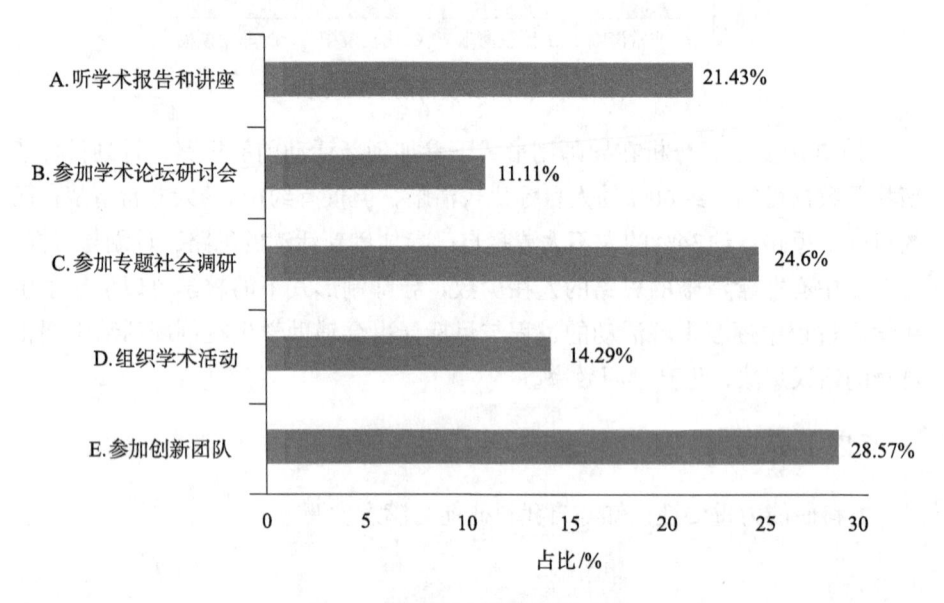

选项	占比
A.听学术报告和讲座	21.43%
B.参加学术论坛研讨会	11.11%
C.参加专题社会调研	24.6%
D.组织学术活动	14.29%
E.参加创新团队	28.57%

图12 科研能力提升途径分析

如图12所示，通过对科研能力提升途径的调查数据可知，对科研能力提升途径认可较高的前三项分别是参加创新团队（约29%）、参加专题社会调研（约25%）与听学术报告和讲座（约21%）；另外参加学术论坛研讨会与组织学术活动也是提升科研能力的有效途径。其中参加创新团队与参加专题社会调研这两个途径均需要导师给予一定指导，这也是导师制下的教学形式的优点，有助于帮学生提升科研能力。

3. 参加创业活动，缺乏素质能力调查

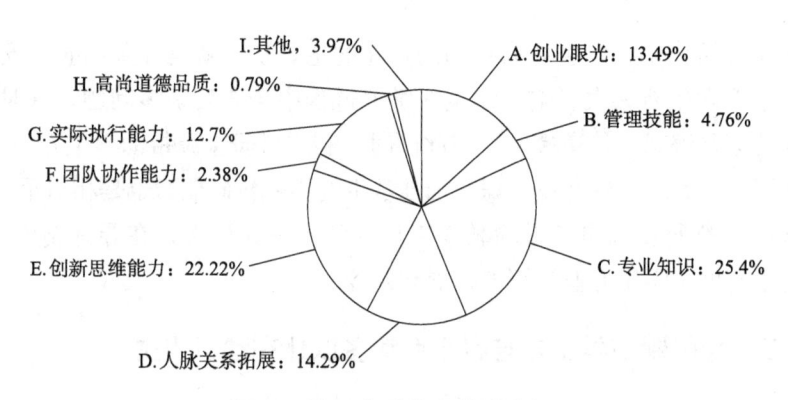

图13 缺乏素质能力类型分析

- I. 其他：3.97%
- H. 高尚道德品质：0.79%
- G. 实际执行能力：12.7%
- F. 团队协作能力：2.38%
- E. 创新思维能力：22.22%
- D. 人脉关系拓展：14.29%
- C. 专业知识：25.4%
- B. 管理技能：4.76%
- A. 创业眼光：13.49%

如图13所示，从对学生自我素质的认知调查中发现，在创业活动中，学生认为自己比较缺乏专业知识和创新思维能力，此外创业眼光、人脉关系拓展与实际执行能力也是较缺乏的能力素质。因此，在本科生导师制实施过程中，除了学习、科研等指导外，还有必要加强对学生创新思维能力等的培养。

四、存在问题

（一）导师主要关注学生科研学习，对心理感情方面有心无力

在调查研究中，导师对学生的关注主要集中在学习和科研两方面，在保证对学习问题能做到答疑解惑的同时，无法保证对学生全面关心与了解，在调查中也显示学生对导师制的认知集中于科研工作、学习方法等方面，对于生活感情类的难题较少与导师沟通。导师不仅要培养学生的学习与科研能力，还要发挥做学生的人生导航的职能。

造成这一状况的原因主要有两方面：一是学生的沟通意识稍差，二是导师的科研与教学任务较重。学生的主动性有待提高，大部分学生并没有主动联系导师的意识，分配导师是为了更好地服务学生，培养学生的创新能力、科研能力，促进综合素质养成的形成与提高。导师的教学任务重，在指导教学的同时还忙于科研，对学生的关心与了解不能仅靠导师的主动。学生应积极与导师沟通本科生活与学习中的问题，避免出现剃头挑子一头热现象。

（二）导师对学生指导工作的时间安排与资源分享有待加强

在调查研究中，学生认为导师制存在的主要缺点就是导师的时间安排与资源分享对学生有较大影响。学生在学习过程中会遇到诸多问题，这时就需要导师的答疑解惑、传道授业。与此同时，利用科研资源帮助学生开阔视野，使学生了解更深层次的专业知识与加强学生的实践科研能力也是相对重要的。

导师的科研资源研究是除教学工作外的另一大任务，在导师制模式下，资源分享有助于学生专业知识的拓展与延伸。

（三）导师制下学生参与科研活动多以外在动机为主

通过调查研究得知，学生参与科研活动多受外在动机影响，很多人参与科研学习工作是为了完成学习必须的任务和学校的奖励，一少部分人是因为兴趣爱好而主动接触科研工作。要将学生参与科研活动的外在动机转变为内在动力，通过接触与实践发展自身兴趣爱好，促使学生积极主动投入科研学习中。

本科教学已经由"填鸭式"教学转变为引导式教学，通过多门基础课程与专业课程的开设促进学生思维、能力的提高。在学习中找到学生感兴趣的方向与兴趣点，激发学生主动联系导师参与科研工作的热情。

五、改进建议与措施

（一）充分激发青年教师的热情和激情，建立和完善奖励机制

导师的工作任务较多，科研压力大，面对学生的心理情感建设有心无力。可以从青年教师中选取道德好、学识水平高、与学生交往密切的青年教师，对学生心理情感方面进行辅导，要充分发挥系内青年导师的中流砥柱作用。青年导师的热心与激情有助于指导与帮助学生，同时解决导师制下因一对多状况而忽视心理关怀的问题，减轻导师制下多方的压力。

导师制模式下，教师任务加重，在保证有质量地与学生交流沟通的基础上设立奖励机制以对导师工作给予认可与奖励，激发导师带领学生学习成长的热情。

（二）管理时间分配，加强学生对科研资源的了解，助力学生能力提高

导师合理安排时间来关注学生的成长，科研资源接触可以让学生对专业学习有更深刻、更近距离的学习和了解。提高学生参与到科研中的程度，通过导师的指导与带领加强学生科研能力的锻炼与学习，导师要充分利用手中现有资源，让学生开阔视野，让学生在课程学习中总结出更多与专业相关的经验，为学生的后续发展提供支持。

（三）多形式提高学生综合能力，提升学生内在动机

增加学生与导师的互动形式，但不局限于集体约见、个别组会等交流方式。导师的课程教育是引导学生兴趣的一大战场，导师的课程形式对学生的引导较为重要。学习的安排要注重理论与实践相结合，通过介绍展示及自我思考锻炼学生的能力。在课程中学习理论，在生活中感受实践，双管齐下引导学生兴趣的培养，激发学生参加科研的内在动力，同时以外在动力辅助，使学生养成主动与导师沟通、参与科研活动的习惯。

参考文献

[1] 曾凡东. 对实行本科生导师制的思考[J]. 当代教育论坛, 2004（10）: 78-79.

[2] 陈晓菲, 刘浩然, 林杰. 牛津大学本科导师制的学生学习体验研究[J]. 比较教育研究, 2019, 41（03）: 39-45.

[3] 刘晓敏, 张艳丽. 计算机专业本科生导师制度实施中大学生个性化人才培养[J]. 人力资源, 2019（22）: 68.

[4] 崔立鲁, 张惠妹, 江雪梨, 等. 本科导师制下测绘专业创新创业能力培养模式的探讨[J]. 北京测绘, 2019, 33（03）: 358-362.

[5] 盛常青, 彭文忠. "以本为本"视角下的本科生导师制度创新设计[J]. 教育现代化, 2019, 6（60）: 130-131, 138.

[6] 刘立丹. 地方院校实行本科导师制的可行性分析——以吉林省某大学为例[J]. 白城师范学院学报, 2013, 27（06）: 96-100.

[7] 姚丽亚, 甄国红. 美国学业导师模式及其对我国本科导师制的启示[J]. 职业技术教育, 2018, 39（34）: 75-79.

[8] 吴仁明, 徐荣, 吴周阳. 本科导师制实施现状、问题与对策建议——以成都理工大学思想政治教育专业为例[J]. 教育观察, 2019, 8 (31): 3-8, 12.

[9] 罗靖, 等. 论本科生导师制的实践: 以旅游管理专业为例[C]. 智能信息技术应用学会, 2011: 330-334.